ad libri

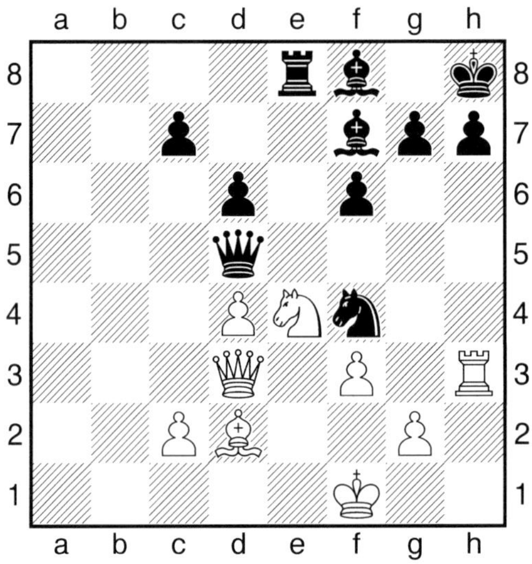

1.?

Matthias Biermann-Ratjen

Schachprotokolle

adlibri Verlag

Erstausgabe, April 2013

www.adlibri.de
Redaktion: Rolf Gehrke
Umschlagkonzept und -gestaltung: Wibcke Klett, Hamburg
Gestaltung und Satz: KlettMedia, Hamburg
Herstellung: BoD, Norderstedt
Printed in Germany 2013
ISBN 978-3-89927-037-2

Inhalt

Einleitung

Dieses Buch enthält Partien von Matthias Biermann-Ratjen aus den letzten ca. 60 Jahren.

Matthias bevorzugt eine scharfe taktische Gangart, manchmal auch zu scharf, und es gibt in seinen Partien viele wunderschöne Opfer und Kombinationen. Seiner taktischen Stärke und schnellen Auffassung verdankt Matthias (beste DWZ und ELO ca. 1960) einige schöne Siege und Unentschieden gegen Spieler mit einer deutlich besseren Wertungszahl (besonders das Remis gegen Vladimir Lazarev und seine Siege gegen Stefan Gazmaga, Johann Fischer, Andrej Zobel und Manfred Achenbach). Er hat aber nie auf seine Wertungszahl geschielt, sondern immer so gespielt, wie es ihm Spaß machte. Das mit seiner scharfen Spielanlage verbundene hohe Risiko hat mitunter aber auch zu Niederlagen geführt, wenn er seine Chancen nicht optimal genutzt hat oder mit zu hohem Risiko gespielt hat.

Es gibt aber auch Partien, in denen er seinen Gegner strategisch überspielt hat (besonders die Partie gegen Werner Schirmer).

Die Auswahl der Partien haben wir gemeinsam vorgenommen. Leider ist keine Partie erhalten, die wir gegeneinander gespielt haben, obwohl wir in seinem Notariat unzählige spannende Partien geblitzt haben, von denen sicher manche wert gewesen wäre, hier mit aufgenommen zu werden.

Kommentiert wurden die Partien von
Rolf Gehrke (RG),
Gisbert Jacoby (GJ),
Matthias Biermann-Ratjen (MBR),
Dr. Robert Hübner (RH) und
André Schulz (AS).

Bei meinen Analysen war mir die Engine „Houdini“ von großer Hilfe, die Zusammenstellung erfolgte mit „Chessbase“.

Hamburg, im November 2011 *Rolf Gehrke*

Verwendete Abkürzungen

!	starker Zug	±	Weiß steht besser
!?	beachtlicher Zug	⩲	Weiß steht etwas besser
!!	verblüffender starker Zug	+−	Weiß steht auf Gewinn
?!	schwacher Zug	∞	unklar
?	Fehler	⩱	Schwarz steht etwas besser
??	Patzer (grober Fehler)	∓	Schwarz steht besser
=	Stellung im Gleichgewicht	−+	Schwarz steht auf Gewinn
⌓	Besser ist	□	einziger Zug

Vorwort des Verfassers

Mit acht Jahren erwachte mein Schachinteresse. Mein älterer Bruder leitete mich gut an. Zehnjährig spielte ich schon leidlich. Mein Vater spielte auch etwas Schach. Wenn ich abtauschte, das Spiel vereinfachte und das gerade so schön auf dem Brett entstandene Bild zerstörte, nannte er das enttäuscht Raubschach. Mit Hilfe des Beheim-Schwarzbach`schen „Knaurs Schachbuch" machte ich mich mit den Partien der frühen Welt- und Großmeister vertraut, die ich teilweise – statt schulischem Wissen – jahrelang im Kopf behielt. Später – im Landschulheim Louisenlund (1951) – war ich ganz von Aljechins Kombinationsspiel und der Lehre des exzentrischen Nimzowitsch eingenommen. Dann kamen die unfasslichen Partien des späteren Weltmeisters Bobby Fischer. Sehr beeindruckend war Robert Hübners analytische Spielweise: Bei der Schacholympiade in Skopje 1972 war er – ohne Niederlage – bester Spieler an Brett 1! Durch Gisbert Jacoby, Schachpädagoge von Rang, lernte ich später Robert Hübner kennen.

Im Landschulheim Louisenlund landete ich 1953 mit Schulfreund Niels Rischbieth in einem Zweierzimmer, wo Geschichte und Schach Vorrang hatten. Rischbieth war später einer der besten Hamburger Spieler und stand (1970) im Einzelfinale gegen den Schachprofessor Rellstab. Bis zum Abitur spielten wir für den Schachklub Eckernförde, gemeinsam mit unserem auch schachkundigen Musiklehrer Klaus Hallé. Der damals schon legendäre Großmeister Fritz Sämisch, äußerst sympathisch, der für Schleswig spielte, fegte uns vom Brett. Blitzen wollte er nicht gegen so schwache Spieler, aber eine Tasse Kaffee nahm er dankend an.

Nach dem Abitur spielte ich für Blankenese, wo ich (1961) Klubmeister wurde.

Nach einer Lehrzeit, die ich als Reedereikaufmann abschloss, ging es ab zum Jura- und Schachstudium nach Genf (1962), wo ich in der höchsten Schweizer Spielklasse in der Achtermannschaft des „Club d`Echecs de Genève" ein hinteres Brett erhielt. In den Klub in der „Brasserie Eauxvivienne" hatte mich mein Studienfreund Gion Clopath gelotst. In der Mannschaft gab es große Namen wie GM Persitz, IM Marmoud, Schaeppi, Ungureanu, Dillmann. Für mich waren in dieser Spielklasse die Gegner meist zu gut. Mit Ungureanu und Marmoud blitzte ich viel zu viel, konnte sie aber nie schlagen. Mein Verlust bei der Genfer Kantonsmeisterschaft gegen Jungo (1963) wurmte mich noch lange: Bei einem Sieg wäre es zu einem Stichkampf gegen Meister Dillmann gekommen.

Nach den juristischen Staatsexamen in Schleswig (1966) und Hamburg (1969) kam ich zunächst zur Schachabteilung des Hamburger Sport Vereins (HSV), geleitet von dem geschätzten Schachpädagogen Harro Dahlgrün, der vor allem die dortige Schachjugend später voran brachte. Hier reichte es für mich zur fünfmaligen Klubmeisterschaft (1967-1972) und zur Teilnahmeberechtigung an Hamburger Einzelmeisterschaften. Die harten „Genfer Lektionen" zahlten sich jetzt aus.

Nachdem sich die HSV-Schachabteilung dem Hamburger Schachklub angeschlossen hatte, wollten einige von uns und ich nicht mitgehen.

Mit sieben Wohltätern gründete ich zunächst den „Fördererkreis Schach e.V.", dessen Mittel aus Spenden stammten und hoffnungsvollen Schachtalenten satzungsgemäß zukamen. 1973 wandelten wir ihn in den aktiven Schachklub „Spielgemeinschaft Mittelweg im Fördererkreis Schach e.V." um. Mit zwölf Mitgliedern waren wir der kleinste Schachklub Deutschlands, wie unser späteres Mitglied, der Sportjournalist Rainer Grünberg, im Hamburger Abendblatt unter der Überschrift „Klein, aber stark", feststellte (12. Juni 1992). Nach etlichen Aufstiegsjahren waren wir nämlich in der höchsten Spielklasse, der Stadtliga Hamburg, angekommen.

Hierbei halfen Frank Waligora (1990 ausgewandert), Siegfried Weiß, Gisbert und Florian Jacoby, Elmar Fiedler, Matthias Wüllenweber, Matthias und Johannes Biermann-Ratjen, Martin Beheim-Schwarzbach, Wolfgang Herre, Marc Faure, Rüdiger Sydekum, Helmut Büchel und Horst Möller. Später kamen Rolf Gehrke, André Schulz, Tariel Kordsachia, Stefan Luther und Manfred Opp hinzu.

Angeregt zu diesen Protokollen hat mich auch unser Familienfreund Martin Beheim-Schwarzbach, in dessen literarischem Nachlass sich eine ähnliche Arbeit befand.

Hamburg, November 2012 *M.B.-R.*

Zum Geleit

Hier werden die Partien eines Spielers vorgelegt, der nicht zu den umjubelten Spitzenkönnern des Schachs gehört und der keine Schlagzeilen in der internationalen Presse hervorgerufen hat. Zu zwei wichtigen Beobachtungen gibt das kleine Werk Anlaß:

1. Wie kaum eine andere Liebhaberei ist das Schachspiel geeignet, den Menschen durch das ganze Leben zu begleiten, ihn immer wieder intellektuell anzusprechen und ihm soziale Kontakte zu erschließen. Es läßt ihn mit einem sehr handfesten Erlebnispaket zurück.
2. Nicht nur die Spitzenspieler leisten Bemerkenswertes; auch die Partienmasse eines unbekannten Spielers enthält manches Lehrreiche, witzige, ungewöhnliche Kombinationen und strategische Konzepte, die zur Kenntnis zu nehmen sich lohnt.

Es ist zu hoffen, daß diese Arbeit auch andere ermuntert, das Wichtigste ihrer schachlichen Erfahrungen und Erlebnisse darzustellen, die sie in einem langen Leben angesammelt haben.

Matthias Biermann-Ratjen hat meine eigenen Bemühungen auf dem Gebiete des Schachs jahrzehntelang wohlwollend verfolgt und mich bei meinem Kandidatenwettkampf gegen Adorjan im Jahre 1980 finanziell unterstützt. Dafür möchte ich ihm an dieser Stelle meinen besten Dank aussprechen!

Köln, November 2011 *Robert Hübner*

Schachprotokolle

A40

□ **MBR**
■ **Rischbieth,Niels**
Louisenlund 1955
[RG]

1.d4 e5 2.d5 f5 3.h4 ♗e7 4.g3 ♘f6 5.♗g2 0-0 6.b3 d6 7.♗b2 b6 8.♘d2 ♘bd7 9.e4 fxe4 10.♘xe4 ♗a6 11.♘g5 ♘c5 12.♗h3 ♘fe4 13.♕h5 ♗xg5 14.hxg5 ♘xg5?!

[14...♖xf2! Diagramm

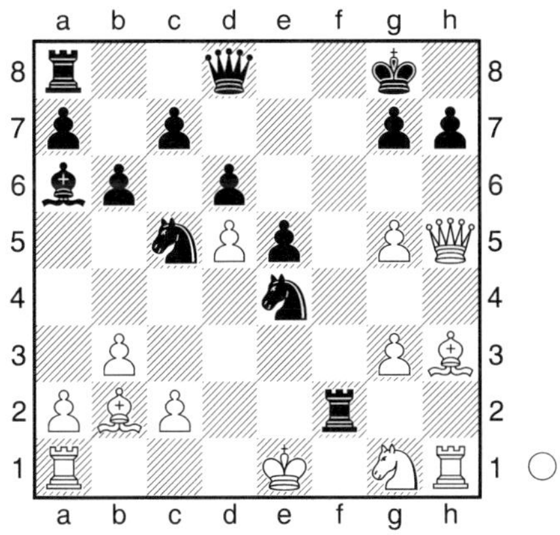

15.♗g2 (oder *15.♗e6+ ♘xe6 16.♕xh7+ ♔f8−+ 17.0-0-0 ♘6xg5−+*) 15...h6 16.♖h2 (*16.gxh6 ♕f6−+*) 16...♕xg5]

15.f4 exf4 16.0-0-0 ♘ce4?
Diagramm

[Nach 16...fxg3!∞ ist die Lage noch unklar]

(Diagramm)

17.♗e6+ ♔h8

[17...♘xe6 18.♕xh7+ ♔f7 19.dxe6++−]

18.♘f3! fxg3

[18...♗e2 19.♕g6!+−]

19.♕g6!

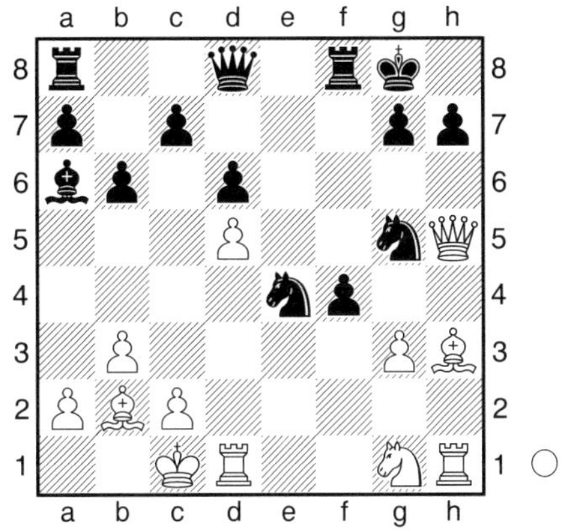

[19.♕g6 ♕e7 (*19...♖f6 20.♘xg5*) 20.♖xh7+ ♘xh7 21.♖h1+−]

1-0

D35

□ **MBR**
■ **Rischbieth,Niels**
Louisenlund 1956
[RG]

1.d4 d5 2.c4 c6 3.♗f4 e6 4.e3 ♘f6 5.♘c3 ♗b4 6.cxd5 exd5 7.♗d3 ♘e4 8.♗xe4 dxe4 9.a3 ♗xc3+ 10.bxc3 0-0 11.c4 ♘d7 12.♘e2 ♘f6 13.♘g3 ♖e8 14.0-0 ♘g4?! 15.h3 ♘f6 16.f3 exf3 17.♖xf3 h6 18.♕c2 ♗e6 19.♗e5 ♘h7? Diagramm

[⌓19...♘d7±]

(Diagramm)

20.♖af1

[20.♘h5! g6 (*20...f6 21.♗xf6!+−*) 21.♖g3+− mit der Drohung ♖xg6+ gewinnt]

20...♘g5 21.♘h5!?

[21.♖f4]

21...♘xf3+ 22.♖xf3 ♕a5? 23.♔h2?

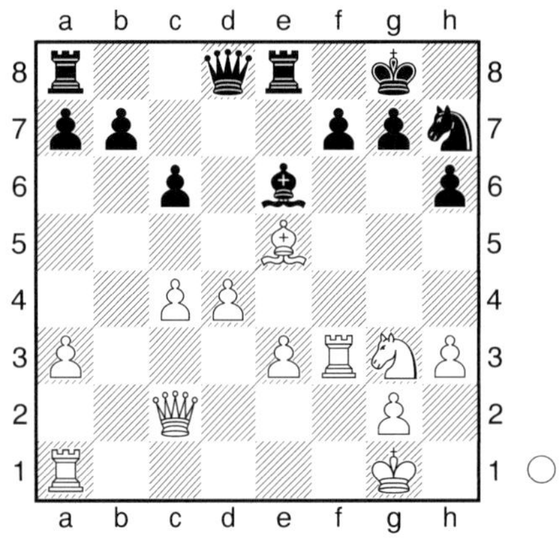

[23.♘xg7+−]
[23.♖g3+−]
23...♕xa3 24.♗xg7 f5 25.♖g3
[Oder 25.e4+−]
25...♔f7 26.♗f6
[Oder 26.e4!+− Rischbieth]
26...♖g8 27.♕f2 ♖xg3 28.♕xg3 ♖g8? 29.♕c7+ ♔g6 30.♗e7 ♕xe3 31.♘f4+ ♕xf4+ 32.♕xf4 ♗xc4 Diagramm

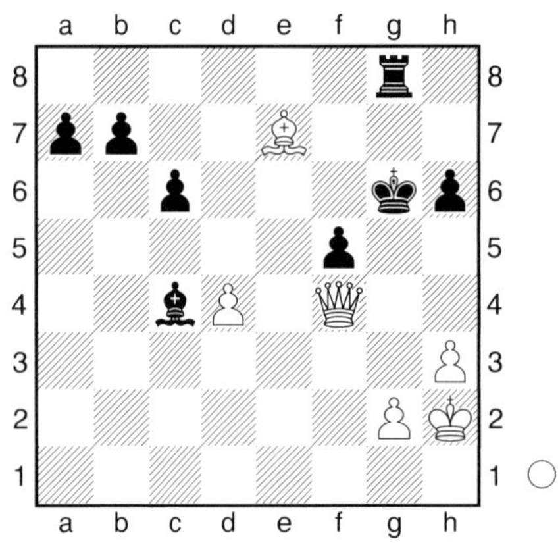

33.♕c7?!
[33.g4!+− ♗d3 34.♕d6+ ♔h7 35.♗f8 ♖g6 36.♕d7+ ♔g8 37.gxf5+−]
33...♗d5 34.♗h4 ♔h5 35.g3 b5 36.♕f4 ♔g6 37.♗e7 a5 38.g4! fxg4 39.hxg4 a4 40.♕f6+
[40.♕f5+! ♔g7 41.♗f6+ ♔f8 42.♕d7+− und Schwarz kann das Matt kaum noch verhindern]
40...♔h7 41.♕f5+ ♖g6 42.g5?
[42.♗f6! a3? 43.♕d7+ ♔g8 44.♕e8+ ♔h7 45.♕h8#]
42...hxg5 43.♗xg5
Diese kompromisslos gespielte Partie zeigt noch mangelnde Technik von Weiß, der mehrere Male den klaren Gewinn vergab
½-½

D03

□ **MBR**
■ **Koch**
Einzelmeisterschaft Eckernförde
[RG]

1.d4 d5 2.♘f3 ♘f6 3.♗g5 ♘bd7 4.♘bd2 h6 5.♗xf6 ♘xf6 6.e3 e6 7.♗d3 ♗e7 8.♘e5 0-0 9.f4 c5 10.c3 a6 11.a4 ♗d7 12.0-0 ♗e8 13.♗b1 ♕b6 14.♕c2 ♖c8 15.g4!?
[Oder 15.f5!?]
15...♗c6?!
[Besser 15...g6]
16.♘xc6 ♕xc6 Diagramm

(Diagramm)

17.♖f2
[17.g5! hxg5 18.fxg5 ♘e4 19.♘xe4 dxe4 20.♕g2±]
17...cxd4 18.exd4 g6 19.♖g2 ♕d6 20.f5 exf5 21.gxf5 g5 22.♕d1 ♔h7 23.♘f3 ♖g8 24.♘e5 ♖g7 25.h3 ♖cg8 26.♕f3 ♕b6
[Besser 26...♗d8 nebst ...Te8]
27.♘g4! ♕d6 28.♗d3 ♕d8 29.♖e1!± Die Eroberung der e-Linie sichert den weißen Vorteil **♖e8? 30.♖ge2 ♖gg8 31.♖xe7!+−** Das gewinnt eine Figur

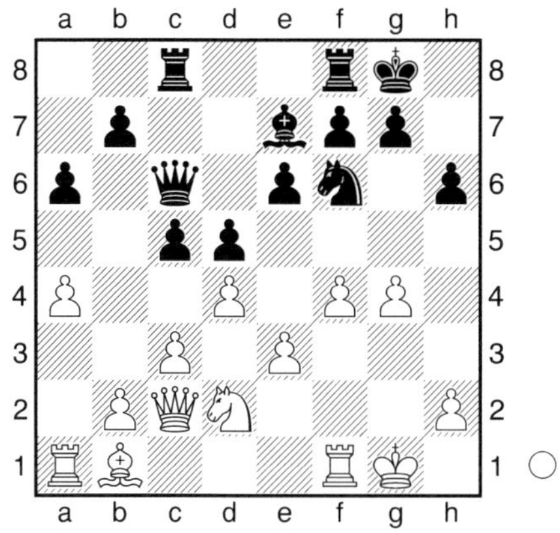

♘e4
[31...♖xe7 32.♘xf6++−]
32.♖xf7+ ♖g7 33.♖xg7+ ♔xg7 34.♗xe4 dxe4 35.♖xe4 ♕d5 36.♖e7+ 1-0

D06

□ **MBR**
■ **Sell**
Einzelmeisterschaft Eckernförde
[RG]

1.d4 d5 2.♘f3 ♗f5!? Eine riskante Eröffnung **3.e3 e6 4.c4 b6?!**
[4...c6]
5.cxd5 ♕xd5?! 6.♘c3 ♕d8 7.♘e5! ♘f6
[7...c6 8.g4 ♗g6 9.h4 f6 10.h5±]
8.♗b5+ ♘bd7 9.e4! ♗g6 Diagramm

(Diagramm)

10.♗g5!+−
Eine Eröffnungskatastrophe für Schwarz. Es ist vorbei, auch wenn Schwarz noch ein paar Züge macht **♗h5 11.f3 h6 12.♗xf6**
[Oder 12.♗xd7+ ♔e7 13.♗b5+− *(13.♘c6++−)*]

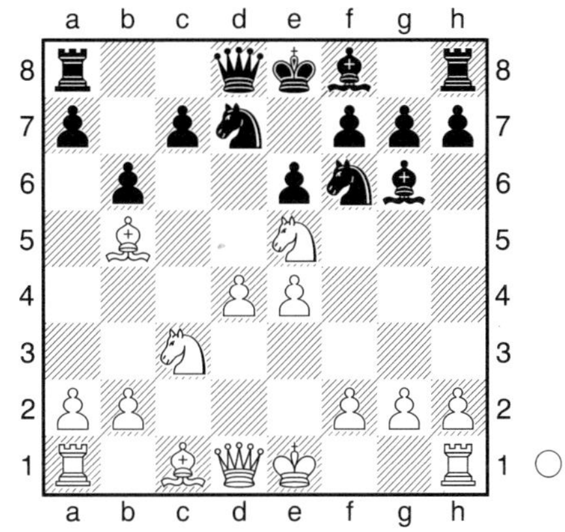

12...♕xf6 13.♘xd7 ♕g5 14.♘f6+ ♔e7 15.♘xh5 ♕xh5 16.0-0 1-0

C57

□ **MBR**
■ **Biermann-Ratjen,Roland**
Freie Partie 1957
[RG; MBR]

1.e4 e5 2.♘f3 ♘c6 3.♗c4 ♘f6 4.♘g5!? d5 5.exd5 ♘xd5?!
[Theorie ist 5...♘a5 6.♗b5+ c6 7.dxc6 bxc6 8.♗e2 h6]
[oder 5...b5!? 6.♗f1 ♘d4]
6.♘xf7! Die "Gebratene Leber" gilt als gewonnen für Weiß, ist aber nicht endgültig geklärt **♔xf7 7.♕f3+ ♔e6 8.♘c3 ♘cb4 9.♔d1 c6 10.a3 ♘a6**
[10...♕h4!? 11.♕e2 ♘a6 12.♖e1 ♔d7∞ ist unklar]
11.b4
[11.♖e1!]
11...♘ac7 12.d4 ♗e7 13.♖e1 ♗f6?
[Besser 13...♕f8!∓ , z.B. 14.♕e4 ♔d7 15.♗xd5 cxd5 16.♘xd5 ♘xd5 17.♕xd5+ ♔c7∓]
14.♗f4 b5?
[14...♔d7!]

15.♗xe5 ♗xe5 16.♖xe5+ ♔d6 17.♘e4+ ♔d7 18.♘c5+ ♔d6 19.♕g3 nebst Matt in 3 Zügen. Die einzige Partie gegen meinen Bruder, der am 7. März 1958 starb

[19.♕g3 ♘c3+ 20.♔e1 bxc4 21.♖e2+ ♔d5 22.♕e5#]

1-0

B01

□ **Hallé,Klaus**

■ **MBR**

Freie Partie (45 min) rapid 1957

[RG]

1.e4 d5 2.exd5 ♕xd5

[2...♘f6]

3.♘c3 ♕a5 4.d3

[4.d4]

4...♘c6 5.♗d2 e5 6.♘f3 ♗g4 7.♗e2 0-0-0 8.0-0 ♗d6?! Diagramm

[8...♘f6 9.♘g5 ♗xe2 10.♕xe2 ♘d4=]

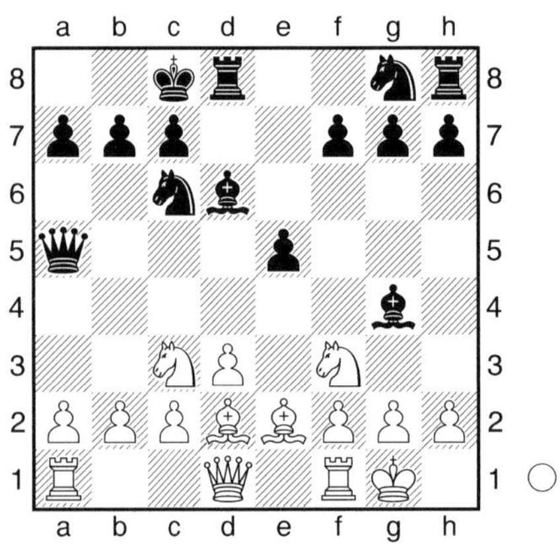

9.♘g5! ♗xe2 10.♘xe2+- ♗b4?! 11.♗xb4

[11.c3 ♗e7 12.♘xf7+-]

11...♕xb4 12.♘xf7 ♘f6 13.♘xh8 ♖xh8 14.c3?!

[14.♕c1+-]

14...♕h4 15.h3 g5 16.♕b3 ♖e8 17.♕f7 g4 18.♘g3

[18.♕g7 gxh3 19.♕g3+-]

18...♘d8 19.♕c4 ♘e6 20.♘f5! ♕g5 21.hxg4?!

[21.♘d6+! ♔b8 22.♘xe8 gxh3 23.g3+-]

21...♘xg4 22.♘d6+ ♔b8 23.♕b5 Diagramm

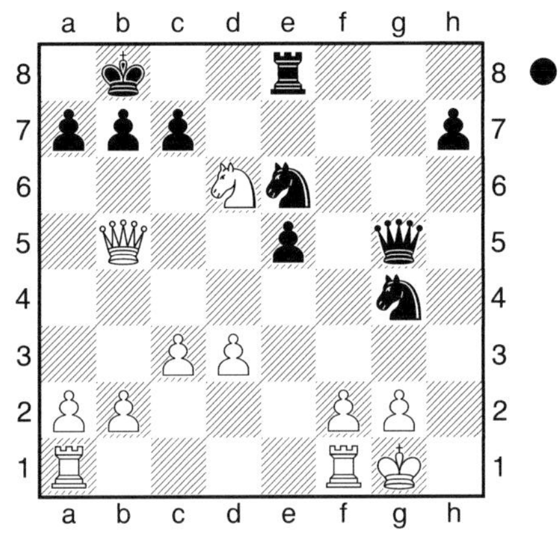

♘d8! 24.f3?

[24.♕xe8 ♕h4 25.♕xd8+ ♕xd8 26.♘e4 ♕h4 27.♖fe1= und mit 2 Türmen gegen die Dame ist die Stellung wieder im Gleichgewicht]

24...♘e3?

[24...♕e3+! 25.♔h1 *(25.♖f2 ♕xf2+ 26.♔h1 ♘e3-+* nebst Matt *)* 25...♕h6+ 26.♔g1 ♕h2#]

25.♖f2 ♖e6 26.♘c4?

[26.♘e4! ♕h4 27.♕d7 ♖h6 28.♖e2 a6 29.♖xe3 ♘e6 30.♖f1+-]

26...♘f5 27.♔f1

[27.♘xe5]

27...♖h6 28.♔e2 ♘g3+ Die Partie hätte Hallé gewinnen müssen

0-1

B15

□ **MBR**
■ **Rischbieth,Niels**
Louisenlund 1957
[MBR; RG]

1.e4 c6 2.d4 d5 3.♘c3 dxe4 4.♘xe4 ♘f6 5.♘g3 h5 6.♗g5?! h4! 7.♗xf6? Weiß ahnt nichts Böses und spielt kompromißlos weiter

[Er mußte mit 7.♘3e2□ auf Verteidigung umschalten]

7...hxg3! 8.♗e5 ♖xh2! 9.♖xh2 ♕a5+! 10.c3 Diagramm

[Auf 10.♕d2 fanden wir gxf2+! *(10...♕xd2+? 11.♔xd2 gxh2 12.♗xh2=)* 11.♔e2 ♕xd2+ 12.♔xd2 fxg1♕−+ und Schwarz gewinnt]

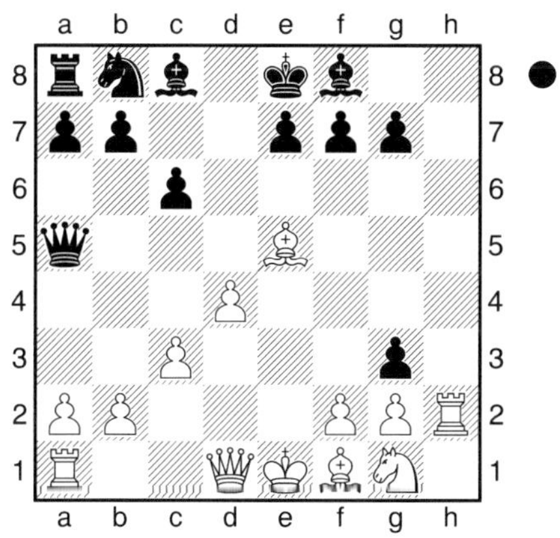

10...♕xe5+! Das Damenopfer ermöglicht die anschließende Promotion des schwarzen Bauern **11.dxe5 gxh2** Zu dieser Leistung gratulierte ich Rischbieth überschwenglich, bis er mir gestand, daß kein Zug von ihm stammte, sondern daß er der Partie Schuster-Carls, Bremen 1913, gefolgt war
0-1

E40

□ **Hallé,Klaus**
■ **MBR**
Turnierpartie Eckernförde 1958
[RG]

1.d4 ♘f6 2.c4 e6 3.♘c3 ♗b4 4.e3 ♗xc3+ 5.bxc3 d6 6.♗d3 0-0 7.e4 e5 8.d5 ♘bd7 9.f4 ♘c5 10.♘f3 ♘fxe4 11.♗xe4 ♘xe4 12.fxe5 ♖e8

[12...dxe5 13.0-0 *(13.♘xe5? ♕h4+−+)* 13...♖e8∓ führt auch zur Partiestellung]

13.0-0 dxe5 14.♕e1 f5 15.♘h4 ♕f6!?

[15...♘d6! 16.c5 ♘c4 17.♘xf5 ♗xf5 18.♖xf5 ♕xd5−+]

16.g4 f4?!

[16...♕b6+ 17.♗e3 *(17.♔h1 ♕c5−+)* 17...♕a6 18.♘xf5 ♕xc4−+]

17.♕xe4 ♕xh4 18.♖xf4 ♗d7

[Oder 18...♗e6!? 19.♖f2 *(19.dxe6? exf4!−+)* 19...♕xg4+∓]

19.♖f2 ♕xg4+ 20.♕g2 ♕xg2+ 21.♖xg2 c6

[21...♖f8 22.♗h6 ♖f7∓]

22.♗h6 g6

[22...♖e7 23.d6 ♖f7 24.c5 ♖af8 25.h4∞ ist unklar]

23.♖e1 ♖e7?!

[23...cxd5 24.cxd5 ♖ac8=]

24.d6 ♖e6 25.c5 b6 26.♖f1 bxc5 27.♖gf2 ♖ee8 28.♖f7 ♗e6?

[28...♗f5! 29.♖g7+ ♔h8 30.♖d1 ♖ed8± hält die schwarze Stellung noch]

29.♖g7+ ♔h8 30.♖e7

[30.♖b1!+− , z.B. ♖ab8 31.♖xb8 ♖xb8 32.♖e7!+−]

30...♗d5? Diagramm

[30...♗f5!]

31.♖f6?

[31.♖xe8+! ♖xe8 32.d7 ♖d8 33.♖f8+ ♖xf8 34.♗xf8+− nebst Matt

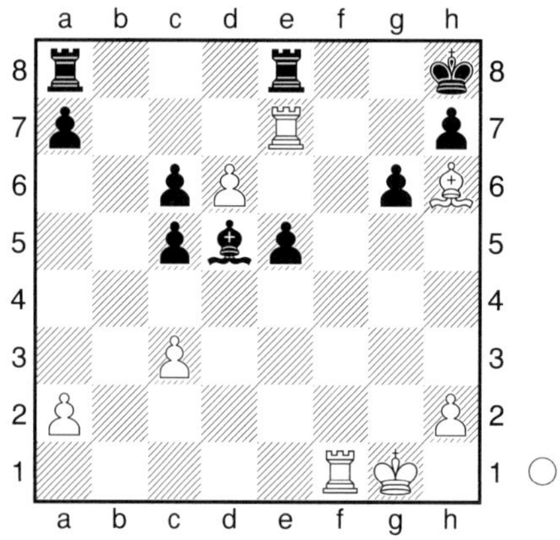

in drei Zügen]

31...♔g8?

[31...♖ed8 32.d7 ♔g8± ist wesentlich zäher]

32.♖g7+?

[32.♖xe8+! ♖xe8 33.d7 ♖d8 34.♖f8++−]

32...♔h8 33.♖e7 ♖eb8 34.♖f1 ♖e8

[34...♖b2 35.♖f8+ ♖xf8 36.♗xf8+−]

35.♖b1?

[35.♖xe8+ ♖xe8 36.d7+−]

35...♖xe7 36.dxe7 ♗xa2?

[Nach 36...♗f3!= Diagramm

(Diagramm)

muß Weiß noch beweisen, daß er im Vorteil ist, z.B. 37.♖b7 ♔g8 38.♖xa7 ♖e8 39.♔f2 ♗h1 40.a4±]

37.♖f1 nebst Matt in fünf Zügen

1-0

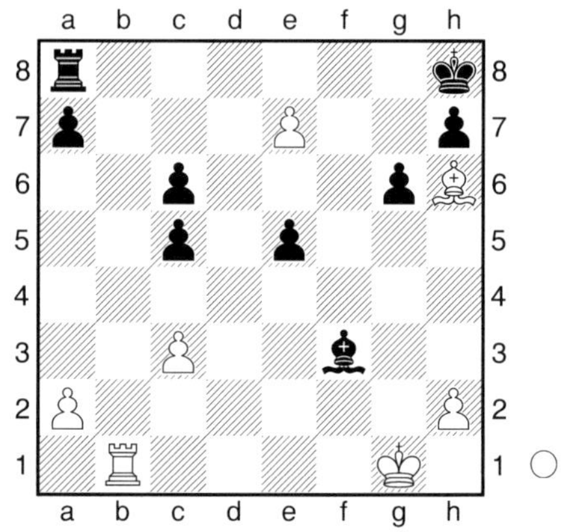

E20

Hollenbach

MBR

Turnierpartie Eckernförde 1958

[RG]

1.d4 ♘f6 2.c4 e6 3.♘c3 ♗b4 4.♗d2 b6 5.a3 ♗xc3 6.♗xc3 ♗b7 7.e3 d6 8.♘f3 ♘bd7 9.♗d3 0-0 10.0-0 ♕e7 11.h3 ♘e4 12.♕c2 f5 13.♘d2 ♘xc3 14.♕xc3 ♕g5 15.e4 fxe4 16.♘xe4 ♕e7 17.♕d2 ♘f6 18.♖ae1 ♖ae8 19.b4

[19.♘g5±]

19...e5 20.c5?! ♘xe4 21.♗xe4 Diagramm

(Diagramm)

d5 22.♕a2?!

[22.c6!? ♗xc6 23.♗xh7+ ♔xh7 24.♕c2+ e4 25.♕xc6=]

22...♕f7 23.♗f3 e4 24.♗d1 c6 25.♗b3? Das verliert die Qualität, aber die Stellung ist schon schwierig für Weiß **♗a6−+** Der Rest ist Technik **26.cxb6 axb6 27.♗a4 ♗xf1 28.♗xc6 ♗c4 29.♕c2 ♖e6 30.♗a4 b5 31.♗b3**

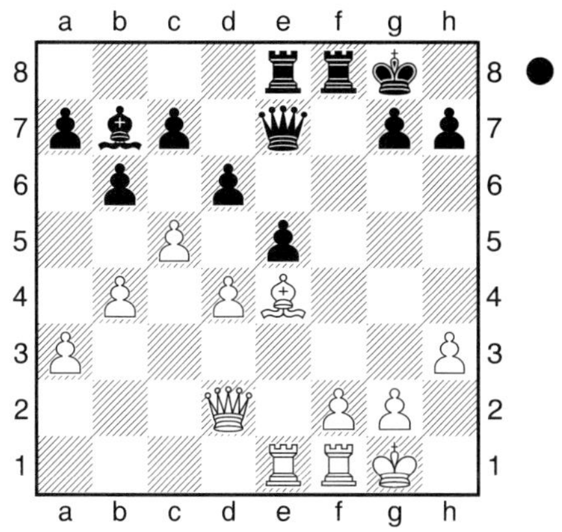

♗xb3 32.♕xb3 ♕xf2+
0-1

A00

□ **MBR**
■ **Hentschel**
Clubmeisterschaft Blankenese 1959
[RG]

1.b4 d5 2.♗b2 e6 3.e3 ♘f6 4.a3 ♗e7 5.c4 dxc4 6.♗xc4 0-0 7.f4 ♘e4 8.♕f3 ♘d6 9.♗b3 ♗f6 10.d4 ♘f5 11.♘e2 ♗d7 12.e4 ♘h4 13.♕f2 ♗c6 14.♘d2 a5 15.0-0 axb4 16.axb4 ♖xa1 17.♗xa1 b6 18.g3 ♘g6 19.f5 exf5 20.♕xf5 ♕d7 21.♕h5 ♘a6
Diagramm

(Diagramm)

22.♖xf6!! gxf6 23.d5 ♘e5
[23...♕d6 24.♕h6 ♗d7 25.e5!!+− fxe5 26.♘e4 ♕e7 27.♘g5+−]
24.♗xe5
[Der einfachste Gewinnweg ist 24.♕h4! ♕d6 25.♘f4+− nebst ♘h5, z.B. ♘b8 26.♘h5 ♘bd7 27.♗xe5! ♕xe5 28.♕g4+ ♕g5 29.♘xf6+!+−]
[Nicht so zwingend ist 24.♘c4!?

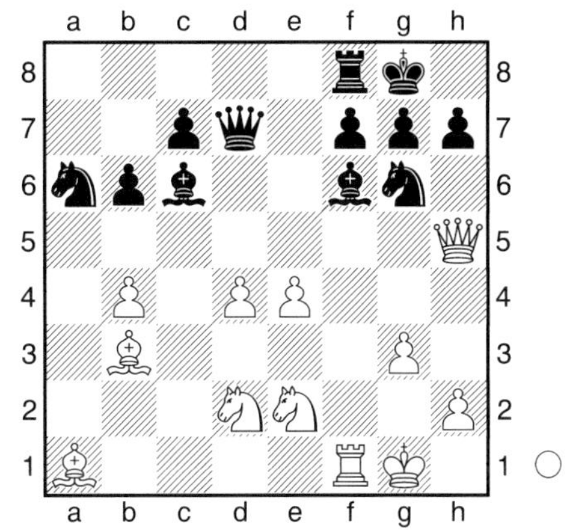

♕g4! 25.♕xg4+ ♘xg4 26.dxc6±]
24...fxe5 25.♕g5+ ♔h8 26.♕f6+
[26.dxc6 ♕xc6 *(26...♕d6 27.b5)* 27.♕xe5++− Weiß ist deutlich im Vorteil, er hat zwei Figuren gegen den Turm bei besserer Stellung]
26...♔g8 27.♕g5+ ♔h8 Weiß begnügt sich mit Remis durch Zugwiederholung
½-½

A00

□ **MBR**
■ **Ziermann**
Clubmeisterschaft Blankenese 26.9.59
[RG]

1.b4 ♘f6 2.♗b2 d5 3.e3 e6 4.b5 a6 5.a4 axb5 6.axb5 ♖xa1 7.♗xa1 c6 8.f4 ♗e7 9.♘f3 ♘bd7 10.♗e2 0-0 11.0-0 ♕b6 12.bxc6 bxc6 13.c4 h6 14.♘c3 ♗b7 15.♕c2 ♗d6?!
Die Drohung ...♗xf4 ist simpel zu parieren
[Besser 15...♖a8]
16.♔h1 c5 17.♖b1 ♕c6 18.♘b5 ♗b8 19.♕b2 Drohung 20.cxd5 exd5 21. ♘bd4 cxd4 22.♘xd4! nebst ♕xb7 mit Bauerngewinn **♗a6 20.♘e1 dxc4 21.♗xc4 ♘e8 22.♘a3 ♗xc4 23.♘xc4**

♕a6 24.♕c3 e5 25.♘f3 exf4 26.exf4 ♗xf4 27.♖e1 ♕g6 28.♘h4 ♕f6 Diagramm

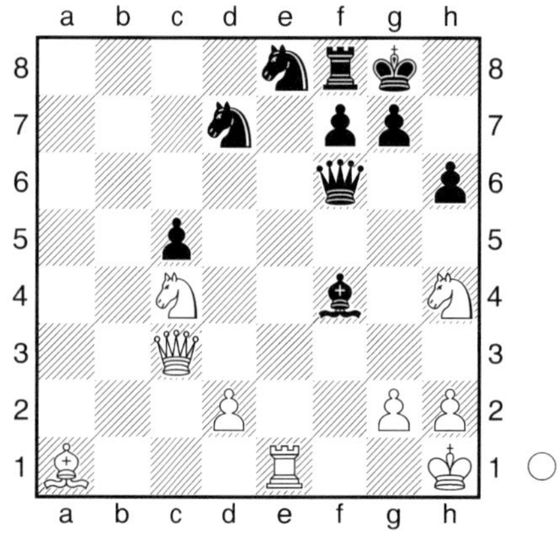

29.♕h3! ♕d8 30.♘f5 ♘df6 31.♗c3 ♔h7 32.♕f3 ♕b8
[Besser 32...♘d5 , z.B. 33.♗a1 g6 34.♘e7 ♘ec7 35.♘xd5 ♘xd5=]
33.g3 ♗c7 Diagramm

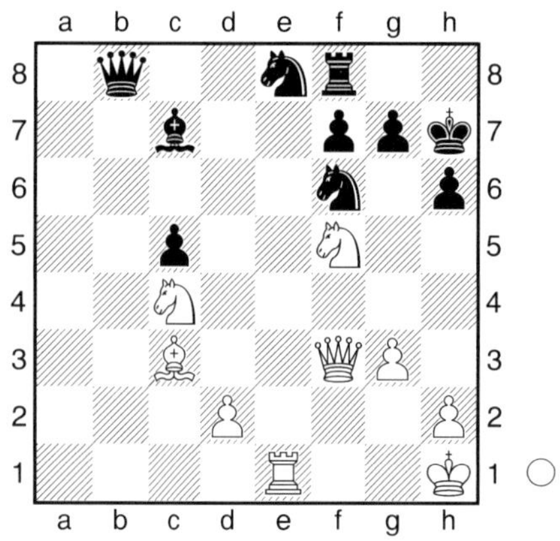

34.♘xg7!? ♔xg7 35.♕g4+ ♔h8?
[Nach 35...♔h7! hält Schwarz die Stellung, z.B. 36.♕f5+ ♔g7 37.♕g4+ und Weiß muß Dauerschach geben]
36.♖xe8! ♕b7+ 37.♔g1 ♕b1+ 38.♔g2 ♕b7+ 39.♔h3 ♖xe8 40.♗xf6+ nebst Matt
1-0

B27

□ **Thedens**
■ **MBR**
Clubmeisterschaft Blankenese 5.11.59
[RG]

1.e4 c5 2.♘f3 g6 3.d4 ♗g7 4.c3 cxd4 5.cxd4 d6
[5...d5 wird meistens gespielt]
6.♗d2 ♗g4 7.♗c3 ♘f6 8.♘bd2 0-0 9.♗e2 ♘bd7 10.h3 ♗xf3 11.♗xf3 e5 12.d5 ♘c5 13.0-0 a5 14.♕e2 a4?!
[Besser 14...♘a4 , z.B. 15.♖ac1 ♗h6 16.♖c2 ♖c8 17.♘c4 ♘xc3 18.♖xc3 b5∓]
15.♗b4 ♘fd7 16.♘c4 ♕e7 17.♖ac1 f5!? 18.g3 ♗h6 19.♖c2 ♖f7 20.♗d2 ♗xd2 21.♘xd2 ♕g5
[21...f4!?]
22.♗g2 ♖d8?! 23.b4 axb3 24.axb3 ♘f6 25.♘f3 ♕h6 26.♘xe5
[26.exf5! gxf5 27.♘xe5 dxe5 28.♖xc5±]
26...♖e7 27.♘c4 ♘xb3 28.♕d1?! fxe4 29.♘xd6?! ♖xd6 30.♖c8+ ♔g7 31.♕xb3 ♖xd5 32.♕b4 ♖de5 33.♖e1 e3!? 34.f4 ♖5e6 35.♕d4 ♔f7
[35...e2]
36.♕c4 ♔g7 37.♖e2
[37.♖c7!±]
37...♕h5 38.♕d4?? ♕b5? Wahrschein lich waren beide Spieler in Zeitnot
[38...♕xe2−+]
39.♗f3 ♕b1+ 40.♔h2? Diagramm
[Weiß mußte 40.♔g2□ spielen, z.B. ♕b6 41.♕c4 ♖d6 42.♕c3 ♕d4∓]

40...♕f1!−+ 41.♗g4 h5 42.♕d8
[42.♗xe6 ♕xe2+ 43.♔g1 ♖xe6 44.♖c7+ ♔h6−+]

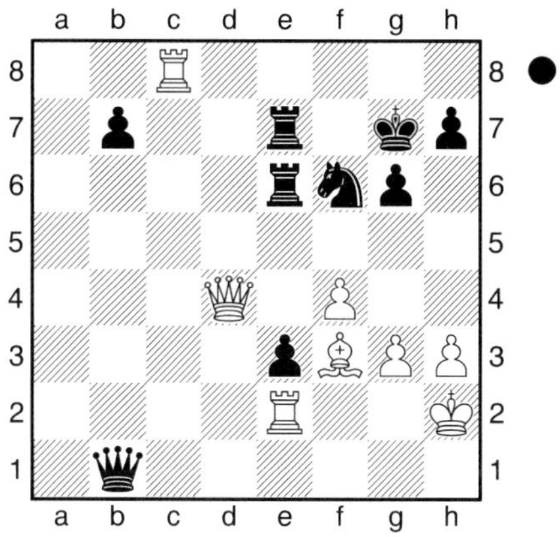

42...♖e8
0-1

D08

□ **Johannsen**
■ **MBR**
Clubmeisterschaft Blankenese 6.12.59
[RG]

1.d4 d5 2.c4 e5!?
Albins Gegengambit **3.♘c3?!**
Weiß kennt die Theorie nicht und lehnt vorsichtshalber ab
[3.dxe5 d4 4.♘f3 ♘c6 5.g3± ist die meistgespielte Fortsetzung]
3...♗b4 4.e3 exd4 5.♕xd4 ♘f6 6.a3
Diagramm

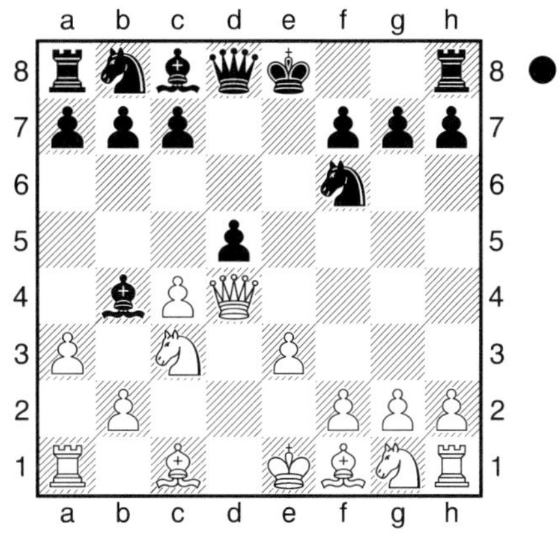

(Diagramm)

c5!? Ein waghalsiges Figurenopfer!
[Gut und sicher ist 6...♘c6∓]
7.♕e5+ ♗e6 8.axb4 ♘c6 9.♕g5 ♘xb4 10.♖b1
[10.♕xg7? ♖g8 11.♕h6 ♘c2+−+]
10...dxc4 11.♘f3??
[Nach 11.♗e2!∞ ist die Stellung unklar, und Schwarz muß noch zeigen, daß er genügend Kompensation hat. Ein Beispiel: 0-0!? 12.♕xc5!? ♘fd5 13.♘xd5 ♘c2+ 14.♔f1! *(14.♔d1? ♖c8!∓ 15.♕b5 ♗xd5∓)* 14...♗xd5 15.♘f3 ♖c8 16.♕b5 *(16.♕xa7? ♖a8 17.♕c5 ♖a5!−+)* 16...a6 17.♕a4 ♗e4 18.♘d2 *(18.g3 ♘xe3+! 19.♗xe3 ♗xb1 20.♔g2 ♗e4≅)* 18...♗d3! 19.♗xd3 ♕xd3+ 20.♔g1 Diagramm

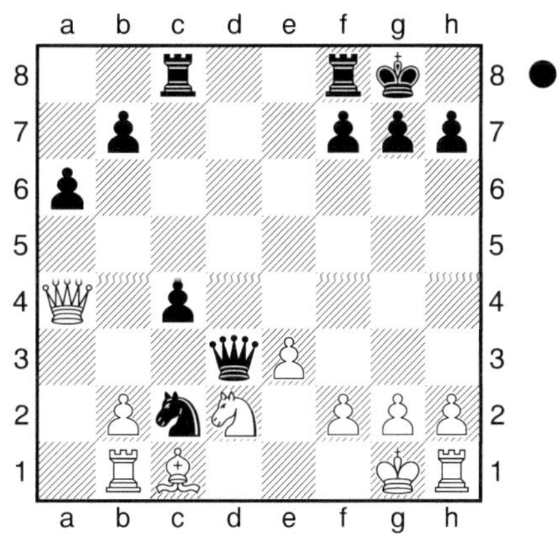

♘xe3! 21.h4!? *(21.fxe3 ♕xe3+ 22.♔f1 ♖fe8 23.♕d1 ♕d3+ 24.♔f2 ♖c6!∓)* 21...♘xg2!? 22.♔xg2 ♕g6+= mit Dauerschach]
11...♘c2+ 12.♔e2 ♕d3# Diagramm
0-1

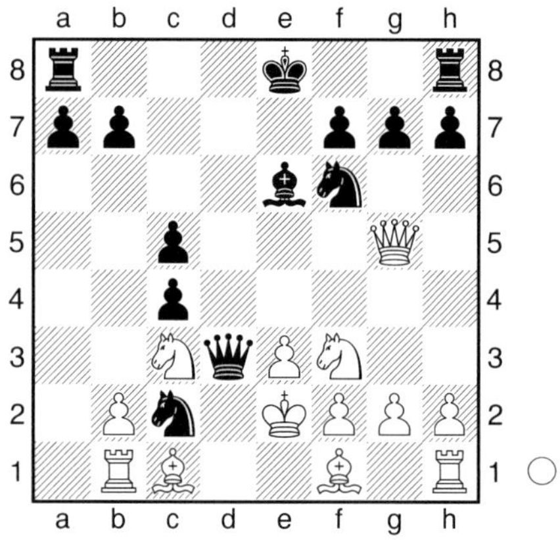

C12

□ **MBR**

■ **Maus,Rudolf**

Clubmeisterschaft Blankenese

[MBR; RG]

1.e4 e6 2.d4 d5 3.♘c3 ♘f6 4.♗g5 ♗b4 5.e5 h6 6.♗d2 ♗xc3 7.bxc3 ♘e4 8.♗d3 ♘xd2 9.♕xd2 c5 10.♘f3 c4 11.♗e2 ♘d7

[11...♘c6 wird meistens gespielt]

12.0-0 f6 13.exf6 gxf6

[⌓13...♕xf6 erschwert Se5 und Sh4]

14.♘h4+− ♘f8 15.♗h5+ ♔d7 Diagramm

(Diagramm)

16.f4! mit der Drohung f5!

[16.♖fe1!? ist auch stark]

16...f5 Fast erzwungen, aber schafft eine neue Schwäche auf e5

[16...♔c7 17.f5! e5 18.♘g6 ♘xg6 19.fxg6+−]

17.♘f3 ♖g8 18.♘e5+ ♔c7 19.♕e3 ♕h4 20.♗f7 ♖g7 21.♗e8?!

[21.♖ab1!]

21...♘h7?

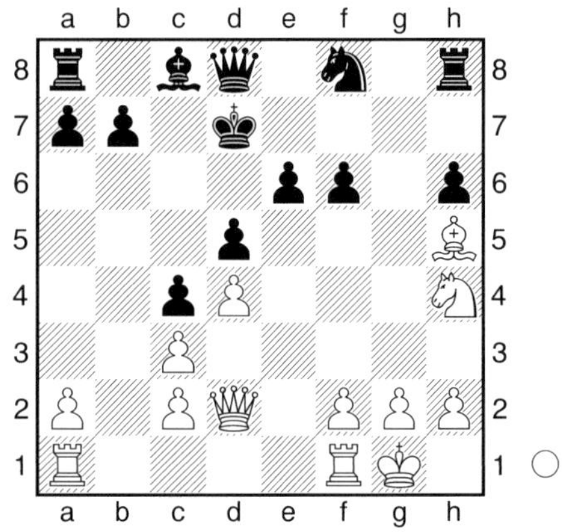

[21...♗d7! 22.♗xd7 ♘xd7 23.♘xd7 ♖ag8 24.♖f2 ♔xd7±]

22.♘xc4!? ♕g4? Diagramm

[22...♘f6! mit der Drohung ...Sg4 ist noch unklar, z.B. 23.♕e5+ ♔d8 24.♗b5 *(24.♘e3 ♘xe8∓)* 24...dxc4 25.g3 *(25.♕e2 ♗d7−+)* 25...♗d7 26.♗xd7 ♔xd7 27.♖f2 ♖g6 28.♕b5+= mit Dauerschach]

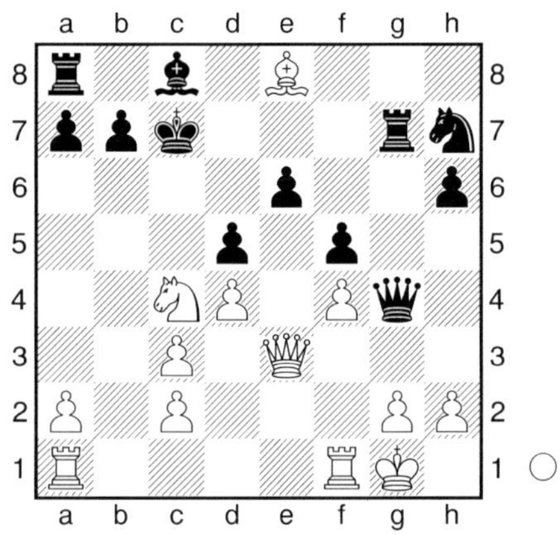

23.♕e5+ ♔d8 24.♘e3 ♕e2 25.♖f2 ♕xf2+ 26.♔xf2 ♖e7 27.♗g6 ♘f8 28.♕h8 Eine Kampfpartie mit meinem damaligen Freund Rudolf Maus

1-0

A05

□ **MBR**
■ **Thedens**
Clubmeisterschaft Blankenese 1961
[MBR; RG]

1.♘f3 ♘f6 2.b3 g6 3.♗b2 ♗g7 4.e4 d6 5.♗c4?! 0-0 6.d3 ♗d7!?
Dr. Thedens, ein großer älterer Herr, stellte mit Unschuldsmiene gerne unauffällig kleine Drohungen auf (... b5 mit Figurengewinn)
[Das objektiv bessere 6...c6 wäre natürlich zu auffällig gewesen: 7.b4 d5∓]
7.b4 b5 8.♗b3 a5 9.bxa5 ♖xa5 10.♘bd2 c5 11.0-0 ♘c6 12.h3 ♘xe4?! 13.♗xg7 ♘xd2 14.♗xf8 ♘xf3+
[14...♘xf1? 15.♗h6+−]
15.♕xf3 ♕xf8 16.♕g3 ♘d4 17.♖ae1 ♗c6
[17...b4!∓]
18.f4 ♘f5 19.♕f2 ♕h6 20.♔h2 e6 21.c3 ♕g7 Diagramm
[21...♘h4! 22.♖g1= und die Stellung ist annähernd im Gleichgewicht (Unklar ist *22.f5!?∞* , z.B. *gxf5 23.♖e3 ♘g6 24.♖g3 ♔h8 25.♔g1 f4∓*)]

(Diagramm)

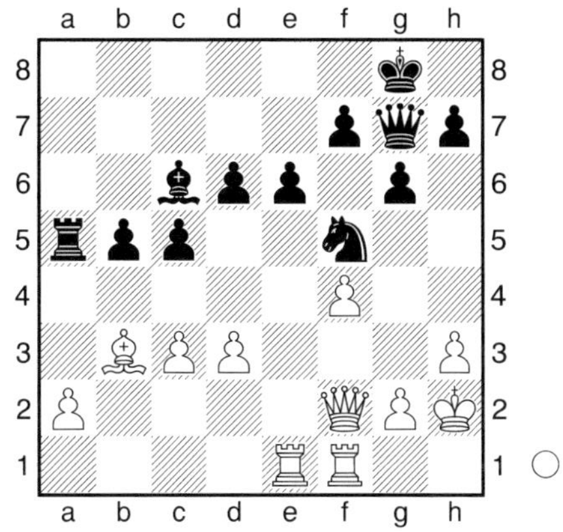

Sieht plausibel aus, aber jetzt kann Weiß zum Angriff übergehen: **22.g4! ♘h6 23.f5! exf5**
[Auch nach 23...g5 ist Weiß im Vorteil: 24.♕g3! e5 *(24...♕f8? 25.fxe6+−)* 25.f6 ♕g6 *(25...♕f8 26.♕e3+−)* 26.♖f2 ♔h8 27.d4!+−]
24.g5! ♕xc3 25.gxh6 c4
[Oder 25...♖a8 26.♕e3 ♖f8 27.♖f2 ♕f6 28.♕e7+−]
26.dxc4
[26.♕e3! ♖a8 27.dxc4 ♕xe3 28.♖xe3 bxc4 29.♗xc4+−]
26...bxc4 Diagramm

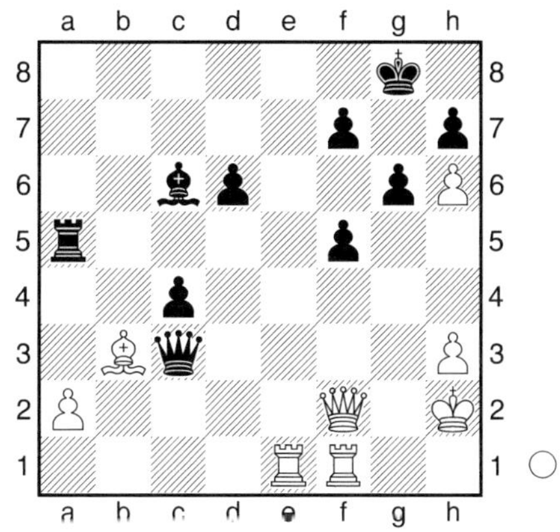

27.♖e3!+− ♕b4 28.♖fe1 Hier hatte Weiß mehrere Gewinnfortsetzungen zur Auswahl:
[28.♕e1 ♕xe1 29.♖fxe1 ♔f8 30.♗xc4+−]
[28.a3 ♖xa3 29.♕b2 c3 30.♗xf7+!]
[28.♕b2 ♖e5 29.♖xe5 dxe5 30.♖d1+−]
28...♖a8 29.♕h4+−
[29.♕b2+− c3 30.♗xf7+]
29...♕d2+ 30.♖1e2 ♕d5 31.♕xc4
[Oder 31.♕f6 ♕h1+ 32.♔g3 ♕g1+

33.♔h4 g5+ 34.♔h5+−]
31...♕h1+ 32.♔g3 ♕g1+ 33.♔h4 g5+ 34.♔h5
1-0

C12

□ **MBR**
■ **Erbslöh,Herbert**
Clubmeisterschft Blankenese 1961
[MBR; RG]

1.e4 e6 2.d4 d5 3.♘c3 ♘f6 4.♗g5 ♗b4 5.e5 h6 6.♗d2 ♘fd7 7.♕g4 ♔f8 8.♘f3 c5 9.a3 ♗xc3 10.bxc3 ♘c6 11.♗d3! Der Tempoverlust lohnt sich, denn nun muß Schwarz das Zentrum abschließen **c4 12.♗e2 ♘e7 13.♕h4 ♕e8 14.g4 ♘g6 15.♕g3 ♔e7 16.h4 ♔d8 17.h5 ♘e7 18.♘h4 ♘f8 19.g5 ♘f5? 20.♘xf5 exf5 21.gxh6 gxh6** Diagramm

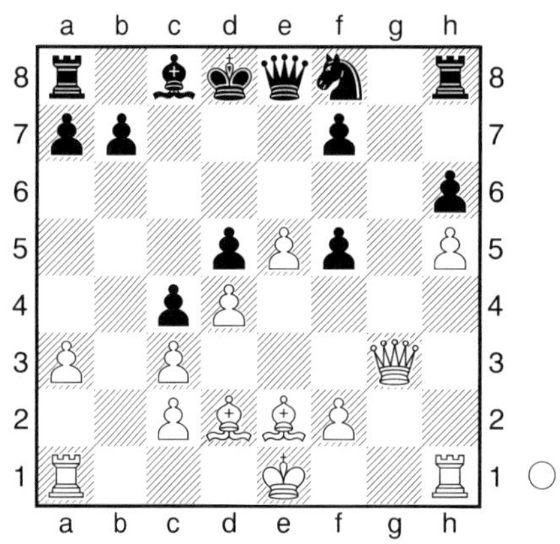

22.♗xh6! Das hatte Schwarz bei seinem 19. Zug übersehen! **♘e6**
[22...♖xh6? 23.♕g5++− mit Qualitätsgewinn]
23.♗g7 ♘xg7 24.♕xg7 ♗e6 25.♖g1 ♔d7 26.h6 ♕g8 27.♔d2 ♕xg7 28.hxg7 ♖hg8 29.♖g5 ♔e7 30.f4 ♖ac8 31.♗f3 ♖c6 32.♖h1 ♖cc8
[32...f6 33.♖g2 ♗f7 34.♖b1+−]
33.♖h7 ♔d7 34.♔e2 ♔e7 35.♔f2 ♔d7 36.♔g3 ♔e7 37.♔h4 ♔d7 38.♖g1 ♔e7 39.♔g5 ♖cf8!? 40.♔h6 ♖c8 41.♖g5 ♖cd8 42.♖h5 ♖c8 43.♔g5 ♖cf8 44.♖h1 ♖c8 45.♖b1 ♖b8 46.♖b5 ♖gd8 47.♖h8!
[Oder 47.♖c5!+− ♔d7 *(47...♖bc8 48.♖xc8+−* nebst ♖h8 *)* 48.♗xd5+−]
47...b6 48.♖xd8 ♖xd8 49.♗xd5! ♖g8
[49...a6!? hilft auch nicht wegen 50.♗xe6! axb5 51.♗xf5+−]
50.♔h6 f6 51.exf6+ ♔xf6 52.♗xe6 ♔xe6 53.♔h7
1-0

A84

□ **Ziermann**
■ **MBR**
Clubmeisterschft Blankenese 1961
[RG]

1.d4 f5 2.c4 e6 3.♘c3 d5 4.cxd5 exd5 5.g3 ♘f6 6.♗g5 c6 7.♗g2 ♗d6 8.♗xf6 ♕xf6 9.e3
[9.f4 0-0 Godes-Shachar 1995]
9...♘d7 10.♘ge2 0-0
[10...♕e7 11.0-0 ♘f6 12.♖e1 ♗d7 13.♘f4 g5 14.♘d3 g4 15.♘e2 a5∓ Stohl-Bischoff, Brünn 1994]
11.0-0 ♕e7 12.a3 ♘f6 13.♕b3 ♘e4 14.♘xe4?! fxe4∓ Diagramm

(Diagramm)

Schwarz hat die Eröffnung gewonnen. Die halboffene f-Linie, das Bauernzentrum und das Läuferpaar ermöglichen einen aussichtsreichen Angriff am Königsflügel **15.f3 exf3 16.♗xf3 ♗h3! 17.♖f2 ♔h8**
[17...g5!? um ♘f4 zu verhindern, kam auch in Betracht]
18.♘f4 ♗xf4 19.exf4 ♖ae8 20.♗g2

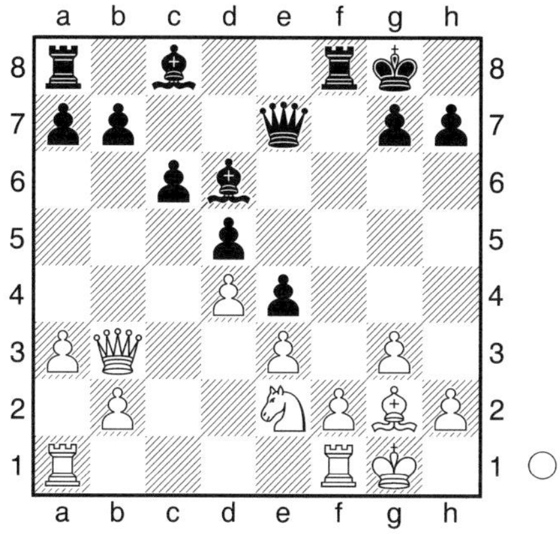

♗xg2 21.♖xg2 ♖f6 22.♕d3 ♖e6
Die schwarze Batterie auf der e-Linie ist beeindruckend **23.h4 ♖e3 24.♕d2 ♕e4!** droht ... Td3 **25.♖d1□ ♕f5 26.♔h2 ♕g4 27.♖dg1□ ♖8e4**
Drohung 28... g5!! 29.fxg5 ♕xh4+ nebst Matt **28.♕b4** Diagramm

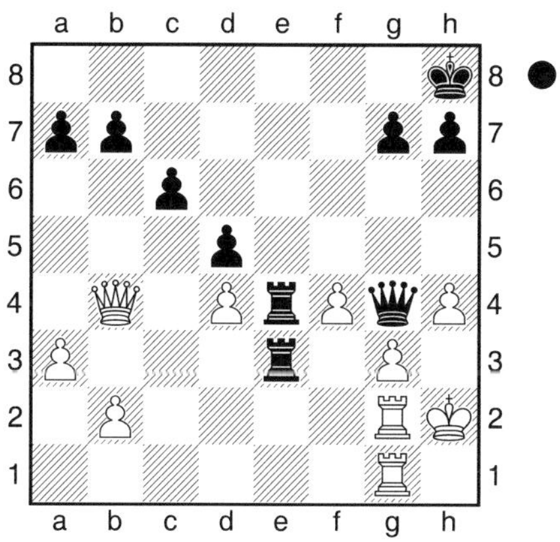

Verhindert ... g5, aber jetzt kommt stark **♖xf4! 29.♕xb7?**

[Weiß findet nicht die einzige Verteidigung 29.♖e1! ♖xe1 30.♕xe1 ♖f8∓ wonach Schwarz das Endspiel mit einem Mehrbauern erst noch gewinnen muß]

29...♕xh4+ 30.gxh4 ♖xh4#
0-1

C44

□ **Beheim Schwarzbach,Martin**
■ **MBR**
Wettkampf Hamburg 24.04.1961
[RG]

1.e4 e5 2.♘f3 ♘c6 3.c3 d5 4.exd5 ♕xd5 5.d3 ♗f5 6.♕b3 ♕xb3 7.axb3 ♗c5

[7...♖d8∓]

8.♘bd2 0-0-0 9.♘e4

[9.b4 ♗b6 10.b5 ♘b8 11.♘c4±]

9...♗xe4 10.dxe4 ♘f6 11.♘g5 ♖d7 12.f3 ♖hd8 13.♗e2 h6 14.♘h3 g5 15.♘f2 ♘h5 16.g3 ♘g7 17.h4 f6? 18.hxg5

[18.♘g4]

18...hxg5 19.♘g4 ♖f7 20.♗c4

[20.♖h7]

20...♖ff8 21.♖h7 ♘e8 22.♗e3 ♗xe3 23.♘xe3 ♘d6 24.♗d5 ♖h8 25.♖xh8 ♖xh8 26.♗xc6 ♖h1+ 27.♘f1 bxc6 28.♖xa7 Diagramm

(Diagramm)

f5

[Hier hätte 28...g4! die Stellung sofort ausgeglichen, z.B. 29.fxg4 ♘xe4 30.♔e2 ♖g1 31.♖a1 ♘xg3+=]

29.♖a5 fxe4 30.♖xe5 exf3 31.♖xg5 ♘e4 32.♖g4± ♘c5 33.♖d4

[33.♔f2± ♘d3+ 34.♔xf3 ♖xf1+ 35.♔e2±]

33...♘xb3 34.♖d3 ♖g1 35.♖xf3 ♖g2 36.♖f2 ♖xf2 37.♔xf2 ♘c5 38.♔e3 ♘a4 39.g4 ♘xb2 40.♔d4 ♔d7 41.♔e5 ♔e7 42.♘e3 ♘d3+ 43.♔d4 ♘f2 44.c4 ♔e6
½-½

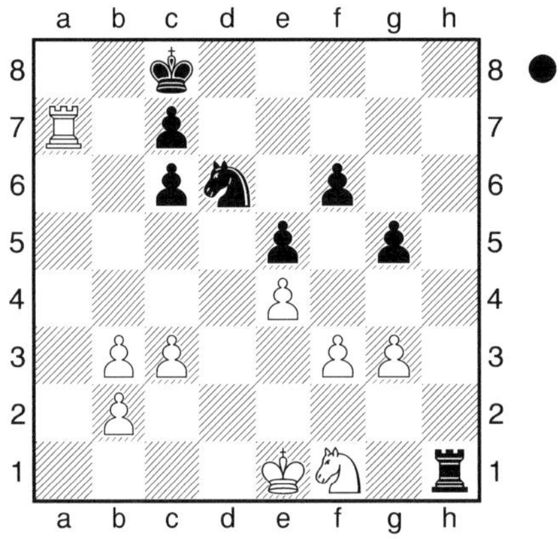

C38

□ **MBR**

■ **Beheim Schwarzbach,Martin**

Wettkampf Hamburg (4) 1961

[RG]

1.e4 e5 2.f4 exf4 3.♘f3 g5 4.♗c4 ♗g7 5.h4 h6 6.d4 d6 7.c3 ♘d7 8.♕b3 ♕e7 9.♘a3!? ♘b6
[9...♕xe4+!? 10.♔f2 ♕f5 11.♖e1+ ♔d8 12.♗xf7⇄]
10.♗d2 ♗g4 11.0-0-0 0-0-0 12.hxg5 ♘xc4 13.♕xc4 d5 14.exd5 ♗xf3 15.gxf3 hxg5 16.♖xh8 ♗xh8 17.♖e1 ♕d7 18.♘b5 a6? Diagramm
[18...♔b8 19.♕c5 b6 20.♕c6=]

(Diagramm)

19.♘a7+! Trotzdem! **♔b8 20.♘c6+!** Das war Schwarz bei ... a6 entgangen **bxc6 21.dxc6 ♕c8 22.d5 ♘f6?**
[22...♔a8!? 23.d6! cxd6 *(23...♖xd6? 24.♖e8!+−)* 24.c7 ♖f8□ 25.♕c8+ ♔a7 *(25...♕b7 26.♖e8++−)* 26.♕xd6±]
23.♖e5 ♖g8

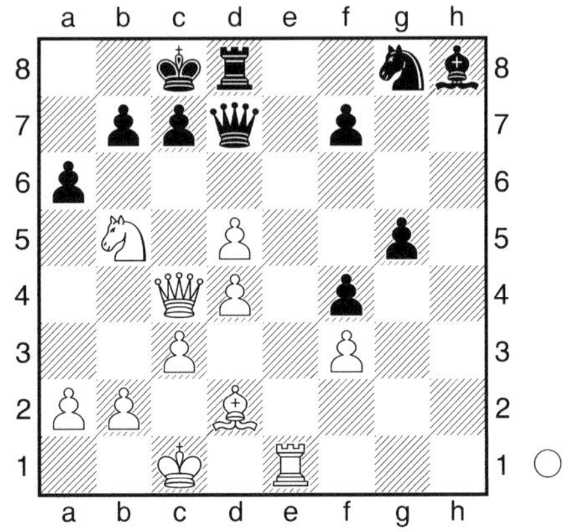

[23...g4 24.♗xf4! g3 *(24...gxf3 25.d6!+−)* 25.d6 ♖xd6 26.♖b5+! axb5 27.♕xb5+ ♔a7 28.♕a4+ ♔b8 29.♗e3+−]
24.d6!!
[24.d6!! ♖d8! *(24...cxd6? 25.♖e7+−)* 25.dxc7+ ♕xc7 26.♖xg5! ♔a7 27.♗xf4+−]
1-0

C74

□ **Bernard**

■ **MBR**

Kantonsmeisterschaft Genf 1962

[MBR; RG]

1.e4 e5 2.♘f3 ♘c6 3.♗b5 a6 4.♗a4 d6 5.c3 ♘f6 6.d4 b5 7.♗c2 ♗g4 8.d5 ♘b8 9.a4 ♘bd7 10.♗e3 ♗e7 11.h3 ♗h5 12.♘bd2 0-0 13.b4 h6 14.0-0 ♘h7 15.♕b1 ♖b8 16.axb5 axb5 17.♗d3 ♘g5 18.♘xg5 ♗xg5 19.♖a5 ♗xe3 20.fxe3 ♕g5 Schwarz geht zum Angriff über **21.♕e1 ♗g6 22.♖f3 f5!? 23.♖g3 ♕f6 24.exf5 ♗xf5 25.e4 ♗h7 26.♗xb5 ♕e7 27.♕e3 ♔h8 28.♖g4?! ♘f6 29.♖g3 ♘h5 30.♖f3 ♘f4 31.♔h2 ♕h4 32.♗f1 ♕e7 33.♖a7 ♖f7 34.b5 ♔g8**

35.c4 g5 36.g3 ♘h5 Ab hier waren beide Spieler in großer Zeitnot **37.♖xf7 ♕xf7 38.c5! dxc5 39.♕xc5?** Diagramm

[39.d6!+− Drohung Lc4]

39...♗xe4?!

[39...♘xg3!= nebst ... Df4]

40.♗c4 ♖xb5?! Schwarz stellt noch eine Falle **41.♗xb5!**

[41.♕xb5?? ♕f2#]

41...♘xg3! 42.♖xc7 ♕f4 43.♖c8+ ♔g7 44.♕e7+ ♔g6 45.♖g8+? Weiß ahnt nichts Böses

[45.♗e8+! ♔f5 46.♕e6#]

45...♔h5 46.♗e8+? Diagramm

[46.♕f7+!! ♕xf7 47.♗e8+− gewinnt immer noch: ♕xe8 48.♖xe8 ♗g6 49.♖xe5 ♘f5 50.♘e4+−]

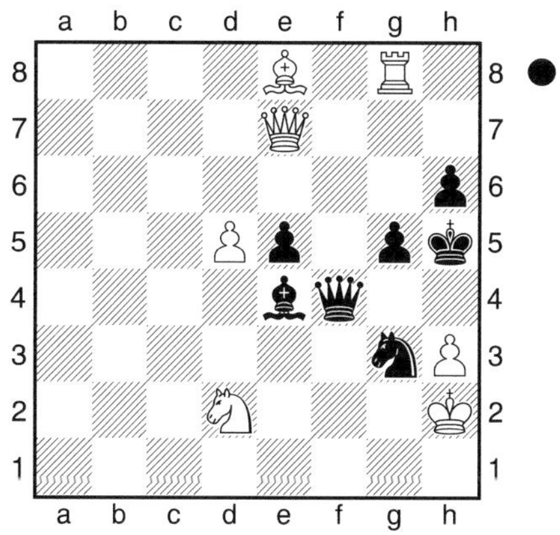

46...♔h4−+ Unglaublich frech. Jetzt droht Schwarz mit Matt, und es gibt keine Verteidigung mehr! **47.♕xg5+**

[47.♕f7 ♕xd2+ nebst Matt]

47...hxg5 48.♖h8+ ♘h5+! 49.♔g1 ♕g3+ 50.♔f1 ♗d3# Nach der Partie war Bernard natürlich ziemlich sauer, daß er den Gewinn mehrfach ausgelassen hatte

0-1

B25

□ **MBR**

■ **Deane**

Kantonsmeisterschaft Genf 1962

[RG]

1.e4 c5 2.♘c3 d6 3.g3 g6 4.♗g2 ♗g7 5.d3 ♘c6 6.♘ge2 ♗e6?! 7.♘f4 ♖c8 8.♘xe6 fxe6 9.♗h3!

[Oder 9.♘e2 ♘d4 10.c3 ♘xe2 11.♕xe2±]

9...♕d7 10.♘e2 ♘f6 11.♘f4 ♘d8 12.c3 c4!? Schwarz sucht wegen seiner Schwäche e6 dynamisches Gegenspiel **13.0-0 0-0 14.♖e1 ♗h6?** Diagramm Schwarz hat schon große Probleme, einen guten Zug zu finden:

[14...cxd3 15.♕b3!±]

[14...g5 15.♘d5 ♘f7 16.d4±]

15.♘xg6! ♖f7

[15...♗xc1 16.♘xf8+−]

16.♗xh6

[Oder 16.♘xe7+ ♖xe7 17.♗xh6 ♘f7 18.♗e3+−]

16...hxg6 17.d4 ♖h7 18.♕d2 ♕b5

[Interessant wäre noch 18...g5! gewesen, z.B. 19.♕xg5+ ♔h8 20.d5 ♘g8 21.dxe6 ♘xe6 *(21...♕e8 22.e5 ♖xh6 23.exd6 exd6 24.♗g4±)* 22.♗g7+! ♖xg7 23.♕f5+−]

19.d5!?

[Einfacher gewinnt 19.e5!+−]

19...♖b8

[Zäher ist 19...♖c5 20.♕g5 ♔h8 21.♕xg6 ♕e8±]

20.♕g5 ♔f7? Diagramm

[Nach 20...♔h8 ist die Sache noch lange nicht klar, z.B. 21.♗xe6 *(21.♕xg6 ♕e8=)* 21...♘xe6 22.dxe6 ♕xb2±]

21.dxe6+! Damengewinn

1-0

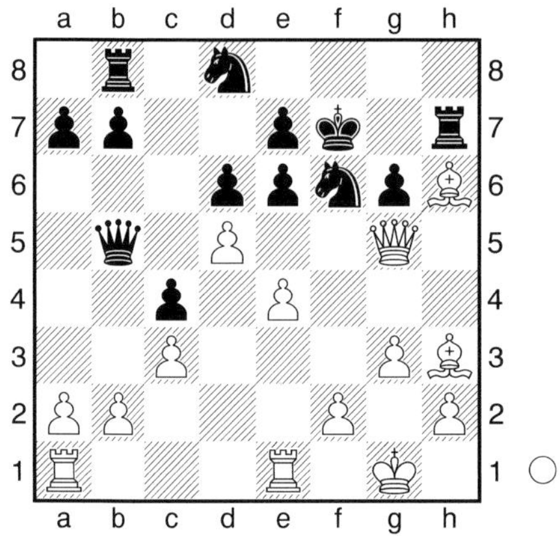

B08

Persitz,Raaphi
MBR
Kantonsmeisterschaft Genf 09.10.1962
[RG]

1.e4 d6 2.d4 ♘f6 3.♘c3 g6 4.♘f3 ♗g7 5.h3 a6 6.♗e3 c5 7.dxc5 ♕a5 8.♕d2 dxc5 9.e5 ♘fd7 10.♘d5! ♕d8 11.0-0-0!? 0-0 12.♗h6 ♘c6
[Nach 12...♘b6 ist die Stellung wohl noch im Gleichgewicht. Weiß darf nicht 13.♘f6+?! spielen, z.B. exf6 14.♕xd8 ♗xh6+! 15.♔b1 ♖xd8 16.♖xd8+ ♗f8!−+]
13.♗xg7 ♔xg7 14.e6! fxe6
[14...♘f6 15.♕c3±]
15.♘f4 ♘f6 16.♕e3 ♕a5
Schwarz fehlt für einen Gegenangriff der ♗g7
[Besser 16...♘d5! , z.B. 17.♘xe6+!? ♗xe6 18.♕xe6 ♖f6 19.♕xd5 ♖d6!! Diagramm
20.♘g5! ♖xd5 21.♘e6+ ♔f6 22.♘xd8 ♖xd1+ 23.♔xd1 ♖xd8+−]
17.♗c4 e5 18.♘xe5 ♘d4 Diagramm
19.♘exg6! ♘f5
[19...hxg6? 20.♕xe7++− usw.]

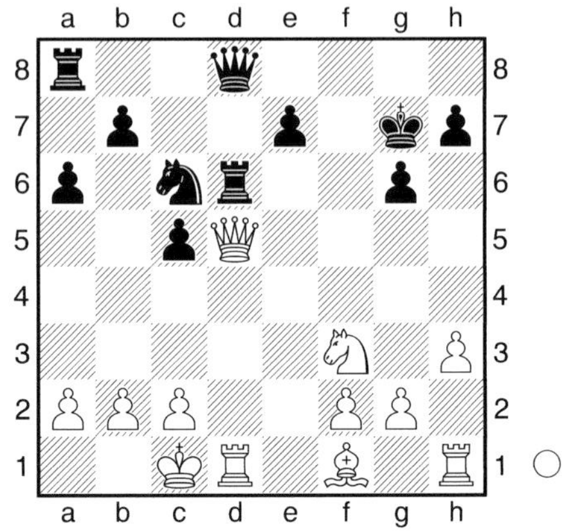

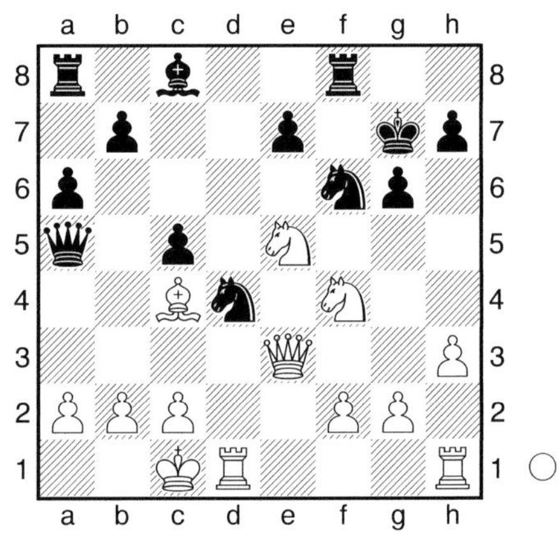

20.♕e5 hxg6 21.g4 ♘d6 22.♖xd6!
[Oder 22.♕xe7+! ♘f7 23.♖d6!+−]
22...♕c7 23.♕g5! Gegen den GM, der in Genf am Spitzenbrett spielte, hatte Matthias nur eine Chance im 16. Zug, die Partie zu halten
1-0

C10

□ **MBR**
■ **Frey**
Kantonsmeisterschaft Genf 23.10.1962
[RG]

1.e4 e6 2.d4 d5 3.♘c3 dxe4 4.♘xe4 ♘d7 5.♘f3 ♘gf6 6.♘xf6+ ♘xf6 7.♗d3 ♗e7 8.0-0 0-0 9.b3 b6 10.♕e2 ♗b7 11.♗b2 ♖b8 12.♖ad1 ♘d5 13.g3 ♘f6?!

[Besser 13...♘b4= und Schwarz kann den gefährlichen ♗d3 abtauschen]

14.c4± ♖e8 15.♘e5 a6 16.♖fe1

[16.♗b1!?]

16...♗b4 17.♖f1 ♕e7 18.f3 ♘d7 19.♕c2 h6 20.♘xd7 ♕xd7 21.c5 bxc5 22.dxc5

[22.a3 c4!=]

22...♕e7 23.♖c1

[23.c6!? ♕c5+ 24.♕xc5 ♗xc5+ 25.♔g2 ♗xc6 26.♖c1 ♗b5 27.♖xc5 ♗xd3 28.♖d1±]

23...♗d5

[23...♖bd8]

24.♗e4 c6 25.♗e5 ♖b5 26.♗d6 ♕a7 27.♔g2 ♗a3 28.♗d3 ♗xc1 29.♗xb5 axb5 30.♖xc1 ♕a3 31.♖d1 ♖a8 32.♖d2 ♖a4?! Diagramm

(Diagramm)

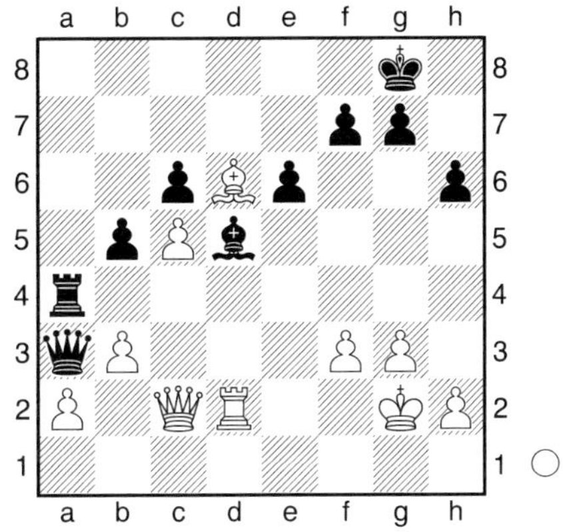

Schwarz stellt eine Falle, in der er selbst gefangen wird **33.♖xd5!**

[33.bxa4? ♕xf3+= mit Dauerschach, z.B. 34.♔g1 ♕h1+ 35.♔f2 ♕f3+ 36.♔c1 ♕h1+=]

33...exd5 34.bxa4+- bxa4 35.♕e2 ♔h7 36.♔h3 ♕c3 37.f4 f6 38.♕g4 ♕d3 39.f5 ♔g8 40.♗f4 ♕f1+ 41.♔h4 ♕f2 42.h3 ♕xc5 43.♗xh6 ♕f8 44.♗e3 ♕a3 45.♗h6 ♕f8 46.♗c1 ♕c5 47.♗b2 ♕e7 48.♕xa4 g5+ 49.fxg6 f5+ 50.♔h5 ♕e2+ 51.g4 ♕e8 52.♕d4 Diagramm

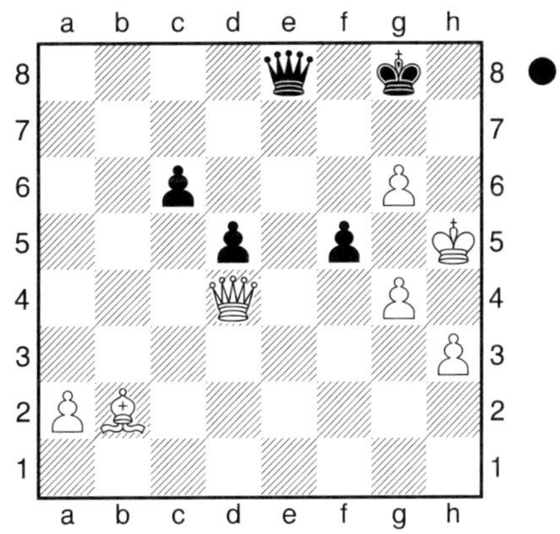

nebst Matt
1-0

B24

□ **MBR**
■ **Schaeppi,Richard**
Kantonsmeisterschaft Genf 11.12.1962
[MBR; RG]

1.e4 c5 2.♘c3 ♘c6 3.g3 g6 4.♗g2 ♗g7 5.♘ge2 e6 6.d3 ♘ge7 7.♗g5 d6 8.♕d2 h6 9.♗e3 ♘d4 10.♘f4 0-0 11.♖b1

[11.h4!? Semenova-Golichenko, Kiev 2007]
[11.♘d1!?]
11...♘ec6 12.♘ce2 ♔h7 13.c3 ♘xe2 14.♘xe2 e5 15.d4!? cxd4 16.cxd4 exd4 17.♘xd4 ♘xd4 18.♗xd4 ♗xd4 19.♕xd4 ♕a5+ 20.b4 ♕xa2!?
[20...♕a6!?]
21.0-0
[21.♖a1!? ♕e6 22.0-0±]
21...♗e6 22.♕xd6 ♖fd8 23.♕e5 ♖d2 24.♖a1 ♕c4 25.b5 ♖ad8!? 26.♖xa7 ♖d1 27.♖a1□ ♕e2 28.♕f6
[28.h4!?]
28...♖xa1 29.♕xa1!
[Schwarz hatte auf 29.♖xa1? gehofft, wonach er mit ♖d1+ 30.♖xd1 ♕xd1+ 31.♗f1 ♗c4−+ gewinnt]
29...♕xb5 30.h4 ♖d2 31.♖d1 ♕d3 32.♖xd2 ♕xd2 Diagramm

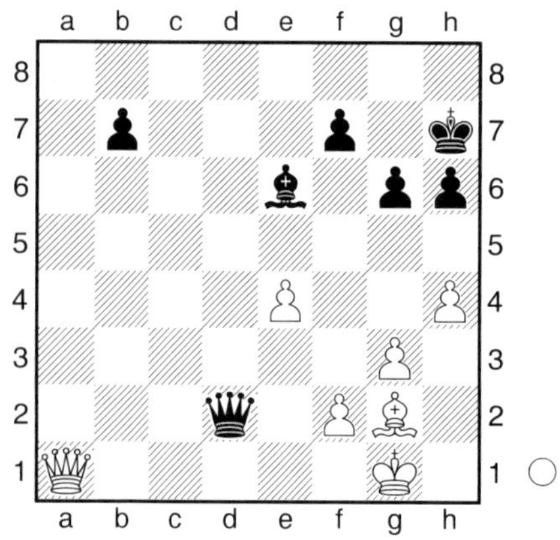

33.♕b1 Hier gab IM Schaeppi die Partie in einem Anfall von Großmut remis. Er war ehemaliger Schweizer Meister, Journalist und seit seiner Kindheit querschnittgelähmt. Wir machten mit meinem Fiat oft Ausflüge in die wunderschöne Genfer Umgebung. In dem Schachcafé in der Rue des Eaux Vives traf ich Schaeppi oft. Er hatte einen klugen Charakterkopf und war für mich ein wichtiges Stück Genf. Ende der 60er Jahre ist er gestorben.
[33.♕b1 ♗c4! 34.♕b6= *(34.♕xb7? ♕e1+ 35.♔h2 ♕xf2∓)*]
½-½

C23

□ **MBR**
■ **Bernard**
Kantonsmeisterschaft Genf 13.11.1962
[MBR; RG]

1.e4 e5 2.♗c4 Die Eröffnung habe ich von Klaus Hallé übernommen **c6** Schwarz will ...d5 durchsetzen
[Die kritische Fortsetzung ist wohl 2...♘f6 3.d4 exd4 4.♘f3! (nicht *4.e5?! d5!∓*) 4...♘c6 (*4...♘xe4 5.♕xd4 ♘f6 6.0-0*≅ mit Kompensation) 5.e5 d5 6.♗b5 ♘e4 7.♘xd4 und die Stellung ist im Gleichgewicht]
3.d4 ♕e7?!
[Konsequent ist 3...d5!? 4.exd5 cxd5 5.♗b5+ ♗d7 6.♗xd7+ ♘xd7 7.dxe5 ♘xe5 8.♕e2 ♕e7 9.♘c3 0-0-0 10.♗f4 ♘c6 11.0-0-0 ♘f6=]
4.dxe5 ♕xe5 5.♕e2 ♘f6 Diagramm

(Diagramm)

6.♘d2
[Das trickreiche 6.♘f3!? ♕xe4 7.♗xf7+!± ist auch interessant, z.B. ♔d8 8.♗e3 d5 9.♘c3 ♗b4 10.0-0 ♗xc3 11.bxc3 ♕e7 12.♘e5 ♖f8 13.♗h5 ♘xh5 14.♕xh5 ♖f5 15.♗g5!± Solche Varianten kann man aber ohne Computer kaum durchrechnen]
6...♗c5?!
[6...d5! ist der kritische Zug 7.♘gf3 ♕e7 8.♗d3 dxe4 9.♘xe4 ♘xe4

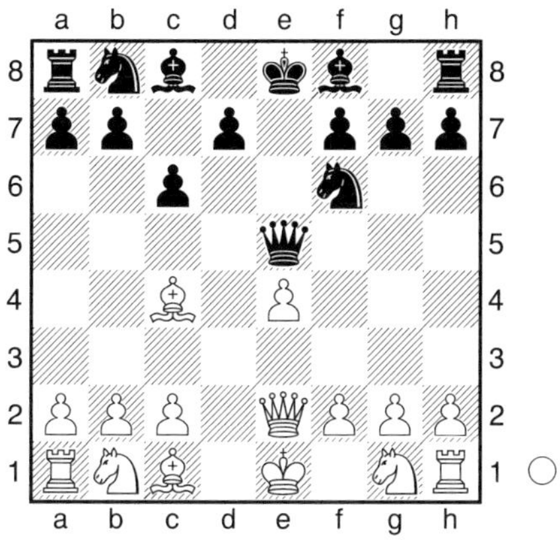

10.♗xe4± mit weißem Entwicklungsvorsprung]

7.♘gf3± ♕e7 8.e5! ♘g4 Diagramm

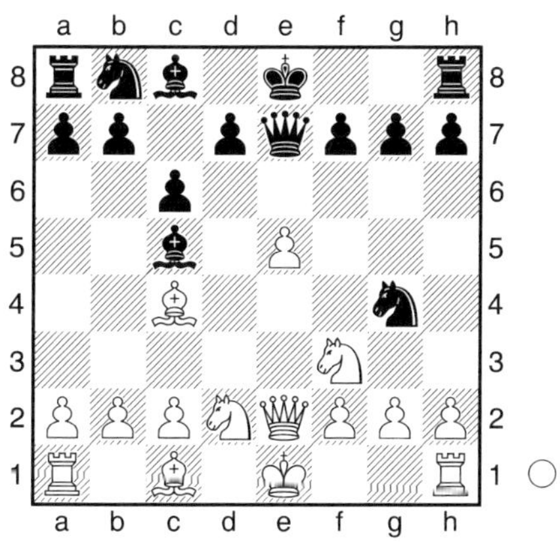

9.0-0! Einfach und stark

[Aber es gibt auch schon die taktische Lösung 9.♘e4! b5 *(9...♘xe5? 10.♘xe5 ♕xe5 11.♘xc5+−)* 10.♗xf7+!+−]

9...b5 10.♗d3 ♘a6 11.a4 ♘b4 12.axb5 ♘xd3 13.♕xd3 cxb5

[Auch nach 13...0-0 14.♕e4± steht Weiß deutlich besser]

14.♕e4!

[Oder 14.♘e4! ♗b7 15.♘d6+ ♗xd6 16.exd6+−]

14...d5! Darauf hatte Schwarz sich verlassen, aber: **15.exd6!**

[15.♕xd5 ♗b7⇄ und Schwarz ist wieder im Spiel]

15...♕xe4 16.♘xe4 ♗b6 17.h3 ♗f5 18.♘c3

[18.hxg4 ♗xe4 19.♖e1+−]

18...♘f6 19.♖e1+ ♔f8

[19...♔d7? 20.♘e5+ ♔xd6 21.♘xf7++−]

20.♘xb5 ♘e4 21.♗e3 ♗xe3 22.♖xe3 a6 23.♘fd4 ♖b8 24.f3 ♘f6 25.♘c7 ♖xb2 26.♖e7 In hoffnungsloser Stellung aufgegeben

[Z.B. 26.♖e7 ♗g6 *(26...g6 27.♘xf5 gxf5 28.♖xa6 ♖b8 29.♖a7+−* usw. *)* 27.♘ce6+ ♔g8 28.d7+−]

[Auch 26.♘xf5 hätte natürlich gewonnen]

26...♗g6

1-0

B12

□ **MBR**

■ **Jungo**

Kantonsmeisterschaft Genf 23.04.1963

[MBR; RG]

1.e4 c6 2.d4 d5 3.e5 ♗f5 4.♗d3 ♗xd3 5.♕xd3 e6 6.♘e2 ♘d7 7.c3 ♘e7 8.♘g3 h5 9.h4 ♘g6 10.♗g5 ♗e7 11.f4!? ♗xg5 12.fxg5 ♘xh4!? 13.♖xh4 ♕xg5 14.♖h2 ♕c1+ 15.♕d1 ♕xb2 16.♘d2 ♕xc3 17.♘e2! ♕a5 18.♔f1 ♕c7 19.♖h3 c5 20.♘f3 f6?! Diagramm

(Diagramm)

21.♘f4! ♔f7 22.♕c2 ♖h6 23.♖xh5 ♖ah8 24.♖xh6?!

[24.♖e1 fxe5 *(24...♖xh5? 25.♕g6++−)* 25.♘xe5+ ♘xe5 26.♖exe5± mit der Drohung ♘xe6!]

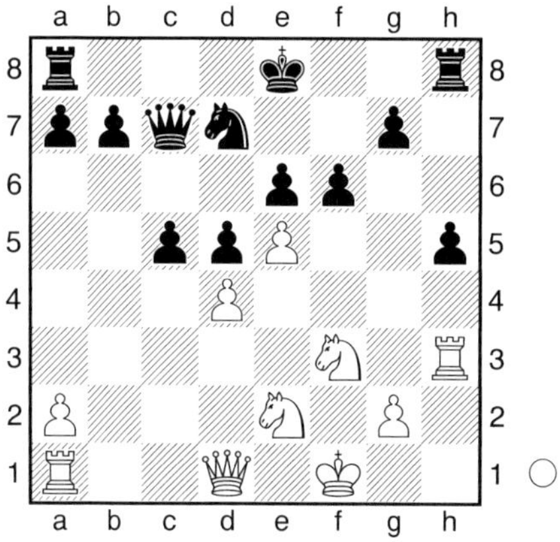

24...♖xh6 25.♔f2!?
[25.♖e1!?= ♖h1+? 26.♔f2 ♖xe1 27.♕g6+ ♔g8 28.♘xe6]
25...g5? Diagramm

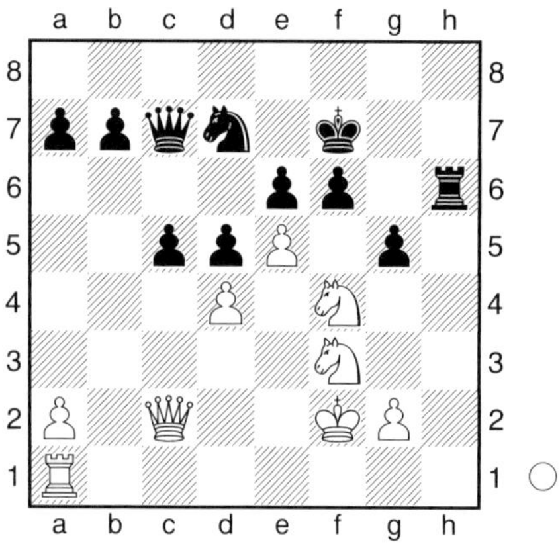

26.♖h1! ♖xh1 27.♕g6+ ♔e7 28.♕g7+ ♔e8 29.exf6?!
[Der einfachste Gewinn wäre 29.♘g6!+– gewesen, z.B. ♕d8 *(29...♔d8 30.♕g8+ ♘f8 31.♕xf8+ ♔d7 32.exf6+–)* 30.♕g8+ ♘f8 31.♕xf8+ ♔d7 32.♕d6+ ♔c8 33.♘e7++–]
[29.♘xg5!?+– gewinnt auch, ist aber sehr kompliziert, hier nur zwei Varianten: fxg5 30.♕g6+ ♔e7 31.♕xe6+ ♔f8! 32.♕f5+ ♔g8 *(32...♔e7 33.♕xg5+ ♔e8 34.♕g6+ ♔e7 35.♘xd5++–)* 33.♕xg5+ ♔h8 34.♘e6+–]
Als Jungo blitzschnell **29...♕d6!** zog, wußte ich, daß ich einen schwachen Zug in dieser entscheidenden Partie gemacht hatte
30.f7+ ♔d8 Diagramm
[30...♔e7?? 31.f8♕#]

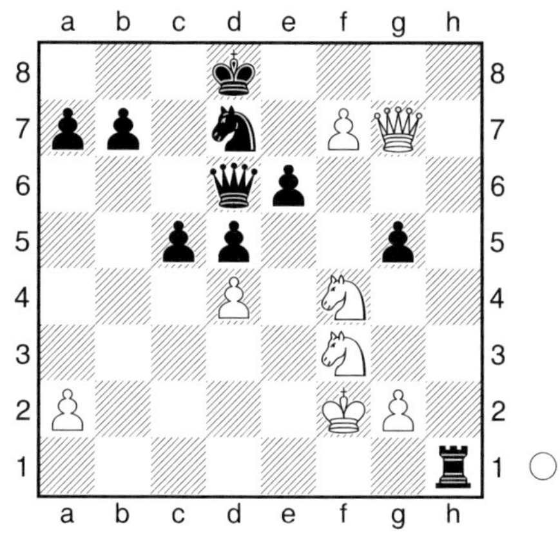

31.♕g8+? Hier hätte es noch einen Gewinn gegeben:
[31.♘e5!+– ♔c8 *(31...gxf4 32.f8♕+ ♘xf8 33.♘f7+!+– ; 31...♔c7 32.♘xe6+ ♕xe6 33.f8♕+–)* 32.♕g8+ ♔c7 33.♕e8 gxf4 34.♘xd7 ♕xd7 35.♕xd7+ ♔xd7 36.f8♕+–]
31...♔c7–+ 32.f8♕ ♘xf8 33.♕xf8 gxf4!
[33...♕xf8?! 34.♘xe6+ ♔d6 35.♘xf8 c4–+]
34.♕g7+ ♔b6 35.♘e5 c4 36.♘d7+ ♔a5 37.♘c5 ♖b1 38.♕xb7?!
Weiß stellt noch eine letzte Falle
[38.♘xb7+ ♖xb7 39.♕xb7 ♕b6 war auch verloren]
38...♕xc5
[38...♖xb7? 39.♘xb7+ ♔b4

40.♘xd6 c3−+]
0-1

A56

□ **Smyslov,Vassily**
■ **MBR**
Genf Simultan (20 Bretter) 03.09.1963
[RG]

1.d4 ♘f6 2.c4 c5 3.d5 e5 4.♘c3 d6 5.e4 g6 6.♗d3 ♗g7 7.♘ge2 ♘h5?!
[7...0-0]
8.♗e3 f5? Diagramm

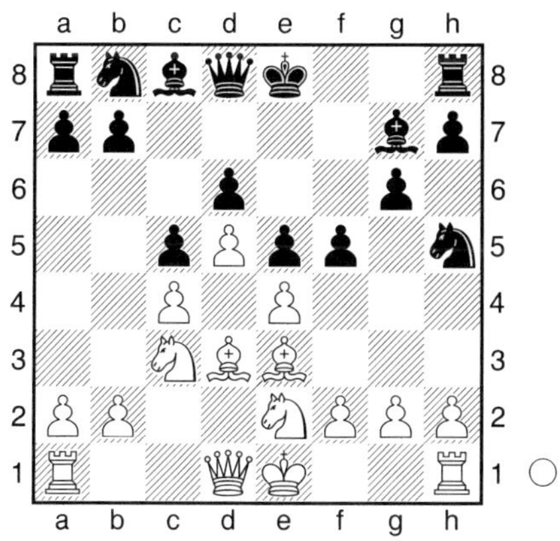

Mit jugendlichem Optimismus gespielt. Der schwarze Plan ist aber zu ehrgeizig, ganz besonders gegen einen Exweltmeister! **9.exf5 gxf5 10.♘g3! ♘xg3 11.hxg3+− ♕e7** Jetzt geht es nur noch um Schadensbegrenzug **12.♕h5+ ♕f7 13.♕xf7+ ♔xf7 14.♘b5+−** Gegen die Doppeldrohung Sc7 und Sxd6+ gibt es nichts mehr **e4 15.♗e2 ♔e7 16.♘c7 ♘a6 17.♘xa8 ♗d7 18.♗g5+! ♗f6 19.♗xf6+ ♔xf6 20.♖h6+ ♔e7 21.♔d2 ♖xa8 22.♖xh7+ ♔d8 23.♖h8+ ♗e8 24.♖ah1**
1-0

C23

□ **MBR**
■ **Kraatz**
Genf blitz 02.10.1963
[RG]

1.e4 e5 2.♗c4 ♗c5 3.♘f3 d6 4.0-0 ♗g4 5.h3 ♗h5 6.d3 ♘c6 7.c3 ♕f6?
Diagramm

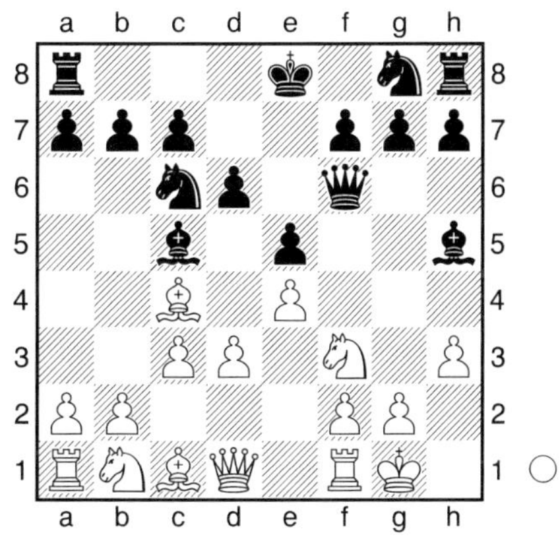

8.♘bd2? In der Blitzpartie sehen beide nicht den taktischen Trick:
[8.g4!+− und Schwarz darf nicht ♗g6 spielen wegen 9.♗g5+−]
8...0-0-0 9.b4 ♗b6 10.a4 a6 11.b5 ♘b8 12.bxa6 bxa6 13.♗a3 ♘e7 14.♖b1 g5 Diagramm

(Diagramm)

15.♖xb6!
[Oder 15.a5! ♗xa5 16.♕a4+−]
15...cxb6 16.♕b3 ♔b7 17.♖b1+− ♘d7 18.a5! ♖c8
[18...♘c8 19.♗d5+ ♔b8 20.axb6+−]
19.♗xa6+! ♔b8
[19...♔xa6 20.♕b5++− und Weiß setzt matt]
20.♗xc8 ♖xc8 21.♘c4 d5 22.♗d6+ ♔b7 23.♘xb6 ♕xd6 24.♘c4+

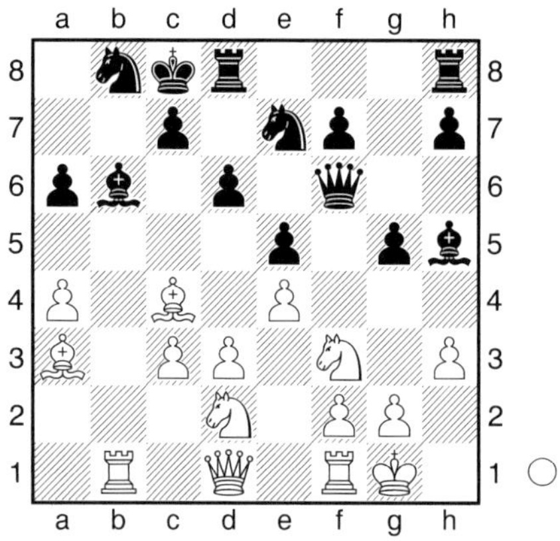

Dritter Preis hinter IM Marmoud und GM Ungureanu
1-0

C89

Böhm
MBR
Mannschaftsmeisterschaft Hamburg
[RG]

1.e4 e5 2.♘f3 ♘c6 3.♗b5 a6 4.♗a4 ♗e7 5.0-0 b5 6.♗b3 ♘f6 7.c3 0-0 8.♖e1 d5 9.exd5 e4!? 10.dxc6 exf3 11.♕xf3 ♗g4 12.♕e3
[12.♕g3! ♗d6 13.♕h4 ♖e8 14.f3 ♗f5 15.d4 Diagramm

(Diagramm)

♗xh2+! 16.♔xh2 ♘g4+ 17.♔g3 ♕xh4+ 18.♔xh4 ♖xe1 19.fxg4 ♖xc1 20.gxf5 ♖e8 21.a4 Rosenauer-Leitner, Bad Zwischenahn 2008 bxa4! 22.♗xa4 *(22.♗c4 ♖b8 23.♖xa4 ♖xb1 24.b4 ♖c1 25.♖a3 ♔f8 26.♗xa6 ♖e8∓)* 22...♖ee1 23.♗b5 ♖xb1 24.♖xa6 ♖a1∓]
12...♗d6 13.d3 ♖e8 14.♕d2 ♗f4! 15.♖e3□ ♗xe3
[15...♘d5!? 16.♗xd5 ♕xd5∓]
16.fxe3 ♕d6 17.e4 ♕xc6 18.♕f2 ♖ad8 19.♗c2 ♗h5 20.♕h4 h6
[20...♗e2]
21.♘d2 ♘g4!? Das ist zu verlockend [während 21...b4!∓ auf jeden Fall einen Bauern gewinnt]
22.♕xh5? Und Weiß tappt in die Falle [Nach 22.♘b3!= muß Schwarz zum Rückzug blasen, z.B. ♕b6+ 23.d4 ♘f6 24.♗d2 ♗g6=]
22...♕b6+ 23.d4 Diagramm

(Diagramm)

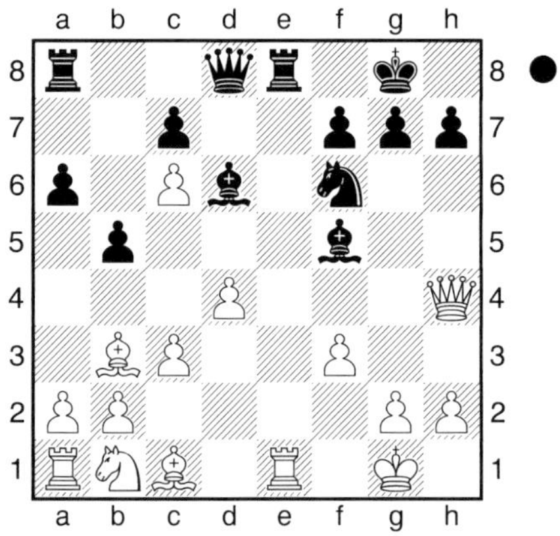

♖xd4! 24.♔h1 ♘f2+ 25.♔g1 ♖xd2!
Ein wunderschönes ersticktes Matt!
[25...♖xd2 26.♗xd2 *(26.h3 ♘xh3+ 27.♔h2 ♕g1+ 28.♔xh3 ♕xg2+ nebst Matt in drei Zügen)* 26...♘h3+ 27.♔h1 ♕g1+ 28.♖xg1 ♘f2#]
0-1

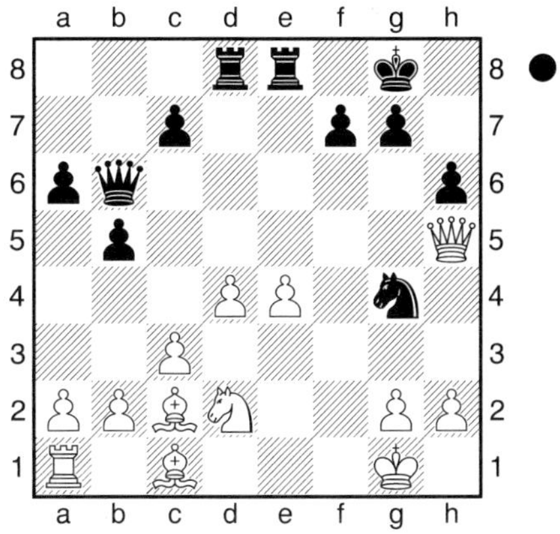

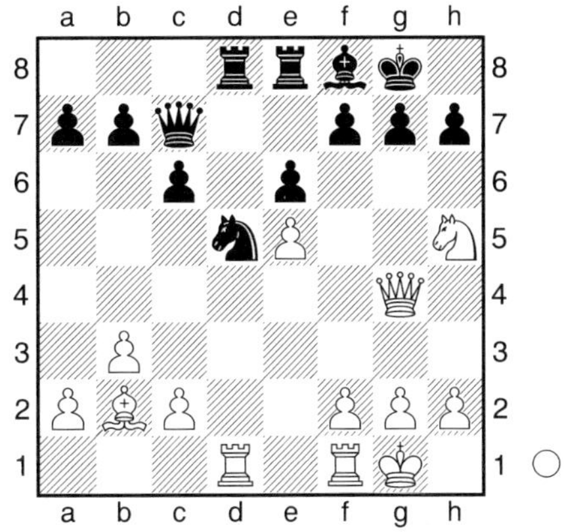

B11

□ **MBR**

■ **Henning**

HSV Vereinsmeisterschaft 1968

[RG]

1.e4 c6 2.♘c3 d5 3.♘f3 dxe4 4.♘xe4 ♗f5 5.♘g3 ♗g6 6.b3!? ♘d7 7.♗b2 ♕c7 8.d4 ♘gf6 9.♗d3 ♗xd3 10.♕xd3 e6 11.0-0 ♗e7 12.♖ad1

[12.c4]

12...0-0 13.♕e2 ♖ad8 14.♘e5 ♘xe5 15.dxe5 ♘d5 16.♕g4!? ♖fe8 17.♘h5 ♗f8? Diagramm

[Nach 17...g6 18.c4 ♘b4 19.♘f6+ ♗xf6 20.exf6 ♖xd1 21.♖xd1 ♖d8± steht Weiß überlegen, aber die schwarze Stellung ist schwer zu knacken]

(Diagramm)

18.c4 ♘e7 19.♘f6+ ♔h8 20.♘xe8 ♖xe8+− Hier hätte Schwarz aufgeben können, Weiß hat nicht nur die Qualität mehr, sondern auch eine dominante Stellung **21.♖fe1**

[21.♖d3 mit sofortiger Batterie auf der d-Linie wäre noch energischer gewesen, z.B. ♖d8 22.♖xd8 ♕xd8 23.♖d1 ♕a5 24.a3 ♘f5 25.♕g5 ♗e7 26.♕d2+− usw.]

21...♘f5 22.♕e4 ♖d8 23.a3 ♕b6 24.b4 a5 25.♗c3 ♕c7 26.♖d3 a4 27.♖ed1 ♗e7 28.♖xd8+ ♗xd8 29.♕d3 ♗g5 30.♕d7 ♕xd7 31.♖xd7 g6 32.♖xf7? Diagramm

[Besser 32.♖xb7!+− mit leichtem Gewinn]

[Nach 32.♖xf7? hätte Schwarz mit ♗e7! den weißen Turm noch einsperren können. Danach hätte Weiß die Qualität zurückgeben und im Endspiel noch lange kämpfen müssen]

(Diagramm)

Schwarz erkennt seine letzte Chance nicht und gibt auf

1-0

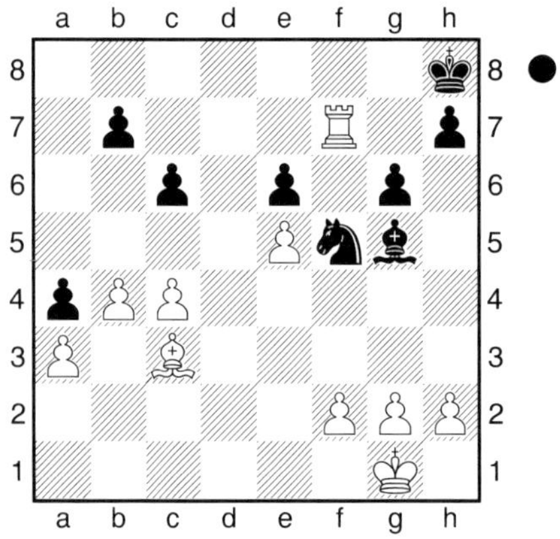

C24

□ **MBR**
■ **Löschenkohl**
Mannschaftsmeisterschft Hamburg
[RG]

1.e4 e5 2.♗c4 ♘f6 3.d4 ♘xe4 4.dxe5 ♘xf2?! Diagramm

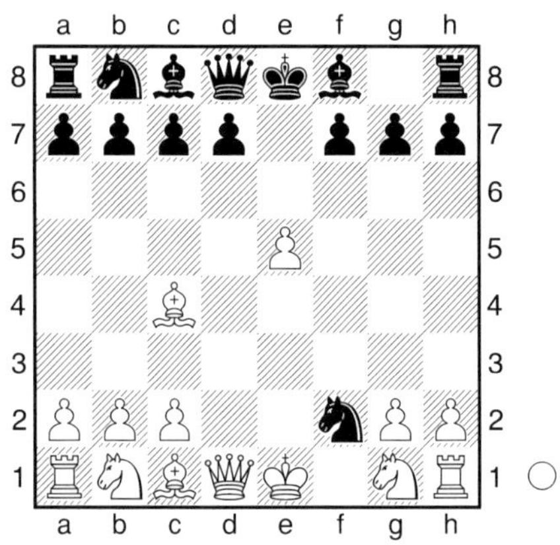

5.♗xf7+!?

[Weiß darf den Springer natürlich nicht sofort schlagen 5.♔xf2? ♕h4+∓]

[Ohne Risiko ist 5.♕f3! ♕e7 6.♕xf2 ♕xe5+ 7.♘e2+– (*7.♕e3+–*)]

[oder 5.♕d5 ♕e7 6.♔xf2+– Chulis-Kanzlirsch, Wien 2003 (1-0, 32)]

5...♔xf7 6.♕f3+ ♔e8

[6...♔g8?? 7.♕d5#]

7.♕xf2± b6

[Besser 7...d6! , z.B. 8.♘f3 dxe5 9.0-0 ♘c6 10.♘c3 ♗d6±]

8.♘f3 ♗a6 9.♘c3 ♗c5 10.♕g3 d5

[10...♖f8 11.♗g5 ♗e7 12.h4+–]

[10...♕e7? 11.♘d5+–]

11.♕xg7+– Diagramm

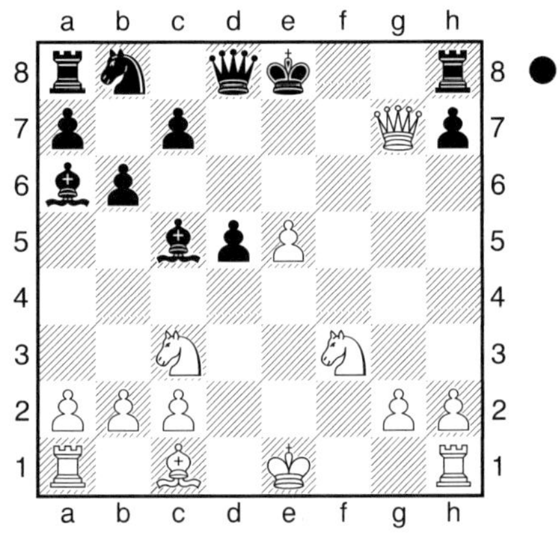

Weiß steht klar auf Gewinn. Schwarz spielt aber noch weiter **♖f8 12.♗g5 ♕d7 13.♕xd7+ ♘xd7 14.♘xd5 ♖c8 15.e6 ♖xf3 16.exd7+ ♔xd7 17.gxf3 ♖e8+ 18.♔d2 ♖e2+ 19.♔c3 c6 20.♘f6+ ♔c7 21.♖ad1 b5 22.b4 ♗e3 23.♖d7+ ♔b8 24.♖d8+ ♗c8 25.♗xe3 ♖xe3+ 26.♔b2**

1-0

E81

□ **MBR**
■ **Büchel,Helmut**
HSV Vereinsmeisterschaft 1969
[RG]

1.d4
[Ausnahmweise einmal nicht 1.e4]
1...♘f6 2.c4 g6 3.♘c3 ♗g7 4.e4 d6 5.f3 Der Sämisch-Angriff im Königsindisch **0-0 6.♗d3 ♘a6 7.♗e3 c5 8.d5 e6 9.♘ge2 ♗d7 10.g4!?** Kompromißlos gespielt **exd5 11.cxd5 ♘b4! 12.♗c4** Diagramm

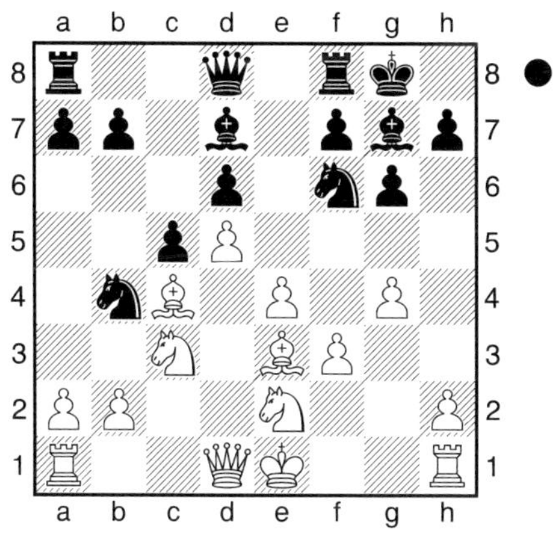

♕a5 Schwarz erkennt seine Chance nicht:
[12...♗xg4! 13.fxg4 ♘xg4 14.♗f4 ♗e5!∓ mit unklaren Verwicklungen, wobei Schwarz wahrscheinlich die etwas besseren Chancen hat, z.B. 15.0-0 *(15.♗xe5 ♘xe5 16.b3 ♕f6 17.♖f1 ♘f3+ 18.♖xf3 ♕xf3∓)* 15...♗xf4 16.♘xf4 ♘e3∓]
13.a3 ♘a6 14.♗d2 ♕d8 15.♖b1
[15.h4!?]
[15.♘g3!?]
15...♘e8 16.h4 b5?!
[16...♘ac7]
17.♘xb5 ♕b6 18.a4?!
[△18.♘bc3]
18...♘b4 19.♗c3 a6 20.♗xg7
[△20.♘a3±]
20...♘xg7
[20...axb5!? 21.♗xf8 bxc4∞ mit unklaren Verwicklungen, z.B. 22.a5 ♖xa5 23.♗h6 ♗a4 24.♕d2 ♗c2 25.♖c1 ♘d3+ 26.♔f1 ♘xc1 27.♘xc1 ♗d3+ 28.♔g2]
21.♘bc3 a5?
[21...f5!]
22.♕d2
[22.h5!? g5 23.h6±]
22...♖ae8
[22...h5]
23.h5! Jetzt rollt der weiße Angriff planmäßig **♖e7 24.hxg6**
[Oder 24.♕h6! ♘e8 *(24...gxh5? 25.♕f6!! ♖e5 26.gxh5+−* usw. *)* 25.♘f4 ♘c2+ 26.♔f2 ♘d4 27.♔g2! ♕d8 28.hxg6 fxg6 29.♘xg6 ♖xf3 30.♘xe7+ ♕xe7 31.♖bf1 ♗xg4 32.♖h4+−]
24...fxg6 25.♕h6 ♘e8 26.♘f4 ♕d8?
[Zäher ist 26...♖f6! , z.B. 27.e5! ♖xe5+ 28.♔f2 ♖e7□ 29.♘e4 ♖ff7 30.♔g3!±]
27.♘xg6! hxg6 28.♕h8+ ♔f7 29.♖h7+ ♘g7 30.♕xg7+ ♔e8 31.♕xg6+!
[Oder 31.♕xf8+ ♔xf8 32.♖h8++−]
31...♖ef7 Diagramm

(Diagramm)

32.♘b5! ♕f6 Schwarz kann d6 nicht mehr verteidigen
[32...♗xb5? 33.♗xb5++−]
33.♘xd6+
1-0

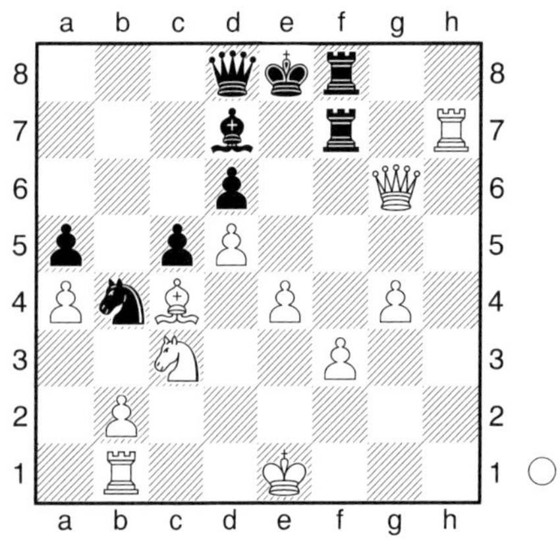

C50

□ **MBR**
■ **Fiedler,Elmar**
HSV Vereinsmeisterschaft 1969
[RG]

1.e4 e5 2.♘f3 ♘c6 3.d4 exd4 4.♗c4 d6 5.♘xd4 ♘e5!? Schwarz wählt eine scharfe Nebenvariante **6.♗e2 ♘f6 7.♘c3 ♗d7**
[In der Partie Nozdrachev-Evdokimenko, Obninsk 2009, geschah 7...♗e7 8.f4 ♘g6 9.0-0 0-0 10.g4 d5 11.e5 ♘e4 12.♘xe4 dxe4 13.♗e3 und jetzt hätte Schwarz mit ♘h4! ausgleichen können]
8.f4 ♘c6 9.♗e3 ♘xd4?!
[Besser 9...♗e7]
10.♕xd4 c5!? 11.♕d2 ♕e7?! 12.♗f3 ♗c6 Diagramm

(Diagramm)

13.♘d5!
[Auch 13.0-0-0 kam in Betracht]
13...♗xd5
[13...♘xd5 14.exd5 ♗b5! 15.0-0-0 0-0-0 16.♖he1 ♕c7±]

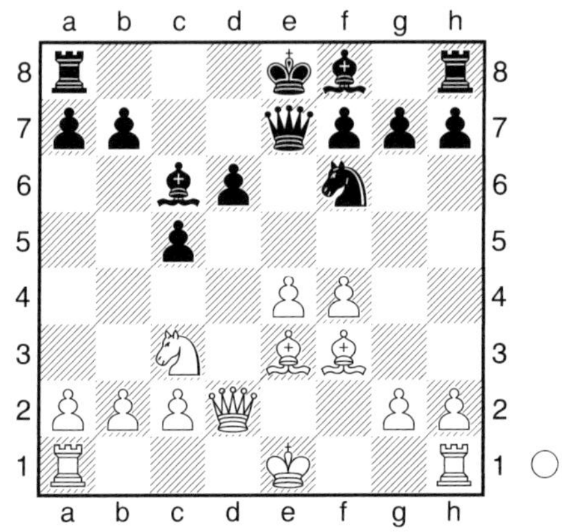

14.exd5 a6?! Schwarz sollte versuchen, seinen König in Sicherheit zu bringen
[angefangen vielleicht mit 14...♕d7 nebst ...Le7 und 0-0]
15.0-0 g6? Diagramm

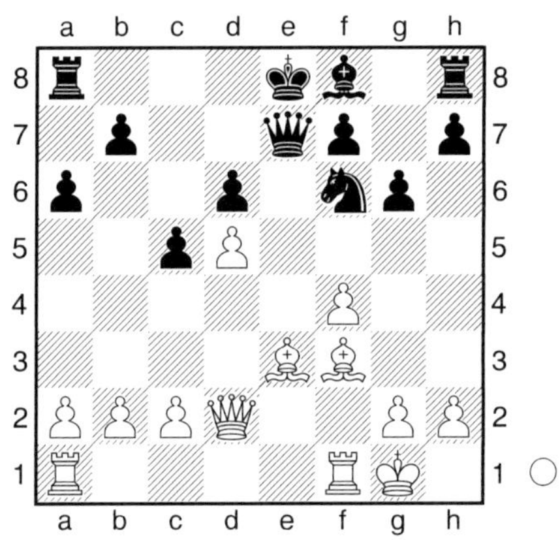

16.♗xc5! 0-0-0 17.♗b6
[17.♗d4 ♗g7 18.♕c3+ ♔b8 19.♖ae1+− wäre auch gegangen]
17...♖e8 18.♖ae1 Diagramm
[18.♖ae1 ♕d7 19.♖xe8+ ♘xe8 *(19...♕xe8 20.♕c3+ ♔b8 21.♖e1+− ♕b5 22.♕c7+ ♔a8 23.♕c8#)* 20.♕c3+ ♔b8 21.♕xh8+−]

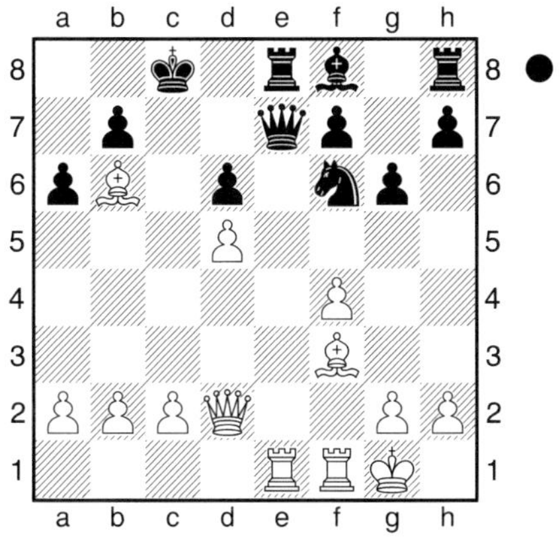

1-0

C50

Sydekum,Rüdiger

MBR

HSV Vereinsmeisterschaft 1969

[MBR; RG]

1.e4 e5 2.♘f3 ♘c6 3.♗c4 ♗c5 4.0-0 d6 5.d3 ♘f6 6.♗g5 h6 7.♗h4 g5 8.♗g3 Diagramm

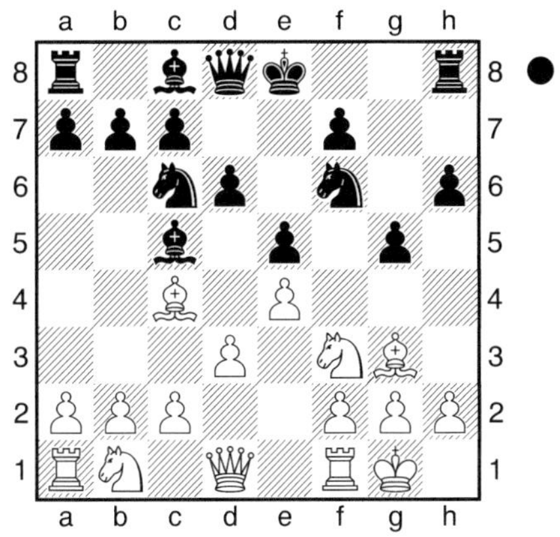

(Diagramm)

h5!? 9.♘xg5 h4 10.♘xf7 hxg3 11.♘xd8 ♗g4

[11...♘g4!? 12.hxg3 ♗xf2+ 13.♖xf2 ♖h1+ 14.♔xh1 ♘xf2+ 15.♔g1 ♘xd1 16.♘xc6 bxc6 17.♘d2±]

12.♕e1N

[12.♕d2 ♘d4 13.h3! *(13.♘xb7? ♘f3+!−+ ; 13.♘c3? ♘f3+ 14.gxf3 ♗xf3* 0-1 Pasiev-Shukh,Saratov 2008 *)* 13...♘e2+! 14.♕xe2 *(14.♔h1? ♖xh3+ 15.gxh3 ♗f3#)* 14...♗xe2=]

12...♘d4 13.♘d2

[13.h3! ♘e2+ 14.♕xe2 ♗xe2=]

[13.♘c3 ♘f3+! 14.gxf3 ♗xf3−+ nebst Matt]

13...♘e2+

[13...♖xh2! 14.♘e6 *(14.♘xb7 ♔e7!−+)* 14...♘xe6 15.♗xe6 ♔e7!−+]

[13...♖xd8!? 14.b4! ♘e2+ 15.♕xe2 ♗xe2 16.bxc5 gxh2+ 17.♔h1 ♗xf1 18.♖xf1 dxc5∓]

14.♕xe2 ♗xe2

[14...gxh2+ 15.♔h1]

15.hxg3?

[15.♘e6 ♗xf1 16.hxg3 ♗e2 17.♘xc5 dxc5 18.f3 c6 19.a4 ♖b8 20.♖e1 b5 21.axb5 cxb5 22.♗e6 ♔e7 23.♗h3 ♗xd3 24.cxd3±]

15...♗xf1? Schwarz läßt seinen Gegner zum zweiten Mal entschlüpfen

[15...♖xd8!−+ 16.♖fe1 Diagramm

(Diagramm)

♘h5!−+ 17.♖xe2? ♘xg3!! wäre zu schön gewesen!]

16.♘f7 ♖f8

[16...♗xd3 17.♘xh8 ♗xc4 18.♘xc4 ♘xe4 19.♘e3 ♗xe3 20.fxe3 ♔e7 21.♘g6+ ♔e6 22.♘h4 ♖g8 23.♘f3 ♖xg3∓ mit guten Gewinnchancen]

17.♖xf1

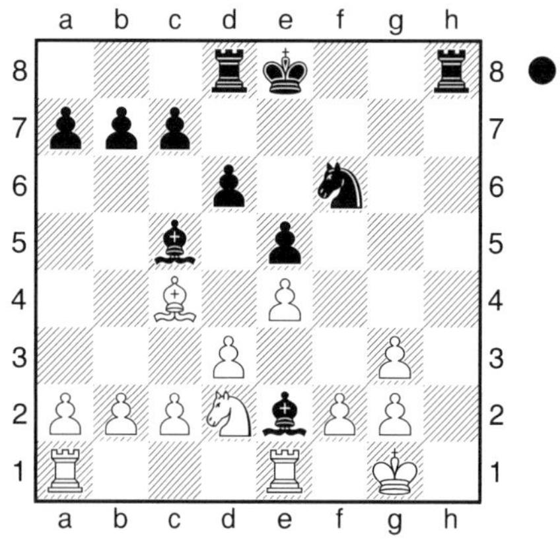

[17.♔xf1 ♖xf7 18.♗xf7+ ♔xf7∓]
17...♖xf7 18.♗xf7+ ♔xf7∓
½-½

B01

□ **Rostalski,Walter**
■ **MBR**
Hamburger Einzelmeisterschaft 1969
[RG]

1.e4 d5 2.exd5 ♘f6 3.d4 c6!? 4.dxc6 ♘xc6 5.♘f3 e5!?
[5...♗g4 6.♗b5 ♕b6 7.♘c3 e6]
6.♗b5
[6.♘xe5 ♕xd4! 7.♕xd4 ♘xd4 8.♗d3 ♗f5 9.♗xf5 ♘xf5 10.♘f3 *(10.0-0 ♘d4=)* 10...♖c8 11.c3 ♗c5±]
6...♗g4 7.♗xc6+ bxc6 8.dxe5 ♕xd1+ 9.♔xd1 0-0-0+ 10.♔e2 ♖e8 11.♗e3 ♘d5 Diagramm

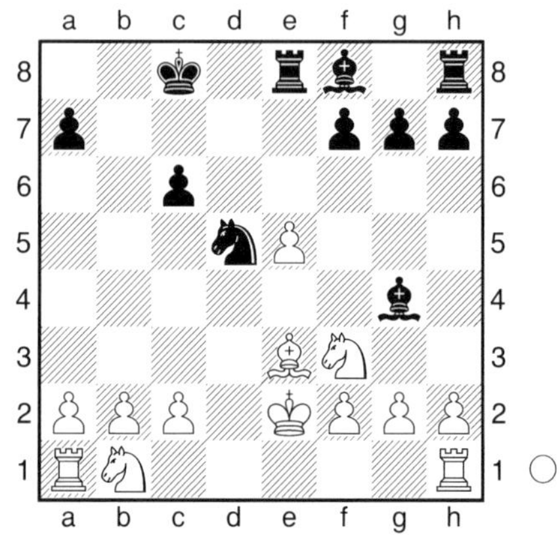

(Diagramm)

12.c4
[12.♗xa7 ♔b7 13.♗e3 ♘xe3 14.♔xe3 ♗c5+ 15.♔f4 ♗xf3 16.gxf3 ♗d4= und die Stellung ist wieder im Gleichgewicht]

12...♘xe3 13.fxe3 ♗c5 14.h3?!
[14.♘c3 ♖xe5=]
14...♗xf3+ 15.gxf3 ♖xe5∓ 16.e4 ♗d4
Remis auf Vorschlag von Schwarz gegen Walter Rostalski, dessen beste ELO-Wertung 2380 war. Jedenfalls gutes schwarzes Gambitspiel (3.... c6)
[16...♗d4 17.♘c3 ♗xc3 18.bxc3 f5=]
[Schwarz hätte Gewinnstellung erreichen können mit 16...♖g5! 17.♔f1 *(17.♘d2 ♖g2+ 18.♔e1 ♗b4−+)* 17...♖d8−+ 18.♘c3 ♖g3]
½-½

B02

□ **MBR**
■ **Waligora,Frank**
Hamburger Einzelmeisterschaft
[RG]

1.e4 d5 2.exd5 ♘f6 3.♘c3 ♘xd5 4.♘xd5 ♕xd5 5.♘e2?!
[Die kritische Fortsetzung ist 5.d4 ♘c6 6.♘f3 ♗g4 7.♗e2 0-0-0 Diagramm
und jetzt 8.0-0!? *(8.c4!? ♕e4 9.♗e3 e5 10.d5 ♗xf3 11.gxf3∞)* 8...♘xd4 9.♘xd4 ♗xe2 10.♕xe2

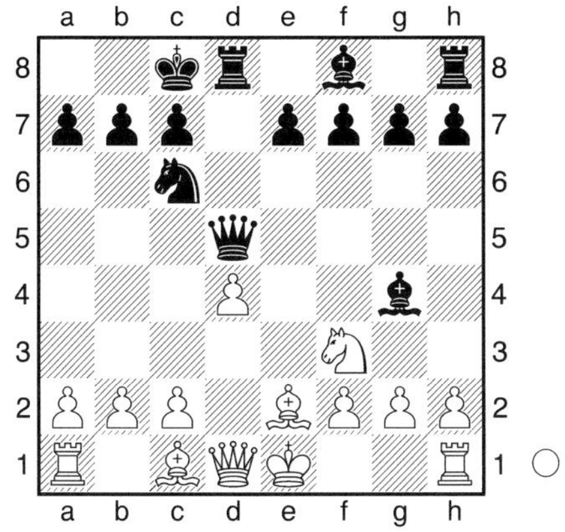

♕xd4 11.♗g5! mit Kompensation]

5...♗g4 6.d3

[6.h3 ♗h5 7.d3 ♘c6 8.♘c3∓ geht noch]

6...♘c6 7.f3 Die weiße Eröffnung ist mißlungen **♗f5 8.♘c3 ♕c5 9.♗d2 e5 10.♖c1 ♗e7 11.♕e2 ♘d4 12.♕f2 0-0-0 13.♗e2 h5 14.0-0 g5 15.♔h1**

[15.♘e4?? ♘xe2+−+]

15...g4 16.♘e4 ♕b5 17.b4 h4 18.♕e1 g3 19.h3 ♕d7 20.♗g5 ♗xg5 21.♘xg5 ♖dg8 22.♘e4 Diagramm

(Diagramm)

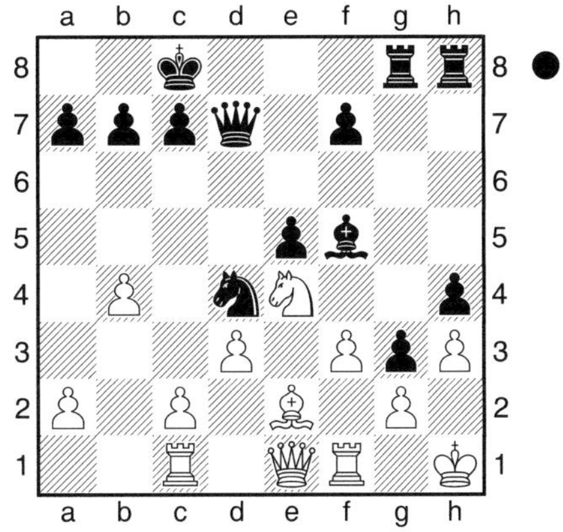

♗xh3! 23.♖g1 ♖g6?!

[Nach 23...♗e6!−+ nebst ... h3 ist es aus]

24.♗f1 ♖hg8?!

[24...♗xg2+! 25.♗xg2 h3−+ 26.♘xg3 hxg2+ 27.♔xg2 ♘f5−+ 28.♔f2? ♕d4+−+]

25.♘c5 ♕f5 26.♕e4 ♕xe4 27.fxe4

[Besser 27.dxe4 um dem Läufer kein Fluchtfeld zu geben]

27...b6

[27...♗g4! nebst ... Th6]

28.♘b3 ♘xb3 29.cxb3 ♗g4 30.d4 exd4 31.♗c4 ♖f6 32.♖gf1 ♖f2 33.♖xf2 gxf2 34.♖f1 h3 35.♖xf2 hxg2+ 36.♔xg2 ♗e6+ 37.♔f3 ♔d7 38.♔e2 ♔d6 39.♗xe6 fxe6 40.♔d3 ♔e5 41.♖e2?

[Zäher ist 41.♖f3 ♖g2 42.♖h3 ♖xa2 43.♖h5+ ♔f4 44.♔xd4 ♖d2+ 45.♔c3 ♖d7 46.♖h4+ ♔e5 47.b5∓]

41...♖g3+ 42.♔d2 ♔f4 43.e5 ♖e3 44.♖f2+ ♔xe5 Frank Waligora hatte später die Schachecke in der HÖRZU (Frank Waligora, Das HÖRZU-Schachbuch, Ullstein-Verlag 1989). Er spielte bis zu seiner Auswanderung nach Phuket für die SG Mittelweg

0-1

B01

□ **Maahs,Erich**

■ **MBR**

Hamburger Einzelmeisterschaft

[RG]

1.e4 d5 2.exd5 ♘f6 3.c4 c6 4.♘f3 ♗g4 5.dxc6 ♘xc6 6.♘c3 ♕d7 7.♗e2 e5 8.0-0 0-0-0 9.♕a4 ♔b8 10.♖b1? e4!∓ 11.♘e1 h5!

[11...♗xe2!? 12.♘xe2 ♘d4! 13.♕d1 ♕g4 14.f3 ♘xe2+ 15.♕xe2 ♗c5+ 16.♔h1 exf3 17.♕xf3 ♕xc4∓]

12.b4 ♗xe2 13.♘xe2 ♘d4! 14.♕d1

♕g4 15.f3 exf3 16.♘xf3 ♘xf3+

[16...♕e4 17.♘c3 ♘xf3+ 18.♕xf3 ♕xc4∓]

17.♖xf3 ♕xc4∓ 18.d4?!

[18.d3! ♕xa2 19.♖a1! ♕e6 20.♗e3 a6∞ Die Stellung ist wohl im Gleichgewicht]

18...♗d6∓ 19.♗g5 ♖de8 20.♖d3? ♘e4 21.♗e3 ♕c7

[21...h4!?]

22.h3 g5 23.d5 g4 24.♖c1 ♕e7 25.♕a4

[25.♖a3 b6 26.♘d4±]

25...b6 26.♘d4 ♖c8 27.♖xc8+ ♖xc8 28.♘c6+ ♖xc6 29.dxc6 ♕e5 30.b5? Diagramm

[30.hxg4 ♕h2+ 31.♔f1 ♘g3+ 32.♔f2 ♘e4+ 33.♔f1= Zugwiederholung]

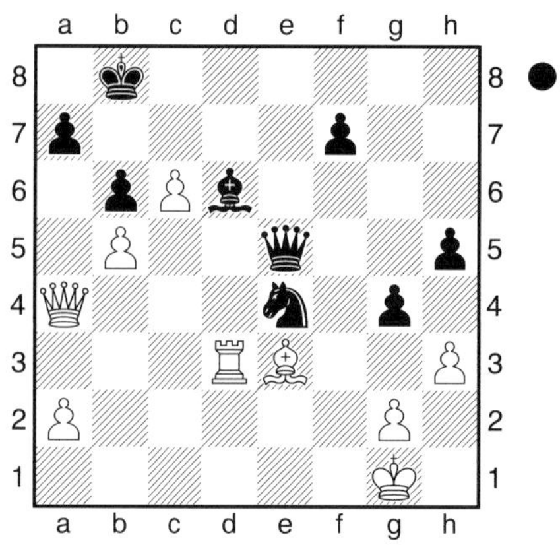

30...♘c5? In der vierten Stunde findet Matthias den Gewinn nicht:

[30...♕h2+! 31.♔f1 ♘g3+! (nicht aber *31...♕h1+? 32.♗g1+−* und jetzt gewinnt Weiß, z.B. *gxh3 33.♕xe4 h2 34.♕e8+* nebst Matt *)* 32.♔e1 ♕xg2−+ mit der Drohung ... ♕e2# 33.♗f2 ♕f1+ 34.♔d2 ♕e2+ 35.♔c1 *(35.♔c3 ♘e4+ 36.♔d4 ♘xf2−+)* 35...♕xd3−+]

31.♕d1 ♘xd3 32.♕xd3 ♔c7?

[32...gxh3 33.gxh3 ♕g3+ 34.♔f1 ♕xh3+ 35.♔e1 ♕g3+∓]

33.hxg4 hxg4 34.♕b3 ♕f5 35.♗f2 ♕g6?

[35...♕h5=]

36.♗g3 ♕f5 37.♗xd6+ ♔xd6 38.♕d1+ ♔c7 39.♕e2 ♕g5?!

[Nach dem Partiezug 39...♕g5?! hätte Weiß noch mit 40.♕d3!± auf Gewinn spielen können]

[Präzise wäre 39...♕c5+!= gewesen, z.B. 40.♔f1 g3!]

½-½

B23

□ **MBR**

■ **Schmeling**

Hamburger Einzelmeisterschaft 5.2.69

[MBR; RG]

1.e4 e6 2.♘c3 d5 3.d3 c5 4.g3 d4 5.♘b1 h5!? Eine Neuerung

[Meistens wird 5...e5 6.♗g2 gespielt, wie in Starostits-Epishin, Neustadt 2008 (½-½, 28)]

6.h4 ♘f6 7.♘f3 ♘c6 8.♗g5 ♗e7 9.♘bd2 ♘g4 10.♗xe7 ♔xe7 11.♗g2 e5 12.0-0 ♖h6 13.a4 f6 14.♘c4 ♗e6 15.♕d2 ♗xc4 16.dxc4 ♕g8 17.b3 ♖d8 18.♖ad1 ♕f7 19.♘h2 ♖hh8 20.♗h3 ♕g6 21.♗xg4 hxg4 22.♕e2 f5 Diagramm

[Besser 22...♘b4 23.♖c1 *(23.♘xg4? ♘xc2 24.♘h2 d3∓ ; 23.♖d2? ♘xc2! 24.♖fd1 ♘b4 25.♘xg4∓)* 23...♔f7!? mit unklarer Stellung, z.B. 24.♕xg4 ♘a2 25.♕xg6+ ♔xg6 26.♖cd1 ♘c3 27.♖de1 d3!=]

Schwarz deckt den ♙g4 **23.exf5 ♕xf5 24.♖fe1 ♖de8 25.♕e4 ♖hf8 26.♕xf5 ♖xf5 27.♘xg4 ♔f7 28.♖e4 ♘b4**

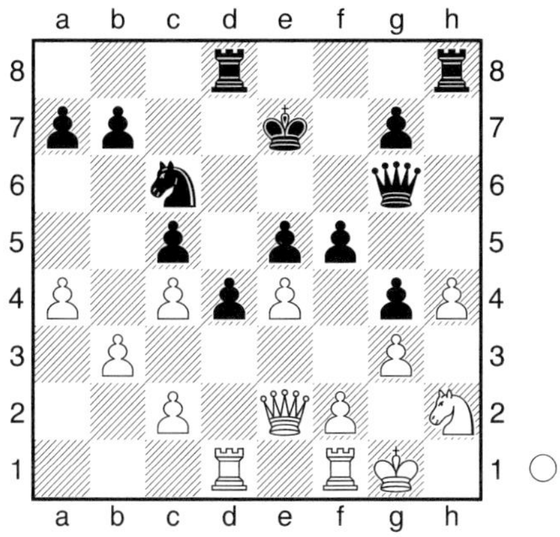

29.♖d2 ♖e6?!
[29...♘a2= nebst ... ♘c3 verhindert weiße Aktivitäten auf der e-Linie]
30.♔g2 b6 31.♖de2± Diagramm

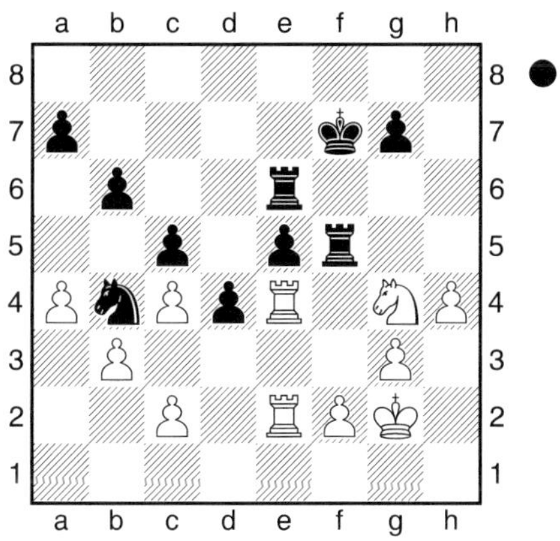

d3?! 32.cxd3 ♘xd3 33.♖2e3
[Auch 33.♘e3+− nebst ♘d5 kam stark in Betracht]
33...♘b4 34.♖xe5 ♖fxe5 35.♘xe5+ ♔g8 36.f4 Weiß hat zwei gesunde Mehrbauern. Der Rest ist Technik: **♘c2 37.♖c3 ♘d4 38.♔h3 a5 39.h5 ♔h7 40.♔g4 ♖e7 41.♘f3 g6 42.♘g5+ ♔h6 43.hxg6 ♔xg6 44.♘f3 ♘f5 45.♘h4+ ♘xh4 46.♔xh4 ♔f5 47.♔h3 ♔e4 48.♔g2 ♖d7 49.♖f3 ♖d2+ 50.♖f2** In diesem Turnier, das Frank Waligora gewann, erzielte ich 50%
[50.♖f2 ♖d3 51.f5!+− usw.]
1-0

B33

□ **MBR**
■ **Waldschläger,Jürgen**
Hamburger Einzelmeisterschaft
[RG]

1.e4 c5 2.♘f3 ♘c6 3.d4 cxd4 4.♘xd4 ♘f6 5.♘c3 e5 6.♘de2
[Auf die scharfe Sveshnikov-Variante 6.♘db5 wollte Matthias sich nicht einlassen]
6...♗c5 7.♘g3 d6 8.♗e2 ♗e6 9.0-0 0-0 10.♘a4 h6 11.♘xc5 dxc5 12.c3 ♕xd1 13.♖xd1 ♖fd8 14.♗e3 b6 15.b3 ♖xd1+ 16.♖xd1 ♖d8 17.♖xd8+ ♘xd8 18.f4 exf4 19.♗xf4 ♘d7?!
[19...♘c6±]
20.♗b5 f6 21.♗c7 ♘b7?! Diagramm
[⌓21...♘f7±]

(Diagramm)

22.♗xd7?!
[22.b4!± nimmt dem ♘b7 die Felder Weiß hat jetzt gute Gewinnchancen. Die Stellung ist aber sehr schwierig. Eine Variante: cxb4 23.cxb4 ♘e5 24.♗a6 ♗c8 25.♘f5! ♔f7! *(25...♔f8? 26.♘d6!+−)* 26.a3 ♘c6 27.♗xb7 ♗xb7 28.♘d6+ ♔e6 29.♘xb7 ♔d7 30.♗d6 ♘d4 31.♔f2 ♔c8 32.♗f8 ♘e6 33.♗xg7 ♘xg7 34.♘d6+ ♔d7 35.♘f5± Ein Jammer, daß Matthias diese Chance nicht genutzt hat]
22...♗xd7 23.♗b8 Jetzt hat Schwarz keine Schwierigkeiten mehr. Deshalb

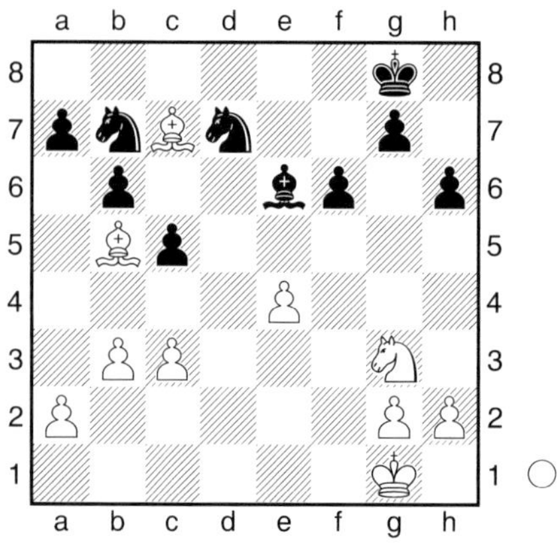

remis. Jürgen Waldschlägers beste ELO-Zahl war 2250
½-½

C14

□ **Ivkov,Borislav**
■ **MBR**
Simultan Hamburg (20 Bretter) 7.1.71
[MBR; RG]

1.d4 e6 2.e4 d5 Französisch **3.♘c3 ♘f6 4.♗g5 ♗e7 5.e5 ♘g8!?**
Auf diesen unterschätzten Zug, der vom Hamburger IM Herbert Heinicke empfohlen wurde, hatte mich mein Schul- und Schachfreund Niels Rischbieth aufmerksam gemacht. Schon Nimzowitsch hatte diesen Zug gespielt. Später wandte IM Heidenfeld ihn regelmäßig an **6.♗e3 h5!?N** Verhindert ♕g4

[6...b6 7.♕g4 g6 8.h4 h5 9.♕g3 ♗a6 Sämisch-Nimzowitsch, Berlin 1928]

7.♘f3 ♘h6 8.♗d3 g6 9.♗xh6?! Verhindert ...♘f5. Weiß findet keinen wirksamen Plan, um die schwarze Spielanlage zu bekämpfen **♖xh6 10.♘e2 b6! 11.h4 ♗a6!**

Schwarz tauscht seinen schlechten Läufer ab **12.♗xa6 ♘xa6 13.♕d2 ♖h8 14.c3 c5!** Diagramm

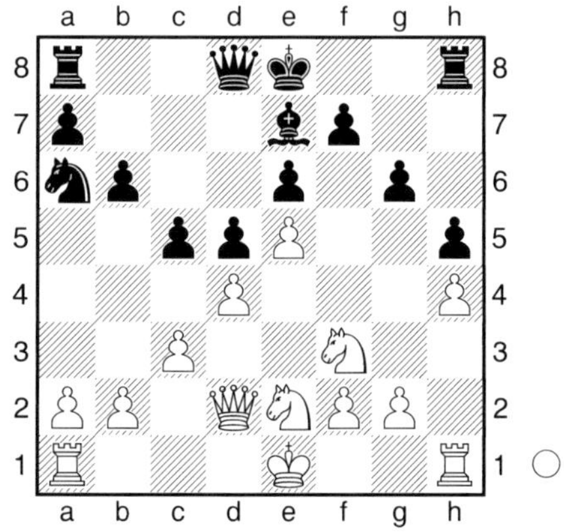

15.♘g5 ♕d7 16.0-0 ♗xg5

[16...♔f8 nebst ... ♔g7, und es ist nicht zu sehen, wie Weiß Fortschritte erzielen kann]

17.♕xg5 ♕e7 18.♕f4 ♖c8 19.♖ac1 c4! 20.b4 ♘c7 21.a4 a6 Diagramm

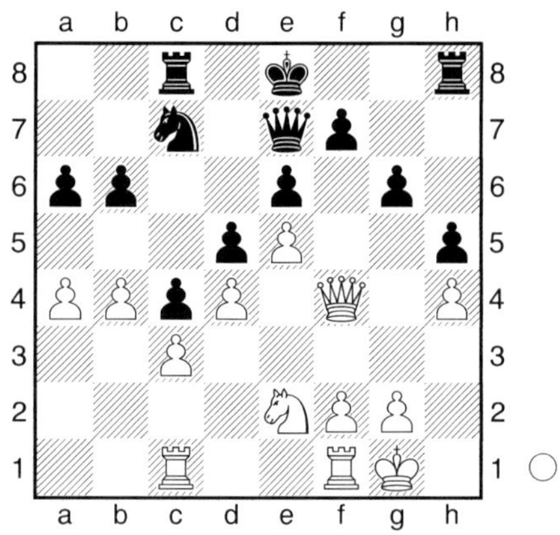

Gegen den Großmeister, der damals zur Weltspitze gehörte, hat Matthias geschickt die Stellung abgeschlossen. Weiß stellt seine Bemühungen ein und nimmt das Remisangebot von Schwarz

an.
½-½

B01

□ **MBR**
■ **Sudbrack,Michel**
HSV Vereinsmeisterschft 08.01.1971
[RG]

1.e4 d5 2.exd5 ♘f6 3.d4 ♗f5 4.c4 c6 5.♕a4 ♕d7 6.♘c3 cxd5 7.♕xd7+ ♘bxd7 8.cxd5 a6 9.g3 ♘b6 10.♗g2 ♖d8 11.d6 ♖xd6 12.♗xb7 ♖xd4
[12...♘bd5]
13.♗e3
[13.♗xa6]
13...♖b4 14.♗xa6 ♖xb2 15.♗b5+ ♘bd7 16.♘ge2 e6 17.0-0 ♗b4 18.♖fd1 ♗g4 19.♖ac1 ♗xc3 20.♗xd7+?
[20.♘xc3 ♗xd1 21.♖xd1 ♖c2 22.♗d4 0-0∞]
20...♘xd7 21.♖xc3 0-0?
[21...♗xe2!−+ 22.♖c8+ ♔e7 23.♖xd7+ ♔xd7 24.♖xh8 ♗f3!−+]
22.♖xd7 ♖xe2 23.♔g2 ♖xa2 24.♖cc7 ♗h5 25.g4 ♗g6 26.h4 ♖c2 27.♗c5 ♖b8 28.h5 ♗e4+ 29.♔h2 ♖c1 30.♖xf7? Diagramm
[Auf 30.f3! hätte Schwarz den einzigen Zug g5! erst einmal finden müssen: *(30...♗xf3? 31.♖xf7+− ; 30...♗d5 31.g5! ♗a2 32.♖xf7 ♖xc5 33.♖xg7+ ♔f8□ 34.♖cf7+ ♔e8 35.♖a7 ♔f8 36.♖xh7 ♖xg5 37.f4 ♖g4 38.♔h3 ♖g1 39.♖xa2±)* 31.h6! *(31.fxe4? ♖b2+ 32.♗f2□ ♖xc7 33.♖xc7 ♖xf2+ 34.♔g3=)*]

30...♖h1+? Danach ist Schwarz verloren
[30...♖xc5! 31.♖xg7+! ♔h8 32.♖xh7+ ♗xh7 33.♖xc5= und das Endspiel ist trotz schwarzer

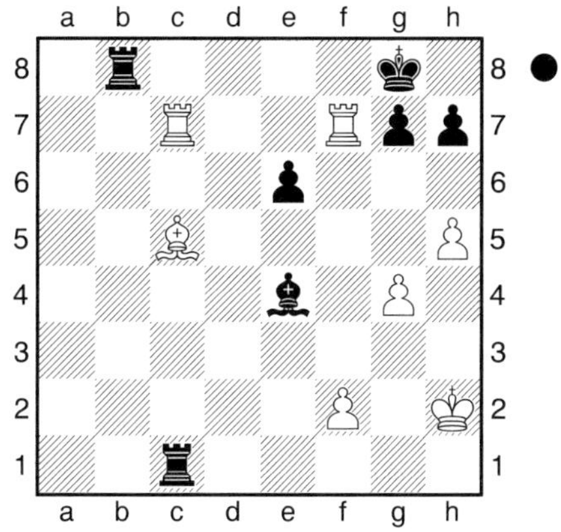

Mehrfigur remis]
31.♔g3+− e5 32.♖xg7+ ♔h8 33.f3 ♖b3 34.♖gf7
1-0

C02

□ **Markmann,Peter**
■ **MBR**
HSV Vereinsmeisterschft 15.01.1971
[RG]

1.e4 d5 2.e5 e6 3.d4 c5 4.♗b5+?! ♗d7 5.♗xd7+ Weiß tauscht ohne Not den schlechten schwarzen Läufer unter Tempoverlust ab **♕xd7 6.♘f3 ♘c6 7.c3 ♘ge7 8.0-0 ♘f5!** Schwarz will eine Schwächung der weißen Rochadestellung provozieren
[Vorsichtiger ist 8...h5!? nebst ... ♘f5]
9.g4!? ♘fe7 10.♗g5?! Damit legt Weiß seine Schwäche g4 fest
[10.dxc5!? h5 11.g5]
10...h5! 11.♗xe7 Weiß muß ein weiteres Tempo investieren, um die h-Linie geschlossen zu halten **♗xe7 12.g5 0-0-0**
[12...cxd4 13.cxd4 f6! nebst 0-0-0 kam auch in Betracht]

13.♘bd2 ♖df8! Eine Hinterstellung, die die Kraft der Linienöffnung nach ... f6 noch verstärkt

[Sofort 13...f6! war auch gut]

14.dxc5 ♗xc5 15.♘b3 ♗b6 16.a4 f6!∓ 17.♕e2

[Auch die kritische Variante 17.exf6 gxf6 18.a5 ♗c7 19.a6 b6 20.♘bd4 fxg5 21.♘xg5 ♖hg8 22.h4 ♘xd4 23.cxd4 ♕d6−+ nebst Matt oder Turmgewinn zeigt die Kraft der Hinterstellung ...♖f8]

17...fxe5 18.♘xe5 ♘xe5 19.♕xe5 ♖f5 20.♕g3 h4! 21.♕g4 ♕e7 22.♔h1 ♖xg5 23.♕h3 ♖f5! 24.a5 ♗xf2 25.♖ad1 ♖hf8 26.♖d2 ♖f3 27.♕g4 ♖3f4 28.♕h3 g5 Diagramm

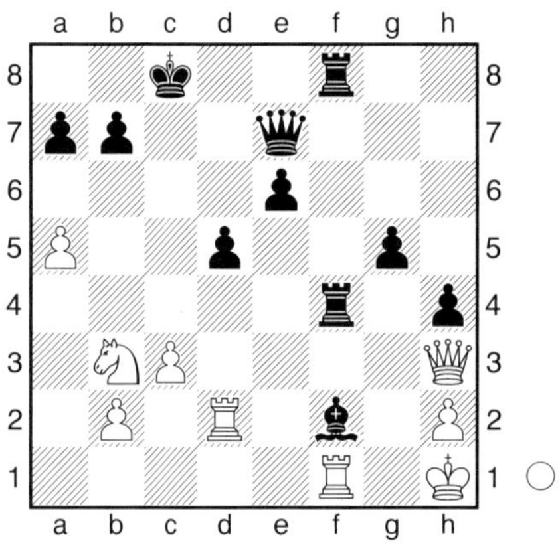

29.♖xd5? Es gab keine ausreichende Verteidigung mehr:

[Z.B. 29.♕g2 ♗e3! 30.♖xf4 ♖xf4 31.♖d1 *(31.♖e2 ♕h7 32.♖e1 h3−+* mit der Drohung ...De4+ *)* 31...♕h7 32.♕e2 ♕e4+ 33.♕g2 ♖f3!−+]

29...g4 30.♕g2 h3−+ 31.♖d8+
Das berühmte Racheschach **♕xd8**
Ein schulmäßig vorgetragener Angriff!
0-1

C56

□ **MBR**
■ **Gaupties**
Hamburger Meisterschft 16.02.1973
[RG]

1.e4 e5 2.♗c4 ♘f6 3.d4 ♘c6 4.♘f3 exd4 5.0-0 ♘a5?

[5...♘xe4 6.♖e1 d5 7.♗xd5 ♕xd5 8.♘c3 Schottisches Gambit]

[5...♗c5!?]

6.♗d3

[Die Alternative war sofort 6.e5!? z,B. ♘xc4 7.exf6 gxf6 *(7...♕xf6? 8.♖e1+!+−)* 8.♖e1+ ♗e7 9.♕xd4 d5 10.♕xf6±]

6...♗e7 7.e5! ♘d5 8.♘xd4 d6
Diagramm

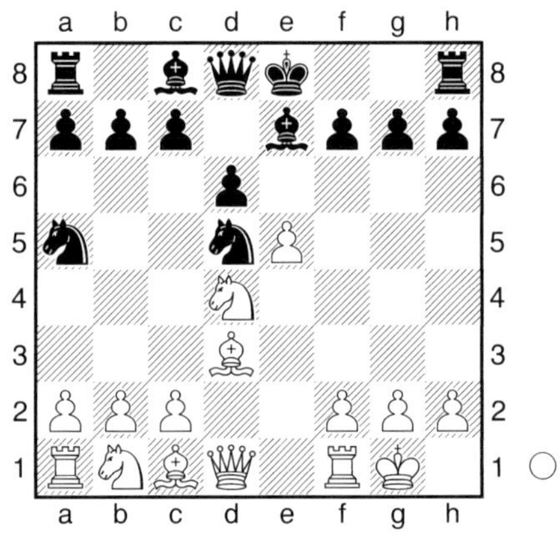

9.e6! 0-0?

[Nach 9...fxe6 hat Weiß die Wahl zwischen 10.♕h5+± *(und 10.♕e1±* mit Doppelangriff gegen a5 und e6 *)*]

10.♕h5 f5

[10...g6 hilft auch nicht mehr wegen 11.exf7+ ♖xf7 12.♕xd5+−]

11.♘xf5! ♘f6 12.♘xe7+ ♕xe7 13.♕xa5+− Weiß hat bei besserer Stellung eine Figur mehr **♗xe6 14.♗g5 h6 15.♗xf6 ♖xf6 16.♘c3 b6 17.♘d5!** Diagramm

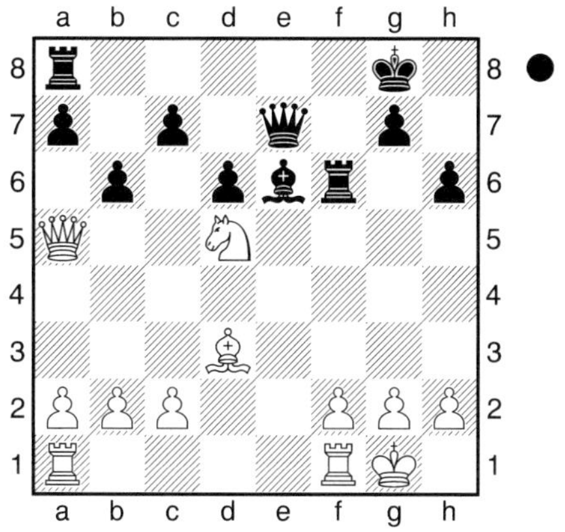

Ein wunderschöner Zug für die Galerie zum Abschluß
1-0

B07

□ **Huhs**
■ **MBR**
HMM Hamburg 1974
[RG]

1.e4 d6 2.d4 ♘f6 3.♗d3 e5 4.d5 g6 5.♗e3 ♘g4 6.♗d2 ♗g7 7.f3 ♘f6 8.♘e2 ♘bd7 9.♗e3 0-0 10.♕d2 ♘h5 11.h4 ♘f4!? 12.♗xf4 exf4 13.♘bc3 ♗f6 14.♕xf4 ♗e5
[⌓14...♘e5 15.h5 c5!? 16.dxc6 *(16.hxg6 fxg6=)* 16...bxc6 mit Kompensation]
15.♕d2 ♘c5 16.g4
[16.h5!?]
16...♗g7 17.0-0-0 h6 18.♖df1 a6 19.g5 h5 20.f4 ♗g4 21.f5± ♗e5! 22.♘f4 ♔g7 23.♗e2! ♗xe2 24.♘fxe2
[Etwas stärker 24.♘cxe2!± weil Schwarz jetzt nicht ♘xe4? spielen darf wegen 25.♕e3 ♘c5 26.b4+− *(*oder erst *26.fxg6 fxg6* und dann *27.b4+−)*]
24...b5 25.♕e3 b4 26.♘d1 ♖e8 27.♘f2 ♕d7 28.♘d4 ♕a4 29.♔b1 ♖ab8
[29...b3!? 30.♘xb3 ♖ab8]
30.♘d3?! Diagramm
[30.fxg6 fxg6 31.♘c6+−]

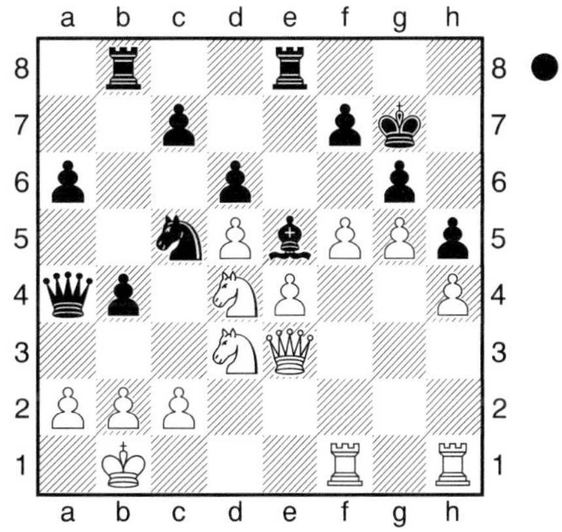

30...b3! 31.♘xb3 ♕xe4! 32.♕xe4 ♘xe4 33.♘xe5?!
[⌓33.f6+]
33...♖xe5 34.fxg6
[34.f6+ ♔g8]
34...fxg6 35.♖e1
[⌓35.♖f4]
35...♖be8∓ Diagramm

(Diagramm)

Schwarz hat sich zäh verteidigt und steht erstmals etwas besser, da Weiß den Mehrbauern nicht mehr halten kann **36.♔c1 ♖xd5 37.c4 ♖de5 38.♘d4? ♘g3**
[Noch etwas besser ist 38...♘f2 39.♖xe5 ♖xe5 40.♖h2 ♖e4∓]
39.♖xe5 ♖xe5∓ 40.♖h3 ♖e4! 41.♘e6+! ♖xe6 42.♖xg3 ♖e4 43.♖h3 ♖xc4+ 44.♔d2 ♖e4 45.♖c3 c5 46.♖d3?
[46.♖a3]
46...♖e6

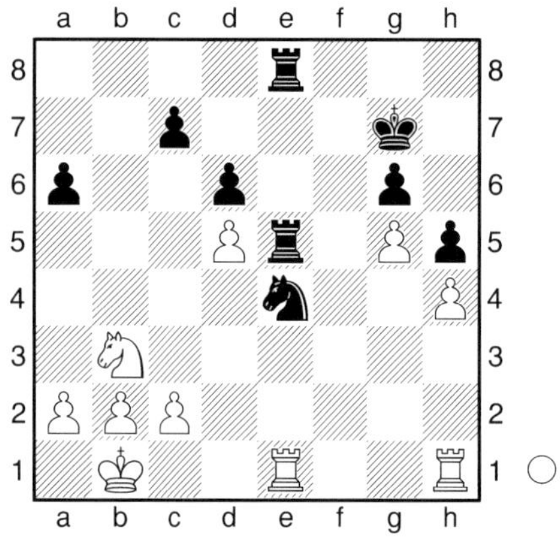

[46...♖xh4! 47.♖xd6 ♖d4+!−+]
47.♖f3 d5 48.♔c3 a5 49.b3 ♖e4! 50.♖h3?! ♖f4
[△50...♔f7]
51.♖d3 ♖f5 52.a3 ♔f7 53.b4 cxb4+ 54.axb4 axb4+ 55.♔xb4 ♔e6 56.♔c5 ♖e5−+ Weiß gibt auf
[56...♖e5 57.♖a3 (*57.♖d1 ♖e4−+ usw.*) 57...♖e4 58.♖a6+ ♔f5 59.♖f6+ ♔e5 60.♖xg6 ♖xh4 61.♖g8 ♖c4+ 62.♔b5 ♖g4 63.g6 h4−+]
[Etwas einfacher wäre 56...d4+! gewesen: 57.♔c4 (*57.♔xd4 ♖d5+−+*) 57...♖f4]
0-1

C69

□ **MBR**
■ **Michalak,Guenther**
HMM Hamburg 1974
[RG]

1.e4 e5 2.♘f3 ♘c6 3.♗b5 a6 4.♗xc6 dxc6 5.0-0 f6 6.d3 ♗g4 7.♗e3 ♗d6 8.♘bd2 ♘e7 9.h3 ♗h5 10.♕c1
[10.♕b1!? mit der Idee b4 c5 11.a3 Penson-Bierenbroodspot, Geraardsbergen 1992]
10...c5 11.♘h4 ♕d7 12.g4?! Das ist riskant, bevor Schwarz sich mit der Rochade festgelegt hat **♗f7∓**
13.♔g2 0-0-0 14.♘b3 g5!?
[14...h5! 15.g5 ♗e6 16.♖h1 c4 17.dxc4 ♗xc4∓]
[oder 14...c4!∓ nebst ...h5]
15.♘f5 ♘xf5 16.gxf5 ♗xb3?!
[16...c4!∓]
17.axb3 h5 18.♖a5 h4 Diagramm

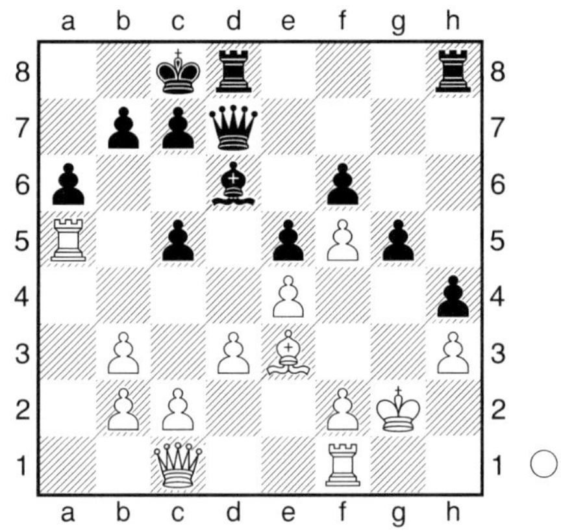

19.f3 Danach kann Schwarz keine Linien öffnen und bleibt auf seinem schlechten ♗d6 sitzen, während Weiß noch Angriffsperspektiven hat (z.B. auf der a-Linie) **♖dg8 20.♔f2 ♔d8 21.♔e2 ♔e8 22.♕e1 ♔f7 23.♕f2 ♖a8 24.♖fa1 ♕c8 25.♖5a4 b6 26.♕e1 a5 27.♕c3 ♕a6 28.♕c4+ ♕xc4 29.bxc4 ♖ab8 30.b3 ♖b7 31.♔d2 ♖g8 32.♔c3 ♖d8 33.♔b2 ♖g8 34.c3 ♖d8 35.♔c2 ♗f8 36.♖d1 ♗e7 37.d4!?** Etwas überhastet
[Besser 37.♖d2 nebst ♖a4-a1-d1 vorher]
37...cxd4 38.cxd4 exd4 39.♖xd4 ♖xd4 40.♗xd4 c5 41.♗c3 ♖d7 42.♖a1 ♗d8 43.♖d1 ♖xd1 44.♔xd1± Wegen seines schlechten Läufers kann Schwarz nur auf Remis hoffen **♗c7 45.♔c2 ♔e7 46.♔b2 ♗f4 47.♔a3**

♗e3 48.♔a4 ♗f4? Diagramm
[Hier hätte Schwarz noch die Rettung 48...♗d4! gehabt, z.B. 49.♗d2 *(49.♗xd4 cxd4 50.♔a3! ♔d6 51.♔b2 ♔c5 52.♔c2*= mit Ausgleich, da Schwarz den Durchbruch e5 im Auge behalten muß *)* 49...♔d6 50.♔b5 ♔c7= remis]

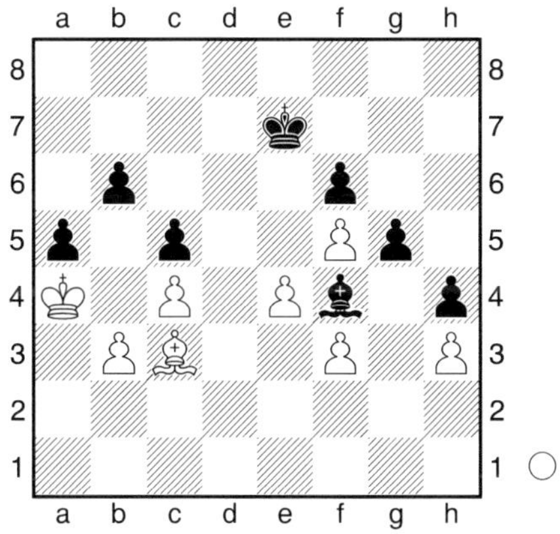

49.♔b5+− ♗c7 50.♔c6 ♗d8 51.♗d2 ♔e8 52.♗e3 ♔e7 53.♗g1
[53.e5!+− fxe5 54.♗xg5++−]
53...♔e8 54.♗h2 Gegen ♗c7 gibt es nichts mehr
1-0

C56

□ **MBR**
■ **Schmidt-Evers,O**
HSV Vereinsmeisterschaft 1975
[RG]

1.e4 e5 2.♗c4 ♘f6 3.d4 ♘c6 4.♘f3 d6 5.dxe5 ♘xe5 6.♘xe5 dxe5 Diagramm
7.♗xf7+!± ♔e7
[7...♔xf7 8.♕xd8 ♗b4+ 9.♕d2 ♗xd2+ 10.♘xd2 ♖d8 11.f3± Milekic-Kelecevic,M; Banja Luka

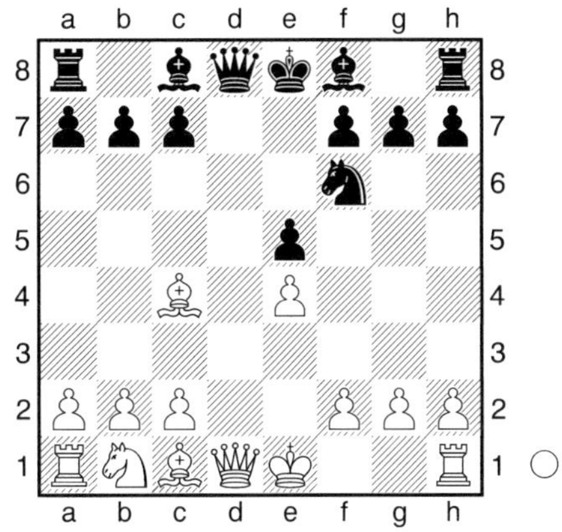

2008, mit gesundem Mehrbauern]
8.♕xd8+ ♔xd8 9.f3 ♗d6 10.♗e3 ♔e7 11.♗b3 ♖d8 12.c4?!
[12.♘c3]
12...b6 13.♘c3 c6 14.0-0-0 ♗b7?! 15.♘a4 h6 Diagramm

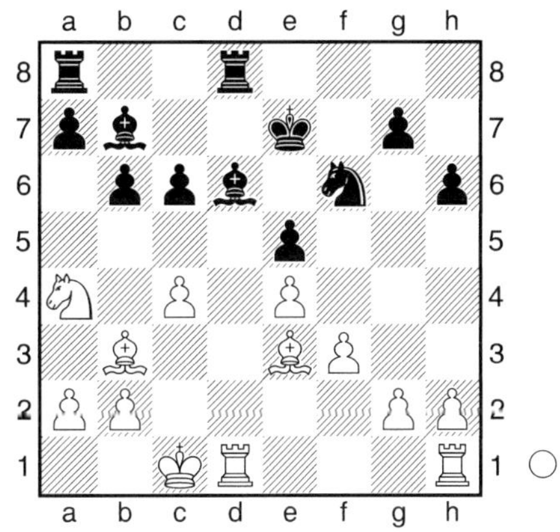

16.c5! ♗c7
[16...bxc5 17.♘xc5+−]
17.cxb6 axb6 18.♘xb6 ♖ab8 19.♗c5+ ♔e8 20.♘c4 ♘d7 21.♘d6+ ♗xd6 22.♗xd6 ♖a8 23.♔b1 c5 24.♗e6
1-0

C37

□ **MBR**
■ **Bülichen**
Thematurnier Königsgambit HSV
[GJ; MBR]

1.e4 Keres: Theorie der Schacheröffnungen, II. Teil, 1953, S. 237 **e5 2.f4 exf4 3.♘f3 g5 4.♗c4 g4 5.0-0** Muzio-Gambit **gxf3 6.♕xf3 ♕f6 7.e5 ♕xe5 8.d3**

[Sehr kühn ist nun 8.♗xf7+!? Diagramm

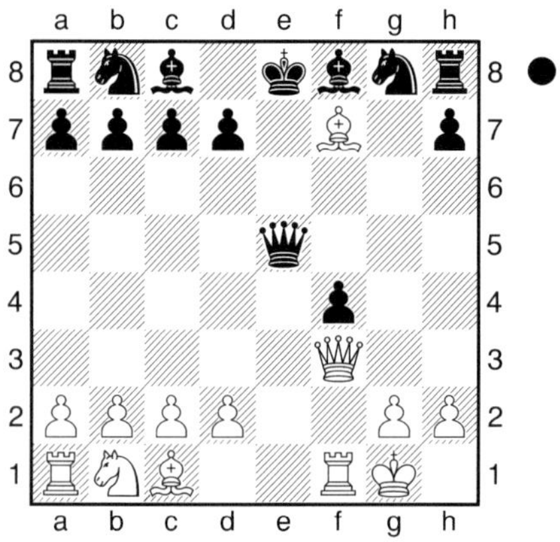

♔xf7 9.d4 ♕f5! Dieser Zug gilt als Widerlegung des weißen Aufbaus. So einfach ist die Sache aber nicht, z.B. 10.g4 ♕f6 11.♗xf4 ♗g7 12.g5 ♕g6 *(12...♕f5 13.♕h5+)* 13.♗xc7+ ♔e8 14.♘c3! Diagramm

(Diagramm)

♘e7 *(14...♗xd4+ 15.♔h1 d6 16.♕f8++−)* 15.♘b5 d6 16.♗xd6 ♘bc6]

8...♗h6 9.♘c3 ♘e7 10.♗d2!
Einfach und stark

[10.♗xf4 Dieses Läuferopfer öffnet die f-Linie und bereitet Tae1 schnell vor. Obwohl es nicht ungefährlich ist,

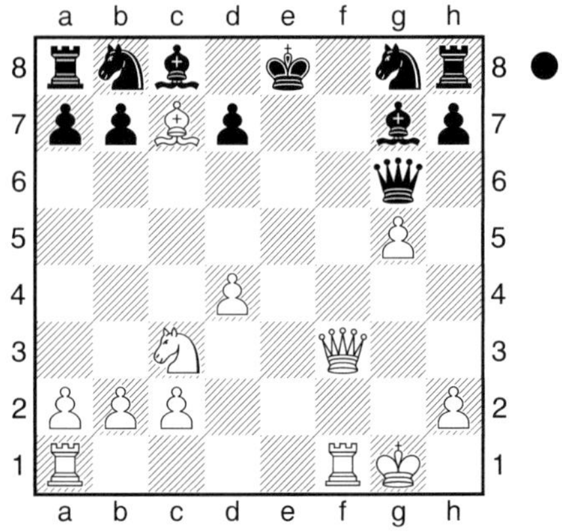

kann sich Schwarz aber erfolgreich verteidigen: ♕xf4 11.♗xf7+ ♔d8 12.♕xf4□ ♗xf4 13.♖xf4 d6∓]

10...c6 Nimmt dem weißen Springer das Feld d5 und bereitet selbst d7-d5 vor

[Mir gefällt 10...♘bc6 sehr gut. Schwarz setzt seine Entwicklung fort, und der Springer liebäugelt mit dem Feld d4. Keres: Schwarz muß die Stellung seines Se7 befestigen, um den bevorstehenden Druck in der e-Linie zu neutralisieren. Die Theorie hält 10...Sc6 für das stärkste. 11.♖ae1 Diagramm

(Diagramm)

♕f5 12.♘d5 ♔d8 13.♕e2!? ♕e6 14.♕f2! ♕g6 15.♗c3 ♖e8 16.♗f6 ♗g5−+]

11.♖ae1 ♕c5+ 12.♔h1 d5 13.♕h5!
Wieder das Beste

[13.♗xd5?! schlägt nicht durch wegen cxd5 14.♘xd5 ♗e6 15.♘f6+ ♔f8!]

[13.♗xf4?! (Melao) schlägt auch nicht durch: ♗xf4 14.♕xf4 ♗e6 15.♕e5 ♘g6 16.♕g7! ♖f8 17.♘e4 ♕e7−+ GJ 18.♘f6+ ♔d8 19.♗b3 ♔c8−+

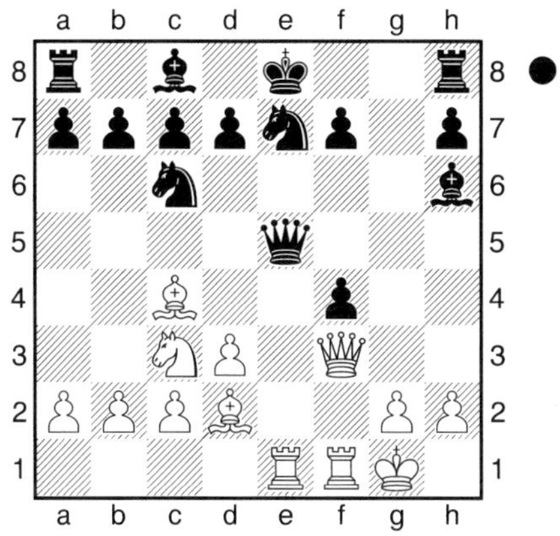

GJ]

13...♕d6 14.♗xd5! Diagramm

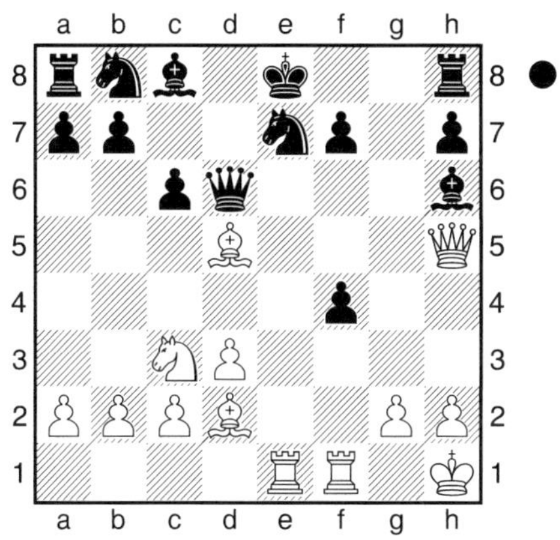

cxd5

[14...♕g6 Keres 15.♖xe7+ ♔xe7 16.♕e5+±]

[14...0-0! GJ 15.♗b3 ♕g6 16.♕f3 ♗g4 17.♕e4 ♗e6 18.♗xe6 fxe6 19.♕xe6+ ♕xe6 20.♖xe6 ♘g6∓ sehe ich aber keine Gefahr mehr für Schwarz]

15.♘xd5 Bilguer

[15.♖xe7+!? ♔xe7 16.♘xd5+ ♔d8 17.♗b4 ♕c6 18.♗e7+ ♔e8□ 19.♕e5 ♗g7 20.♕xg7 ♕xd5 21.♕xh8+ ♔xe7 22.♕xc8=]

[15.♘b5! Keres ♕b6

A) 16.♗b4 Keres ♘bc6 (*16...♗e6 17.♖xe6!!* Diagramm

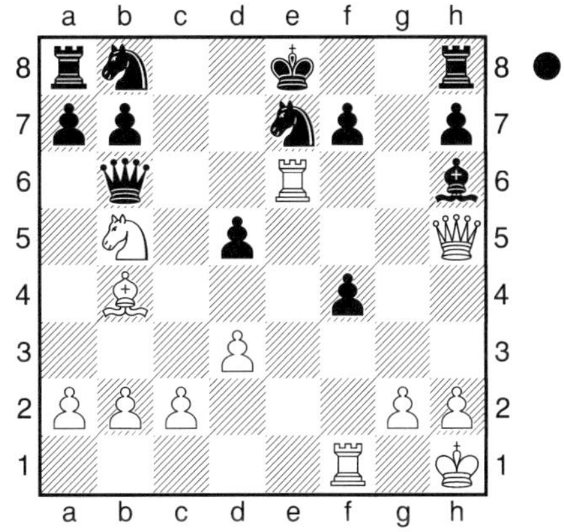

) 17.♘d6+ ♔d7 18.♗a3± ;

B) 16.♕e5 Hübner 0-0! 17.♘c7 ♕g6 18.♗c3 f6 19.♕xe7 ♘c6 20.♕c5 ♖b8 21.♘xd5 ♔g7∓]

15...♘bc6

[15...♔d8 16.♗b4+−]

16.♗c3! Diagramm Viel besser als Anderssens Zug

[16.♖xe7+ ♘xe7 17.♖e1 0-0 18.♘xe7+ ♔h8 19.♘d5 ♕g6 0-1 Anderssen-Von Heydebrand und der Lasa, Breslau 1846]

16...♖f8?!N Der niedersächsische Pokalmeister ist geizig. Er will all sein Material behalten.

[Umsichtiger spielte vor 137 Jahren der Breslauer Altmeister Adolf Anderssen, als er mit 16...♗d7 die Entwicklung fortsetzte und dafür bereit war, einen kostbaren Turm zu spenden.]

17.♘f6+ Hier hätten viele fehlgegriffen! Jetzt aber demonstriert die Nr. 1 des Hamburger Sportvereins die Überlegenheit seines Spielwitzes. Zu Recht erhielt der schachspielende Notar für diese Glanzleistung den 1.

Schönheitspreis des gesamten Turnieres. Ausgewählt worden war sie vom Turnierveranstalter Harro Dahlgrün, dem weltweit bekannten Schachverleger Kurt Rattmann und dem Internationalen Meister Herbert Heinicke, der selbst am Turnier teilnahm und es souverän gewann.

[17.♗f6 Vor dieser Verführung mußte der Hamburger Meister sich hüten. f3!! 18.♗xe7 *(18.♕xh6 fxg2+ 19.♔xg2 ♕xd5+−+)* 18...fxg2+ 19.♔xg2 ♘xe7 20.♖xe7+ ♔d8 21.♖fxf7 ♖g8+ 22.♔f1 ♕c5 23.♖e8+ ♖xe8 24.♕xh6 ♗h3+! 25.♕xh3 ♕xd5 26.♕h4+ ♔c8 27.♕g4+! RG ♔d8 *(27...♖e6 28.♖e7=)* 28.♕h4+= mit Zugwiederholung]

[17.♖xe7+! ♘xe7 18.♖e1

A) 18...f3 19.♖xe7+ ♔d8 20.♕h4 f6 *(20...fxg2+ 21.♔g1 f6 22.♕xh6 ♕c5+ 23.d4 ♕xe7 24.♘xe7 ♖f7 25.♘xc8+−)* 21.♕xh6 fxg2+ 22.♔g1+− ;

B) 18...♗g5! RG 19.♕xg5 ♗e6 20.♗b4 ♖g8 21.♕xg8+ ♘xg8 22.♗xd6 0-0-0 23.♘e7+ ♘xe7 24.♗xe7 ♖g8 25.c4 ♗f5 26.d4 ♗d3 27.c5 f5 28.♗d6 ♗e4=]

17...♔d8 18.♕xh6 ♘d5

[18...♘f5!? 19.♕xf4 ♕xf4 20.♖xf4 h6 21.d4↑ Weiß hat zwei Bauern für den Springer und eine starke Initiative. Er hat die besseren Chancen]

[18...♘g6 19.h4 ♘d4 *(19...♘ce7 20.♘e4 ♕c6 21.♗f6+−)* 20.♘e4 ♕d5 21.♗xd4 ♕xd4 22.h5 ♕h8 *(22...♖h8 23.c3 ♕e5 24.d4 ♕e8 25.♘d6+−)* 23.♕g5++−]

19.♕h4 ♘xf6

[19...♔c7 20.♘e8+ ♖xe8 21.♖xe8±]

20.♗xf6+ ♔c7 21.♗g5 Weiß führt den Angriff meisterlich **♕g6**

Schwarz verpaßt seine letzte Chance, die Partie vielleicht doch noch zu retten:

[21...♔b6!? Bereitet dem Weißen mehr praktische Schwierigkeiten, rettet aber die Partie auch nicht. 22.♗xf4! ♕d5! RH 23.b4!! *(23.♗e3+ ♔a6 RH: mit unklarer Stellung)* 23...♗d7 24.♕f2+ RG *(24.a4+−)* 24...♔a6 25.c4+−]

[Außerdem gewinnt dann nach 21...♔b6 22.♗xf4 ♕d5 auch 23.c4!+− , z.B. ♕xd3 24.♕f2+ ♔a6 25.♕c5 b6 *(25...♕f5 26.♖e5+−)* 26.♕xf8+−]

22.♗xf4+ ♔d7 Diagramm

[22...♔b6 23.♗e3+ ♔c7 24.♖f6 ♕g4 25.♗f4+ ♔b6 26.♕f2+ ♔a6 27.♕c5+−]

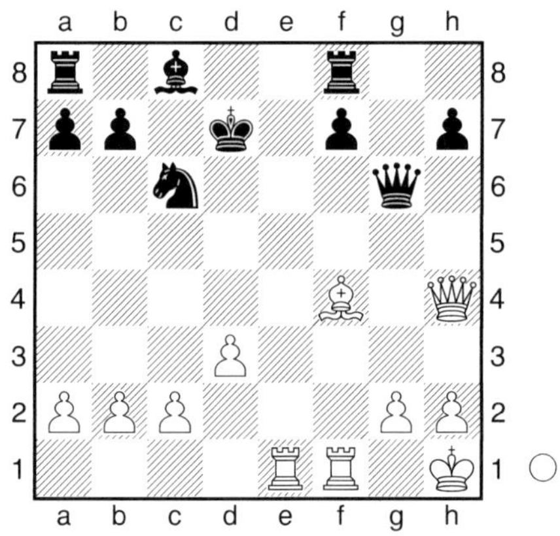

23.♗g3! Sehr schön! Der Läufer räumt das Feld f4 für die Dame. Weiß beweist, daß Qualität mehr ist als Quantität. Trotz Mehrfigur kann Schwarz seinen König im offenen Feld nicht verteidigen. **♖e8 24.♕f4 ♖e6**

[24...♖e7 ist zäher. 25.d4!+− Es gibt aber kein Entrinnen mehr ♔d8 26.d5 ♘b8 27.♗h4+−]

25.♖xe6! Ein Schluß mit Knall!

Schwarz gibt auf. Er wird entweder mattgesetzt oder verliert die Dame.
[25.♖xe6 ♕xe6 26.♖e1 ♔e8 27.♕f6 ♕xe1+ 28.♗xe1+−]
1-0

C34

□ **Emami,Madjid**
■ **MBR**
Thematurnier Königsgambit HSV 1975
[RG]

1.e4 e5 2.f4 exf4 3.♘f3 ♘f6 4.e5 ♘h5 5.♕e2 ♗e7 6.d4 0-0 7.g4 fxg3 8.♕g2 d6 9.hxg3 ♗g4 10.♗d3N
[10.♘h2 ♘xg3! 11.♖g1 ♗f5∓ Wade-Alexander, Birmingham 1951]
10...♘c6?!
[10...dxe5! 11.dxe5 *(11.♘xe5 ♕xd4∓)* 11...♕d5∓]
11.♘h2! ♗d7 12.♘f3
[12.♘f1 Heinicke g6 13.♖xh5 gxh5 14.♕e4 f5 15.exf6 ♖f7 16.♗c4 ♗xf6 17.♗xf7+ ♔xf7 18.♕xh7+ ♗g7 19.♕xh5+ ♔g8 20.♕d5+ ♔f8 21.c3=]
12...♗g4 13.♘h2 ♗d7 Diagramm

(Diagramm)

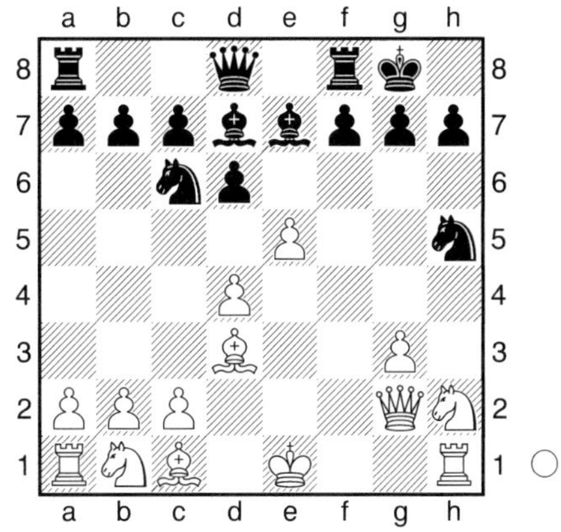

14.♕e4? Zu optimistisch. Madjid ist eigentlich ein guter Taktiker (beste ELO-Zahl: 2185)
[14.♘f3! g6 *(14...♗g4=* Zugwiederh olung *)* 15.g4 ♘g7 16.♕h2 h5 17.gxh5 ♘xh5 18.♕g1 ♘g7 *(18...♔h8? 19.♗xg6+− ; 18...♔h7? 19.♖xh5++−)* 19.♕h2= Zugwiederh olung]
[Zu interessanten Verwicklungen führt 14.♘f1!? , z.B. g6 15.♖xh5! gxh5 16.♕e4 f5 17.exf6 ♖f7 18.♗c4 *(18.fxe7? ♖xe7−+)* 18...♗xf6 19.♗xf7+ ♔xf7 20.♕xh7+ ♗g7=]

14...g6 15.♘g4 ♘xg3 16.♘h6+ ♔h8 17.♘xf7+ ♖xf7 18.♕xg6 ♘xh1−+
[Oder 18...♕g8−+ 19.♕xg8+ ♖xg8 20.♖g1 ♘xd4−+]
19.♕xf7 ♕g8! 20.♕h5 ♘g3
[20...♕g1+ 21.♔d2 ♗g5+ 22.♔c3 ♕xd4+ 23.♔b3 ♕b4#]
21.♕h2 ♘xd4 22.♘d2 ♗g5
[22...♗g5 23.♕xg3? ♗xd2+ 24.♔f2 ♗e1+−+]
0-1

C35

□ **Pohl,Erhart**
■ **MBR**
Thematurnier Königsgambit HSV 1975
[RG]

1.e4 e5 2.f4 exf4
[2...d5 3.exd5 c6 4.fxe5 ♕h4+ 5.g3 ♕e4+ 6.♔f2 ♗c5+]
3.♘f3 Thema **♗e7 4.♗c4** Diagramm

(Diagramm)

♘f6
[Die Verwicklungen nach 4...♗h4+!? sind unklar: 5.g3 fxg3 6.0-0 gxh2+ 7.♔h1∞ z.B. d5 *(7...♗g3 8.♕e2 d5*

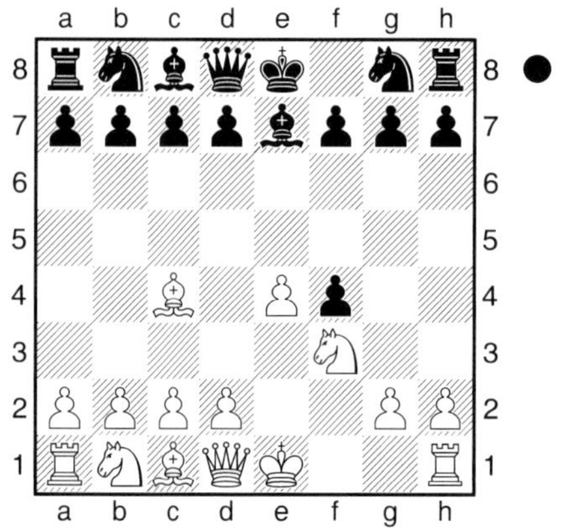

9.exd5+ ♘e7 10.♕g2 ♗d6∞) 8.♗xd5 ♗g3!? *(8...♗f6!?)* 9.♘e5 ♗xe5 10.♕h5 *(10.♗xf7+? ♔e7 11.♗d5 ♗f6−+)* 10...♕d6 11.♕xf7+ ♔d8 12.d4!?∞]

5.e5 ♘g4 6.0-0 ♘c6 7.d4 d5 8.exd6 ♗xd6 9.♖e1+ ♘e7 10.♘c3

[Oder 10.h3 ♘f6 11.♘e5 ♗xe5 12.dxe5 ♕xd1 13.♖xd1 ♘h5∓]

10...0-0 11.♘e5

[11.♘e4 ♘f5 12.♘xd6 ♕xd6∓]

11...♘xe5 12.dxe5 ♗c5+ 13.♔h1 ♕xd1 14.♘xd1 g5

[Oder sofort 14...♗e6!? z. B. 15.♗d3 ♘g6∓]

15.♗d2 ♗e6 16.♗xe6 fxe6 17.♘c3 ♘f5 18.♘e4 ♗e7 19.g3 ♘d4! 20.gxf4?

[Besser 20.♖f1 fxg3 21.♗xg5 ♗xg5 22.♘xg5 ♘xc2 23.♖xf8+ ♖xf8 24.♖c1 ♖f2 25.hxg3∓]

20...♘xc2 21.fxg5 ♘xa1 22.♖xa1 ♖ad8 23.♖g1 ♔f7 24.♗c3 ♔g6 25.♘f6 ♖d3 26.♔g2 ♖fd8 27.h4 ♖d1! 28.♖xd1 ♖xd1 29.♔g3 c5 30.a3 b5 31.♔f2 b4 32.axb4 cxb4 33.♔e2 ♖h1−+ 34.♗e1 ♖h2+ 35.♗f2 ♗c5 36.♘g4 ♖xf2+! 37.♘xf2 ♗xf2 38.♔xf2 ♔f5

0-1

E70

□ Hüdgens

■ MBR

HMM Hamburg 17.03.1976

[RG]

1.d4 ♘f6 2.c4 g6 3.♘c3 ♗g7 4.e4 d6 5.♗d3 e5 6.d5 0-0 7.♗g5 h6 8.♗h4 ♘bd7 9.♖b1

[9.♘ge2 ♘c5 10.♗c2 wird normalerweise gespielt]

9...♘c5 10.b4 ♘xd3+ 11.♕xd3 b6 12.♘ge2 g5 13.♗g3 ♘h5 14.h4 ♘f4 15.♘xf4

[15.♗xf4 gxf4 16.♘g1 ♗f6 17.♘f3 a5∓ sieht auch gut aus für Schwarz]

15...gxf4

[15...exf4!? 16.♗h2 f5!∓]

16.♗h2 ♕xh4 17.♘b5 Diagramm

[17.c5!?]

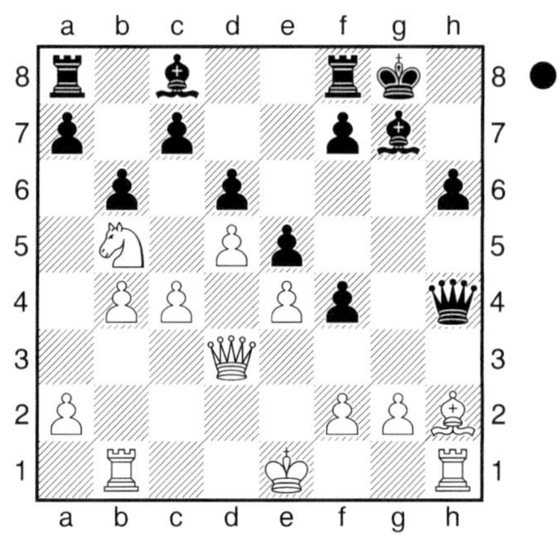

17...f5! 18.g3

[18.♘xc7? fxe4 19.♕xe4 ♗f5−+]

18...♕h3 19.♖d1

[19.♕f1 ♕xf1+ 20.♔xf1 ♖f7−+]

19...♕g2

[Oder 19...fxe4 20.♕xe4 ♗f5−+]

20.♔d2 fxe4 21.♕f1 e3+! 22.♔e1

[22.♔c1 ♕f3 23.♕d3 ♗f5−+]

22...exf2+ 23.♔d2 ♕f3 24.♕d3

♕xd3+ 25.♔xd3 fxg3 26.♗xg3 ♖f3+
Gut gespielt.
0-1

A50

□ **Mertens**
■ **MBR**
HMM Hamburg 23.04.1976
[RG]

1.c4 ♘f6 2.♘c3 b6 3.d4 e6 4.a3 ♗b7 5.e3 c5 6.d5 exd5 7.cxd5 d6 8.♘f3 ♗e7 9.e4 ♘bd7 10.♗d3 0-0 11.0-0 a6 12.♘d2 ♘e5 13.♗b1 b5 14.f4 ♘ed7 15.♕f3 ♕c7 16.♔h1 ♘b6 17.b3 ♖ae8 18.♗b2 ♗d8 19.♘e2 Diagramm

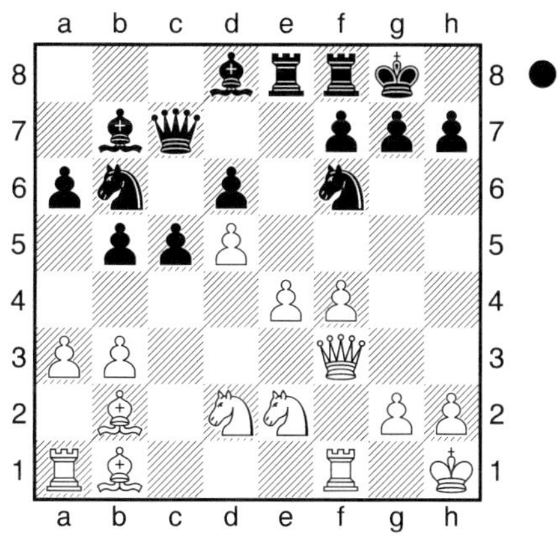

♘bxd5! 20.exd5 ♗xd5 21.♕d3
[Die kritische Fortsetzung war 21.♕f2 ♘g4 22.♕g3 ♖xe2∞ mit unklarer Stellung, z.B.
A) 23.♕xg4 ♖xg2 24.♗xh7+ ♔h8 *(24...♔xh7? 25.♕h5+ ♔g8 26.♕xd5+−)* 25.♗xg7+ ♔xh7 26.♕h5+ ♔xg7 27.♕xd5 ♖g6∓ ;
B) 23.♗xh7+ ♔h8 *(23...♔xh7?! 24.♕xg4± ♖xg2? 25.♕h5++− nebst* ♕xd5 *)* 24.♗xg7+ ♔xh7 25.♕h3+ ♔xg7 26.♕xg4+ ♔h6 27.♕xe2 ♖g8 28.♘f3∞]
[21.♕g3? ♖xe2−+]

21...g6
[Schwer zu berechnen war 21...c4!? 22.bxc4 bxc4 23.♘xc4 ♗xc4 24.♕h3! ♗xe2 25.♗xf6 g6∓]

22.h3? ♕c6
[Aber jetzt schlägt 22...c4! durch: 23.bxc4 bxc4−+ und der ♘e2 kann nicht mehr gedeckt werden]

23.♖f2 ♘h5 24.♘f3 c4! 25.♕d2
Diagramm
[⌓25.♕c3 ♗f6 26.♘ed4 ♕b6 27.♕d2=]

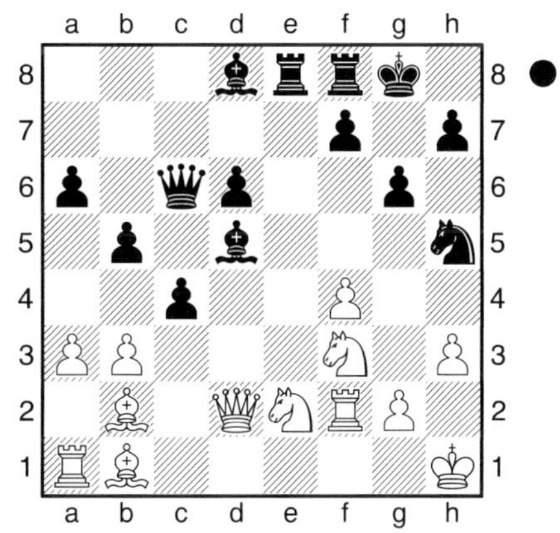

25...♖xe2! 26.♖xe2 ♘g3+ 27.♔g1 ♗xf3!
[Oder 27...c3! 28.♗xc3 ♘xe2+ 29.♕xe2 ♕xc3−+]

28.♖e3
[28.gxf3 ♕xf3 29.♖g2 ♖e8−+]
[28.♖e1 ♘e2+ 29.♔h2 ♖e8−+]

28...♗b6!−+ 29.♗d4 c3! 30.♕d3 ♗xd4
[Oder 30...♗e2!−+ und die weiße ♕ kann den ♗d4 nicht decken]

31.♕xd4 c2 32.♗xc2 ♕xc2 33.gxf3 ♘e2+ 34.♖xe2 ♕xe2 35.♕e4 ♖e8 36.♕xe2 ♖xe2 37.♖d1 ♖e6 38.♔f2 ♔g7 39.♖c1 d5 40.♖c5 ♖d6 41.♔e3

♔f6 42.♔d4 ♔f5 43.♖xd5+ ♖xd5+ 44.♔xd5 ♔xf4 45.♔c5 ♔xf3 46.♔b6 ♔g2 47.♔xa6 f5 48.♔xb5 f4 49.a4 f3 50.a5 f2 51.a6 f1♕+ 52.♔b6
[52.♔b6 ♔xh3 53.a7 ♕f3−+]
0-1

C50

□ **Estrin,Yacov**
■ **MBR**
Simultan Hamburg (20 Bretter) 3.4.77
[RG]

1.e4 e5 2.♘f3 ♘c6 3.♗c4 d6 Nach der Partie meinte Estrin, daß dieser Zug von Aljechin vielleicht die meisten Probleme für Weiß stellt **4.d4 ♗g4 5.h3 ♗xf3 6.♕xf3 ♕d7 7.d5 ♘d4!?** Der Springer steht hier exponiert, aber interessant
[7...♘d8!? 8.♗e2!±]
8.♕d3 b5!?N Schwarz muß sehr energisch spielen
[Möglich ist auch 8...f5!? z.B. 9.exf5 *(9.c3 fxe4 10.♕xe4 ♘f6 11.♕d3 ♘f5±)* 9...b5 10.♗b3 ♕xf5]
[Nach 8...♘f6? 9.a4!+− stand Weiß deutlich besser in Hagymasi-Jakab, Ajka 2005 (1-0, 20)]
9.♗b3 ♘f6 10.0-0 ♗e7 11.♗e3 ♘xb3 12.axb3 0-0! 13.♘d2 Weiß darf den ♙a7 wohl nicht nehmen:
[13.♖xa7?! ♖xa7 14.♗xa7 c5! und Weiß hat Schwierigkeiten, seinen Läufer in Sicherheit zu bringen]
13...♘h5!? Schwarz erneuert die Falle
[13...a6!?]
14.♔h2!? Jetzt droht wieder ♖xa7, weil auf ... ♘f4 Weiß ♕c3 spielen kann
[14.♖xa7? ♘f4!∓]
14...♘f4!? 15.♗xf4 exf4 16.♘f3 ♗f6! 17.c3 a6 18.♘d4 ♗e5
[18...♗xd4 19.♕xd4 ♖fe8 20.♖fe1 ♕e7=]
19.f3
[Mit 19.♘c6! ♖fe8 20.♖a5± hätte Weiß noch einen Gewinnversuch unternehmen können]
19...g6 Diagramm

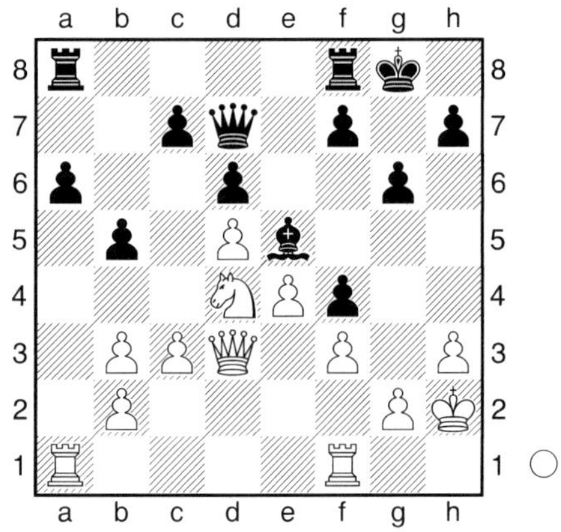

Hier bot Estrin Remis an.
Eine gute Leistung gegen den damaligen Fernschachweltmeister, der Experte für diese Eröffnung ist, über die er auch ein Buch geschrieben hat
½-½

A02

□ **John**
■ **MBR**
Freie Partie Alicante 19.06.1977
[MBR; RG]

Mein Gegner, dessen Nachnamen ich nicht kenne, war ein Clubspieler von Alicante **1.f4 e5 2.fxe5 d6 3.exd6 ♗xd6 4.♘f3 g5 5.g3 g4 6.♘d4**
[Der Theoriezug ist 6.♘h4]
6...a6?! Schwarz will Sb5 verhindern
[6...h5!? 7.♘b5!? h4!? führt zu einer unklaren Stellung]
7.♗g2
[7.♘c3 c5 8.♘b3 ♘c6 9.d3]

7...c5 8.♘b3 ♘c6 9.0-0 h5 10.♘c3
Diagramm

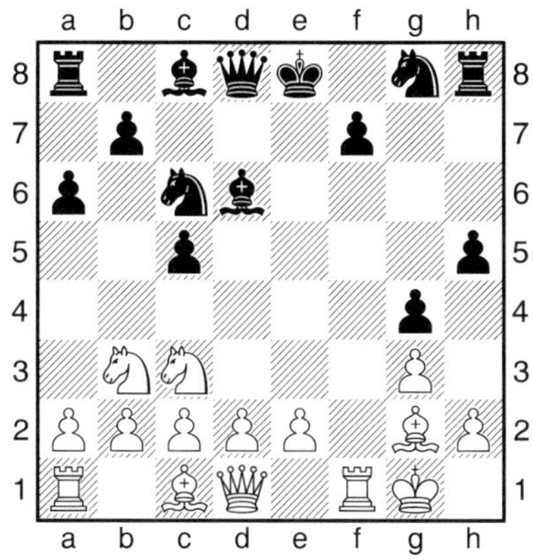

h4!
[10...c4 11.♗xc6+ bxc6 12.♘d4 h4∓]
11.♘e4 hxg3
[11...c4!? gewinnt den ♘b3, aber Schwarz will mehr!]
12.♘xd6+?
[Nach 12.d4! kann Weiß noch kämpfen, z.B. gxh2+ 13.♔h1 cxd4 14.♘xd4 ♗e5∓]
12...♕xd6 13.e3 gxh2+ 14.♔h1 ♗e6
[14...♘ce7!?−+ mit der Idee ...♘f5 kam auch in Betracht]
15.d4 cxd4 16.exd4 0-0-0 17.♗f4 ♕d5! 18.♕e2 ♘ge7 19.♗xh2?
[19.♘c5!∓ und nach ♘xd4 zieht Weiß die Notbremse 20.♕e5∓]
19...♕h5
[19...♕d6!−+ nebst ... g3]
20.♗xc6 ♘xc6 21.♖g1? ♗d5+ 22.♖g2 Diagramm

(Diagramm)

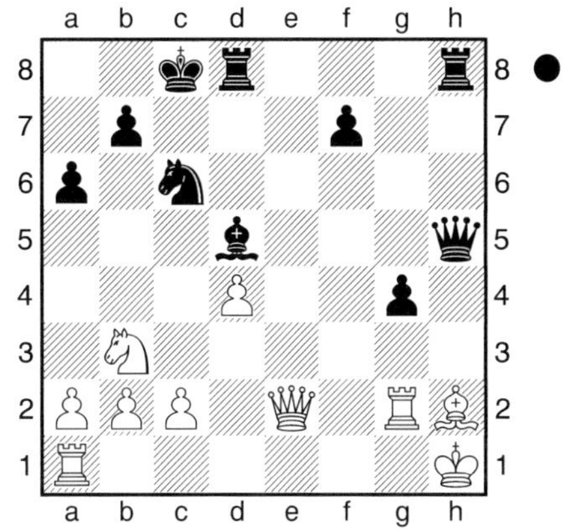

♕xh2#
0-1

B32

□ **MBR**
■ **John**
Freie Partie Alicante 19.06.1977
[MBR; RG]

1.e4 c5 2.♘f3 d6 3.d4 cxd4 4.♘xd4 ♘c6 5.♘c3 ♘xd4?! 6.♕xd4 e5 7.♕a4+ ♗d7 8.♗b5 ♘f6 9.♗g5 ♗e7 10.♗xf6 ♗xf6 11.♘d5 ♗xb5?
[11...♖c8!± verhindert ♘c7]
12.♕xb5+ ♕d7 Diagramm
[12...♔f8 13.♕xb7+−]

(Diagramm)

13.♘c7+! ♔d8 14.♕xd7+ ♔xd7 15.♘xa8 ♖xa8 16.0-0-0 Weiß hat bei besserer Stellung eine Qualität mehr. Der Rest ist Technik: **a5 17.♖d5 a4 18.♖hd1 ♗e7 19.♖xe5! ♔e8 20.♖b5 ♖a7 21.f4 f6 22.a3 h6 23.♖dd5!**
John sagte vor beiden Partien zu seiner Frau: "Bring me a big cigar and a black coffee!" Es half offensichtlich nicht
1-0

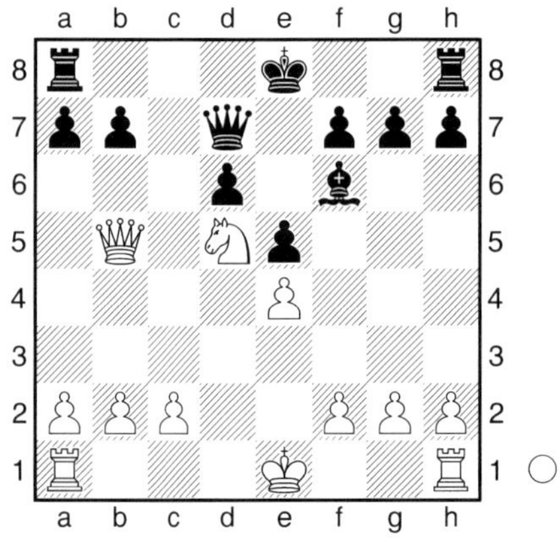

C24

□ **MBR**
■ **Reents**
HMM Hamburg 10.04.1978
[RG]

1.e4 e5 2.♗c4 ♘f6 3.d4 exd4 4.e5 d5 5.♕xd4 ♘c6 6.♗b5 ♘e4 7.♘c3 ♗c5 8.♕xd5 ♗xf2+ 9.♔f1 ♘xc3 10.♗xc6+ bxc6 11.♕xd8+ ♔xd8 12.♔xf2 ♘d5?! Diagramm
[12...♘e4+]

(Diagramm)

Weiß ist mit leichtem Vorteil aus der komplizierten Eröffnung herausgekommen **13.♘f3 h6 14.c4 ♘e7 15.♖d1+± ♔e8 16.b3 ♗g4 17.♗a3 ♘g6 18.♖d4 ♗xf3 19.gxf3 ♖d8 20.♖ad1 ♖xd4 21.♖xd4 a6 22.♗b4**
[22.f4 ♘e7 23.♗b4 ♘f5 24.♖d2]
22...♘f8 23.♗a3 h5 24.h4 ♖h6 25.♗xf8 ♔xf8 26.♖d7 ♖e6 27.♖xc7 ♖xe5 28.♖xc6 ♖a5 Die schwarze Stellung ist schon sehr schwierig

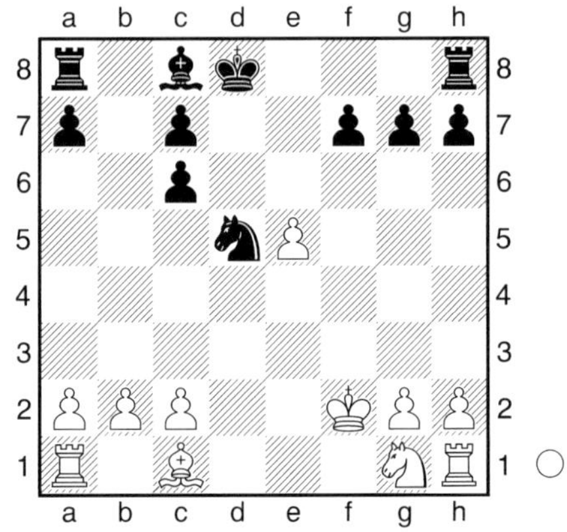

[28...a5 29.f4 ♖f5 30.♔e3+−]
29.a4 f6? Diagramm
[29...♔e7 30.♖c7+ ♔e6 31.f4!+−]

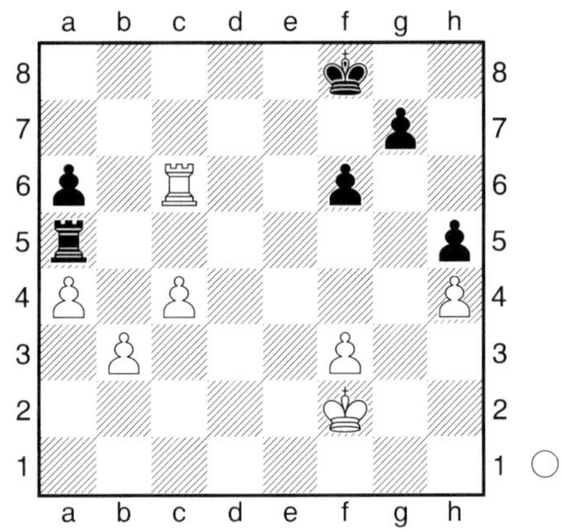

30.c5! Weiß baut einen Käfig für den Turm **♔f7** Auch andere Züge helfen nicht mehr:
[30...♔e7 31.♔e3! ♔d7 32.♖d6+ ♔c7 33.♔d4!+−]
[30...g5 31.♖xf6++− nebst ♖f5]
31.f4! ♔g6 32.♔e3 ♔f5 33.♔f3 g5 34.fxg5 fxg5 35.hxg5 ♔xg5 36.♔e4! h4 37.♔d4 h3 38.♖c8 ♔f4 39.♖h8 ♔g3 40.♔c4
1-0

C54

□ **MBR**
■ **Sydekum,Rüdiger**
HSV Vereinsmeisterschaft 1978
[RG]

1.e4 e5 2.♗c4 ♗c5 3.♘f3 ♘c6 4.c3 ♘f6 5.d4 exd4 6.cxd4 ♗b4+ 7.♘c3 ♘xe4 8.0-0 ♘xc3
[8...♗xc3 9.d5 ♘e5 *(9...♗f6 Anand)* 10.bxc3 ♘xc4 11.♕d4 0-0 Dzindzichashvili-Karpov, Mazatlan 1988 (½-½, 34)]
9.bxc3 ♗e7 Etwas passiv, aber die anderen Möglichkeiten sind unklar:
[9...♗xc3 10.♕b3 d5 11.♗xd5 0-0 12.♗xf7+ ♔h8 13.♕xc3 ♖xf7]
[9...d5 10.cxb4 dxc4 11.♖e1+ ♘e7 12.♗g5 f6∞ 13.♕e2!? fxg5 14.♘xg5 0-0! 15.♕xe7 h6]
10.d5 ♘a5 11.♗d3!
[Interessant ist auch 11.d6! cxd6 *(11...♗xd6 12.♖e1+ ♗e7 13.♗xf7+ ♔xf7 14.♕d5++−)* 12.♗xf7+ ♔xf7 13.♕d5+ ♔f8 14.♘g5 ♕e8 15.♕xa5]
11...0-0 12.♕c2
[12.♕a4!? c6 *(12...b6? 13.d6+− mit der Drohung ♕e4)* 13.♖e1 ♗d6 14.♕g4±]
12...g6 13.♗h6 ♖e8 14.♘e5 ♗f6 Diagramm
[14...d6 15.♘xg6!? hxg6 16.♗xg6 ♗f8! 17.♗xf7+! ♔xf7 18.♕h7+ ♔f6 19.♗xf8 ♖xf8 20.♕h6+ ♔f7 21.♕h7+= mit Dauerschach]

(Diagramm)

15.♘xg6!? Sehr mutig gespielt **fxg6**
[15...hxg6 16.♗xg6 ♖e7∞ mit unklarer Stellung, z.B. 17.♖ae1 d6 18.♖e3 ♕e8 19.♗h7+ ♔h8 20.♖fe1 ♖xe3 21.♖xe3 ♗e5!=

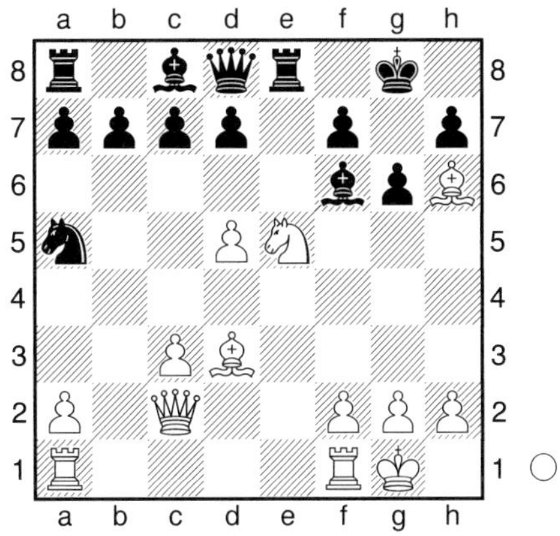

und Weiß darf nicht 22.f4? spielen wegen ♗d4!−+]
16.♗xg6 hxg6
[16...♖e7]
17.♕xg6+ ♔h8 18.♖ae1+− ♖g8 19.♗g7+?
[19.♕h5!+− und Schwarz kann sich nicht mehr verteidigen, z.B. ♖g7 20.♖e8+]
19...♖xg7 20.♖e8+ ♕xe8 21.♕xe8+ ♖g8 22.♕h5+ ♔g7 Diagramm

(Diagramm)

Schwarz hat sehr viel Material für die Dame. Kann er aber seine Steine koordinieren? **23.d6! ♘c6 24.♖e1 ♘e5**
[Nach 24...cxd6! 25.♕g4+ *(25.♖e3 ♖h8!−+)* 25...♔f7 26.♕h5+ hat Weiß es wesentlich schwerer, z. B. ♖g6 27.f4 ♔g7 28.♖e8 ♘e7 29.♕h8+ ♔f7 30.♕f8+ ♔e6 31.f5+ ♔xf5 32.♖xe7±]
25.♖xe5 ♗xe5 26.♕xe5+± ♔g6 27.dxc7 a5 28.g4 ♖a6 29.h4 ♖e6 30.h5+ ♔h7 31.♕f5+ ♔h8 32.g5 d6 33.♕f4 ♖e5
[33...♔g7 34.c4! ♖ge8 35.g6+− Drohung ♕f7+ nebst ♙g7 ♖8e7

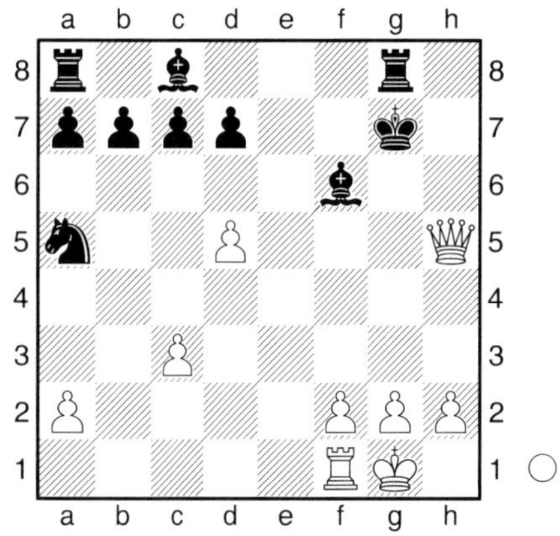

36.♕g5+−]
[33...♖h6 34.c4!+− z.B. b6 35.♕d4+ ♖g7 36.f4 ♖xh5 37.♕xd6 ♖h4 38.♕f8+ ♖g8 39.♕f6+ ♔h7 40.♔f2+−]
34.♕f6+ ♖g7 35.♕f8+ ♔h7 36.g6+ ♔h6 37.♕h8+
1-0

C56

□ **Bargmann,Klaus**
■ **MBR**
HSV Vereinsmeisterschaft 1979
[RG]

1.e4 e5 2.♘f3 ♘c6 3.d4 exd4 4.♗c4 ♘f6 5.0-0 d5 6.exd5 ♘xd5 7.♘g5! ♗e6 8.♖e1 ♕d7 9.♘xf7!
[Auch 9.♘xe6! ist sehr aussichtsreich für Weiß]
9...♔xf7 Diagramm

(Diagramm)

10.♕h5+?
[10.♕f3+! ♔g8□ 11.♖xe6!± Hier gab Schwarz auf in Huerta-Ballinas, Cuidad del Carmen 1997. Er hätte noch ♘cb4□ versuchen

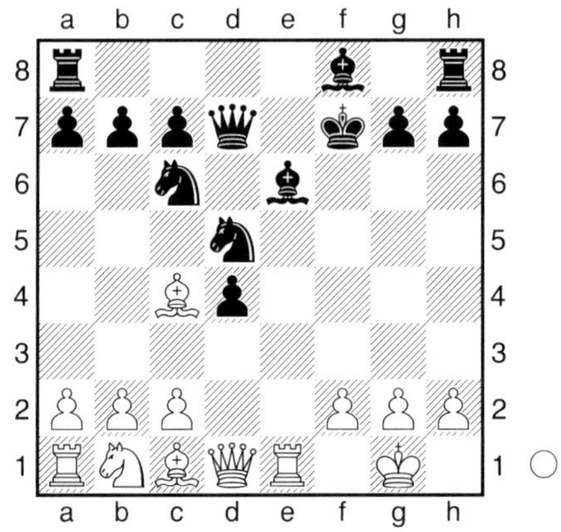

können, z.B. 12.♖e2 c6 13.♕e4 ♖d8 14.a3 b5 *(14...♘a6 15.♗g5)* 15.axb4 bxc4 16.♕xd4 ♘f4 17.♕xc4+ ♕f7 18.♕xf7+ ♔xf7 19.♖e1 und Schwarz kann noch kämpfen]
10...g6 11.♕f3+ ♔g7!−+ 12.♗g5
[12.♖xe6? ♕xe6 13.♕xd5 ♕e1+ 14.♗f1 ♕xc1−+]
12...♗e7 13.♗xe7 ♘cxe7−+
[13...♖he8! findet nur der Computer, z.B. 14.♗g5 *(14.♖xe6 ♕xe6−+)* 14...♗g4! 15.♖xe8□ ♗xf3 16.♖xa8 ♕g4 17.g3 ♕xg5−+]
14.♕e4 ♔f7?!
[14...♗f7]
15.♕xd4?!
[15.♘d2!∓ nebst ♘f3]
15...c6
[15...♖he8 mit der Idee ...♘f5]
16.♘c3 ♖hd8!
[Oder 16...♘f5∓]
17.♘e4 ♘f5 18.♘g5+
[18.♕d2 nebst gelegentlichem ♘c5]
18...♔g8 19.♕e5 ♗f7 20.♘e4!?
Diagramm
♖e8! Die weiße Dame ist gefangen, allerdings droht Weiß selbst ein Familienschach auf f6 **21.♗xd5**
[21.♕xd5 ♗xd5 22.♘f6+ ♔g7

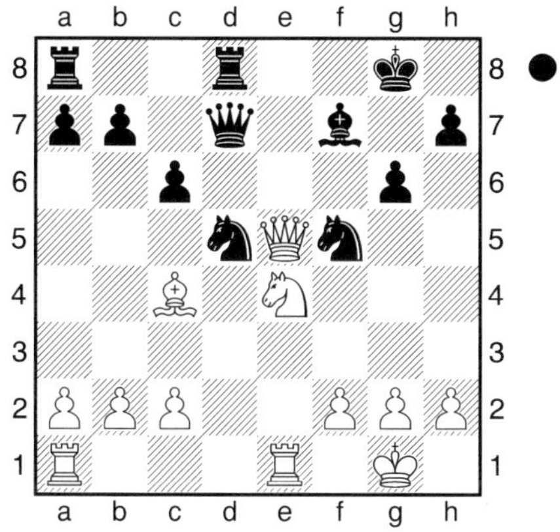

23.♘xd7 ♗xc4–+]
21...♖xe5 22.♘f6+ ♔g7 23.♘xd7 ♖xe1+ 24.♖xe1 ♗xd5–+ Schwarz ist mit einer Mehrfigur aus der Abwicklung herausgekommen, der Rest ist Technik
25.a3
[25.g4 ♘h6 26.♖e7+ ♗f7 27.♘e5 ♔f6–+ *(27...♖e8–+)*]
25...♖d8 26.♘c5 b6 27.♘d3 ♖d7 28.f3 ♖e7 29.♖d1 ♖e2 30.♘b4 ♘e3 0-1

A40

□ **Clausen,H.J.**
■ **MBR**
HSV Vereinsmeisterschaft 1979
[RG]

1.d4 ♘f6 2.c4 e6 3.a3 b6 4.♘c3 ♗b7 5.e3 d5 6.♗d2 ♘bd7 7.♕c2 ♗e7 8.♖c1 c5 9.f3?! cxd4 10.exd4 a6 11.♗d3 ♖c8 12.cxd5 exd5
[12...♘xd5∓]
13.♕b3 0-0 14.♘ge2 b5 15.♗f5 g6 16.♗h3 ♖c4∓ 17.♘d1 ♖e8 18.♘e3 ♖xc1+ 19.♗xc1 ♘b6 20.♗d2 ♘c4∓ 21.♘xc4 dxc4 22.♕c3? Das schenkt Schwarz das entscheidende Tempo
[Zäher war 22.♕d1 ♘d5 23.0-0 ♗g5∓]
22...♘d5–+ 23.♕c2 ♗g5
[Oder 23...♗f6–+]
24.♔f2
[24.♗xg5 ♕xg5 25.0-0 ♕e3+–+]
24...♗xd2 25.♕xd2 ♕h4+ 26.♔g1
[26.♘g3 ♘f4–+]
26...♘f4! 27.♘g3 Diagramm

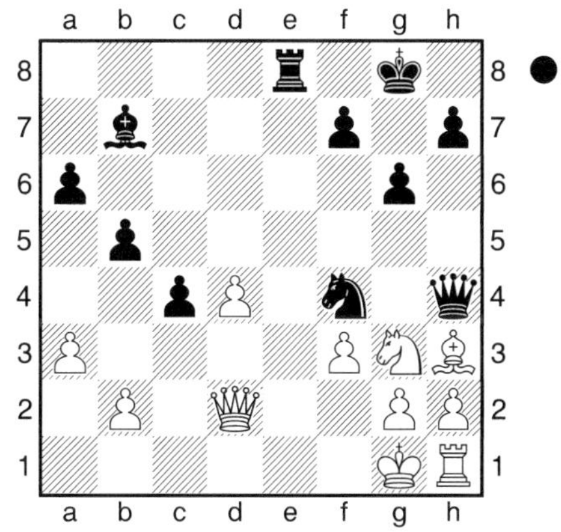

♘d3 Drohung ...♖e1+ mit Damengewinn
[Oder 27...♕g5! 28.♕c3 *(28.♕f2 ♘d3–+)* 28...♘d3–+]
28.♘e4 ♗xe4 29.♗d7 ♖e7 30.g3 ♕f6 31.fxe4 ♕xd4+! 32.♔f1 ♕xd7 33.♔g2 ♕d4 0-1

C44

□ **Graf**
■ **MBR**
HSV Vereinsmeisterschaft 24.01.1979
[RG]

Die Entscheidungspartie um die HSV-Vereinsmeisterschaft **1.e4 e5 2.♘f3 ♘c6 3.c3 ♘f6 4.♕c2 ♗c5 5.d3 ♘g4!? 6.♗g5! f6 7.♗h4 d5 8.♘bd2 ♗e6 9.h3 ♘h6 10.♘b3 ♗b6 11.d4 dxe4**

[11...exd4!?]

12.♘xe5 ♕d6!?

[⌓12...♘xe5 13.dxe5 ♘f5 14.♖d1 ♕e7 15.♕xe4 ♘xh4 16.♕xh4 fxe5∓]

13.♘xc6

[13.♘c4⩲]

13...♕xc6 14.g4 0-0-0 15.0-0-0 ♗xb3 16.axb3 Diagramm

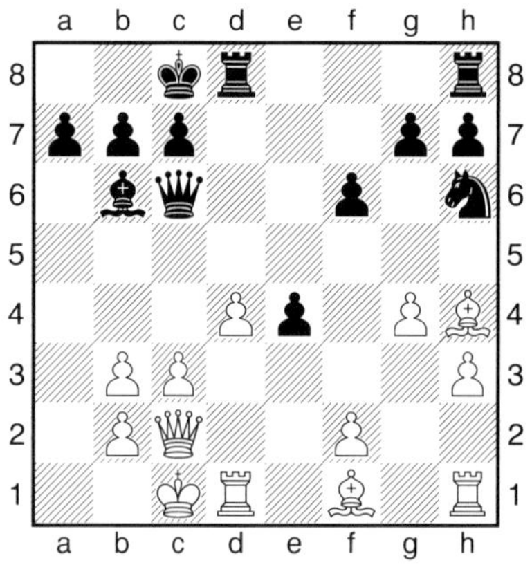

e3?! Verlockend, aber die schwarze Drohung ist nur ein Bluff **17.♖g1**

[17.fxe3! ♕xh1 18.♗g2 ♕xd1+ 19.♕xd1± und Weiß hat 2 Türme und 1 Bauer für die Dame]

17...exf2 18.♗xf2 ♕d7 19.♗d3 g6 20.♗e3 ♘f7 21.♕f2 ♘g5 22.♗xg5 fxg5 23.♕f6 c6 24.♕xg5 ♗c7 25.♖gf1 ♖hf8 26.♖xf8 ♖xf8 27.♖f1

[27.♕c5]

27...♖xf1+ 28.♗xf1 b5?!

[28...♕e6 29.♗c4 ♕e4 30.♔d1 b5=]

[28...♕f7 29.♗c4 ♕f4+ 30.♕xf4 ♗xf4+=]

29.b4? Diagramm

[29.♗g2! ♕e6 *(29...♕f7? 30.♕c5+−)* 30.♕d2 mit der Drohung d5! ♕xb3? 31.♗xc6±]

29...♕f7!−+ mit der Doppeldrohung ...

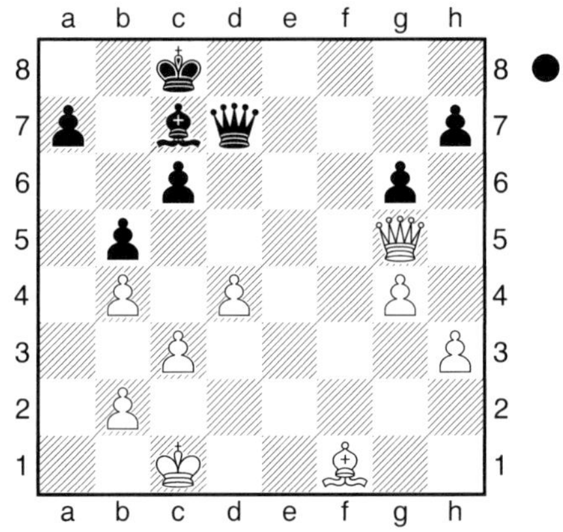

♕xf1+ und ...♗f4+ **30.♕c5 ♕xf1+ 31.♔c2 ♕e2+**

0-1

E50

□ **Frenzel,Uwe**

■ **MBR**

HSV Vereinsmeisterschaft 19.10.1979

[MBR; RG]

1.d4 ♘f6 2.c4 e6 3.♘c3 ♗b4 4.e3 0-0 5.♘f3 ♘e4!?

[5...d6]

6.♗d2

[6.♕c2]

6...♗xc3 7.♗xc3 d6 8.♗d3 f5 9.0-0 ♘d7 10.♕c2 ♘df6 11.b3 b6 12.♗b2 ♗b7 13.♖ad1 ♕e8 14.♗e2 g5! 15.♘e1 g4 16.f3 gxf3 17.♗xf3 ♘g4 18.♗xg4 fxg4 19.♖xf8+ ♕xf8 20.♘d3 g3! 21.h3 ♕h6 22.♘f4 ♘f2 23.♖e1 ♖f8 24.♕e2 Diagramm

(Diagramm)

e5! Ein sehr feiner Zug. Die Idee ist, Weiß nach ♖xf4 nebst ♘xh3+ den Zugang zum Feld e6 zu versperren

[da sofortiges 24...♖xf4? nicht geht

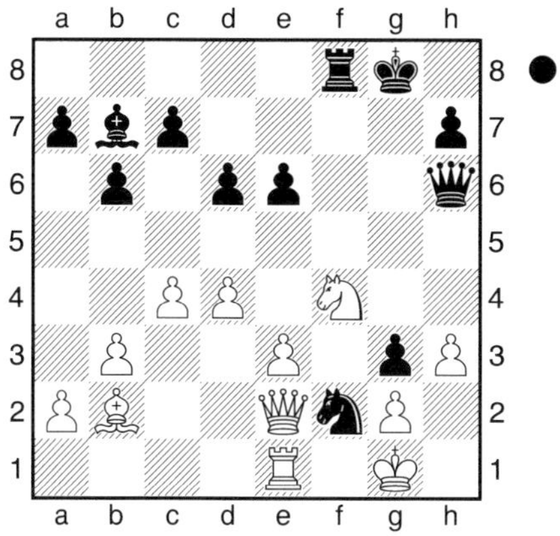

wegen 25.exf4 ♘xh3+ 26.gxh3 ♕xh3 und jetzt 27.♕xe6++−]
[Nicht so klar wäre 24...♗e4!? z.B. 25.♕d2! ♗f3! 26.♔f1 ♖xf4 27.exf4 ♘xh3 28.♖xe6! ♕xe6 29.gxf3 ♘f2 30.d5 ♕h3+ 31.♔e2 ♕g2 32.♕d4 ♘g4+ 33.♔d1 ♕xf3+ 34.♔d2]

25.dxe5
[Zäher ist 25.♘d5 ♗xd5 26.cxd5 e4! z.B. 27.♗c3 *(27.♖f1 ♕g5 28.♗c3 h5 29.♗e1 ♘d3∓)* 27...♕g5 28.♖f1 h5∓]

25...♖xf4! 26.exf4 ♘xh3+! 27.♔f1
[27.gxh3 ♕xh3 nebst Matt]

27...♕xf4+ Eine meiner Lieblingspartien

0-1

B03

□ **MBR**
■ **Lorenz,Jens**
HMM Hamburg 05.02.1980
[RG]

1.e4 ♘f6 2.e5 ♘d5 3.c4 ♘b6 4.d4 d6 5.f4 dxe5 6.fxe5 ♘c6 7.♗e3 ♗f5 8.♘c3 e6 9.♘f3 ♘b4 10.♖c1 c5 11.a3 ♘c6
[Der Theoriezug ist 11...cxd4]

12.d5!± ♘b8 13.♗e2 ♘8d7 14.0-0 g6 15.♘b5 a6 Diagramm

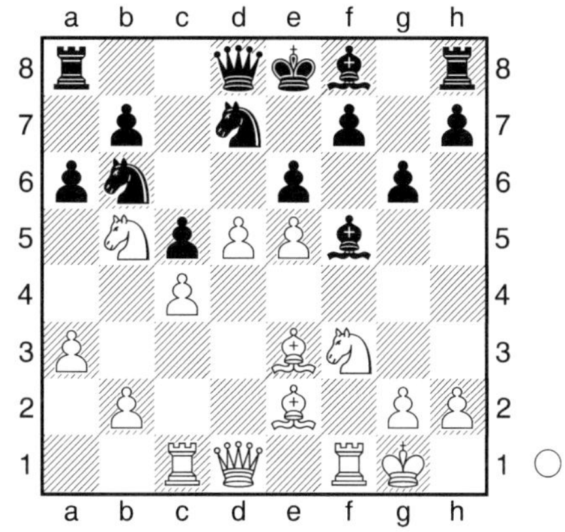

16.dxe6! ♗xe6
[16...axb5 17.exf7+! ♔xf7 18.g4!+− z.B. ♗e6 19.♘g5++−]

17.♗g5 ♕b8
[17...♗e7? 18.♗xe7 ♕xe7 19.♘c7++−]
[17...♕c8? 18.♘d6+ ♗xd6 19.♕xd6+− und Schwarz kann das Matt nur noch unter großem Materialopfer verhindern]

18.♘d6+ ♗xd6 19.exd6 0-0 20.♗e7 ♖e8 21.♘g5 ♘c8 22.♘xe6 fxe6 23.♗g4 ♘xe7 24.♗xe6+ ♔h8 25.♗xd7 ♘c6 26.♗xe8+− Hier hätte Schwarz aufgeben können **♕xc8 27.♕f3 ♘d4 28.♕f6+ ♔g8 29.♖ce1 ♕f8 30.♕xf8+ ♖xf8 31.♖xf8+ ♔xf8 32.d7** Ein vom 16. Zug (Diagramm) zwingend vorgetragener Angriff!

1-0

B89

□ **MBR**
■ **Doessel**
HMM Hamburg 23.05.1980
[RG]

Schwarz war Mitglied der Deutschen Blindennationalmannschaft **1.e4 c5 2.♘f3 ♘c6 3.d4 cxd4 4.♘xd4 ♘f6 5.♘c3 d6 6.♗c4 e6 7.♗b3 ♗e7 8.♗e3 a6 9.♕e2 ♕c7 10.0-0**

[Meistens wird hier 10.0-0-0 gespielt]

10...0-0 11.f4 ♘a5?!

[Genauer ist 11...b5 mit Druck gegen e4, so daß Weiß 12.a3 spielen muß]

12.g4 b5 Diagramm

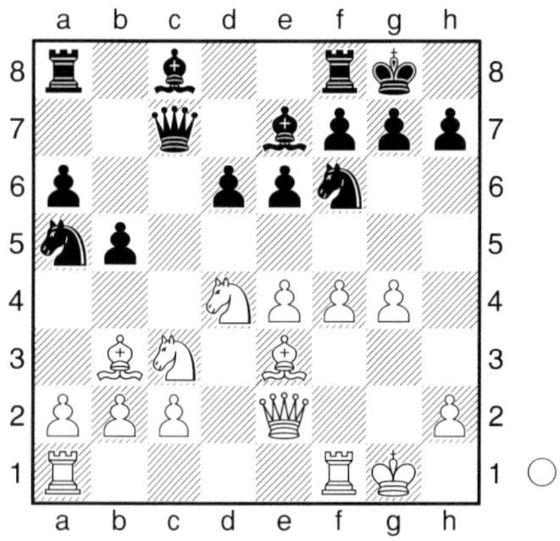

Jetzt kann Weiß das Tempo a3 sparen, und sein Angriff kommt ins Rollen **13.g5! ♘e8 14.♕h5**

[Oder 14.f5 ♘xb3 15.cxb3 Δ Dg4 nebst f6]

14...♘c4 15.♗xc4 ♕xc4 16.♖f3! g6

[16...b4 17.♘a4 Drohung ♘b6 ♕c7 18.♖h3 h6□ 19.♘b6! ♖b8 *(19...♕xb6? 20.♘f5!+− ♕c7 21.♘xh6+ gxh6 22.♕xh6 nebst Matt)* 20.♘xc8 ♖xc8 21.f5!±]

17.♕h6 ♘g7

[Mit 17...f5! nebst ...♖f7 kann Schwarz den Angriff noch parieren]

18.♖h3 ♘h5 Diagramm

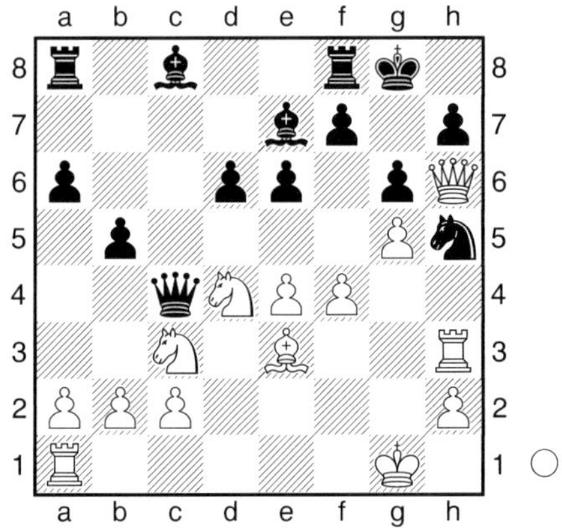

19.f5!+− Der entscheidende Hebel **♖e8**

[19...exf5 20.♖xh5! gxh5 21.♘d5!+− und Schwarz kann die Drohungen ♘xe7+ und ♘f6+, jeweils nebst Matt, nicht mehr parieren]

20.♖xh5 gxh5 21.g6!

[21.g6 hxg6 22.fxg6 fxg6 23.♕xg6+ ♔h8 *(23...♔f8 24.♗h6#)* 24.♕xe8++−]

1-0

B08

□ **Hollmann**
■ **MBR**
HMM Hamburg 1980
[RG]

1.d4 ♘f6 2.♘c3 g6 3.e4 d6 4.♗c4 ♗g7 5.♘f3 ♗g4 6.h3 ♗xf3 7.♕xf3 ♘c6 8.♗e3 e5 9.d5 ♘d4 10.♗xd4 exd4 11.♘e2 0-0 12.0-0 ♘d7

mit der Idee ♘e5

[Oder 12...♖e8 13.♘xd4 ♘xe4 14.♖ad1 Komora-Seres, Szeged 1998 ♕h4∓]

13.♗b3

[13.♖ad1 ♘e5 14.♕b3 ♖e8!∓]

13...♖e8 14.c3

[⌓14.♖ad1]

14...dxc3 15.♘xc3 a6! 16.♗c2

[16.♗a4 b5]

16...♘e5 17.♕g3 ♘c4! 18.b3 ♘a3 19.♗d1? Diagramm

[Weiß mußte 19.♖ac1∓ spielen, wollte aber seinen Läufer in Sicherheit bringen]

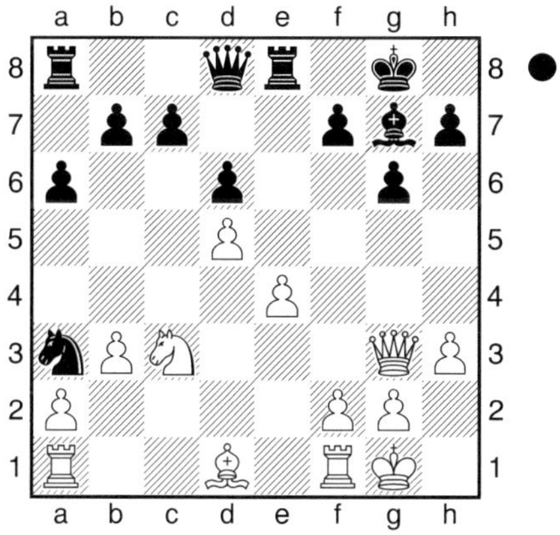

19...♘b5!−+

[19...♘b5 20.♖c1 ♘xc3 21.♖xc3 ♗xc3 22.♕xc3 ♖xe4−+]

0-1

B09

□ **MBR**

■ **Sames,Marcel** **1990**

HSV Vereinsmeisterschaft 1980

[RG]

1.e4 d6 2.d4 ♘f6 3.♘c3 g6 4.f4 ♗g7 5.♘f3 c5 6.♗b5+ ♗d7 7.♕e2 0-0 8.dxc5 dxc5 9.e5 ♘e8 10.♗e3 ♗xb5 11.♕xb5 b6 12.♖d1 ♕c8 13.♘d5 ♕g4 14.♔f2 h6 15.♘xe7+ ♔h7 16.h4 f6 17.exf6 ♘xf6 Diagramm

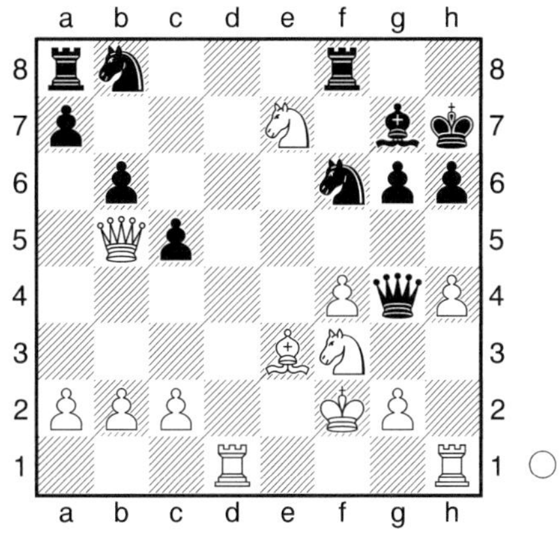

18.♘g5+!? Sehr riskant

[18.♕d3!± mit der Drohung f5! ist der ruhige Weg]

18...hxg5 19.hxg5+ ♘h5 20.♘xg6! ♕g3+

[Kompliziert wird es nach 20...♔xg6 Der Gewinnweg ist sehr schmal: 21.♖d6+ ♔f7! *(21...♔h7 22.♕d3+ ♔h8 23.♕g6±)* 22.♖xh5! ♔e7! *(22...♕xh5? 23.♕c4+ ♔e8 24.♕e6#)* 23.♖d3!

A) 23...♖xf4+ 24.♗xf4 ♕xf4+ 25.♖f3 ♕d2+ 26.♕e2+ ♕xe2+ 27.♔xe2 ♘c6 *(27...♗xb2? 28.♖h7++−)* 28.c3± ;

B) 23...♕xh5 24.♗xc5+ bxc5 25.♕xc5+ ♔f7 26.♕c4+ ♔g6 27.♕e6+ ♔h7 28.♖h3 ♕xh3 29.g6+! ♔h6□ 30.♕xh3+ ♔xg6 31.♕e6+ ♔h7 *(31...♔h5? 32.g4+ ♔h4 33.♔f3+−)* 32.♕e4+± nebst ♕xa8]

21.♔f1!+− ♔xg6

[21...♕xe3 22.♘xf8+ ♔g8 23.♖xh5 ♕xf4+ 24.♔g1 ♗d4+ 25.♔h1+−]

22.♕d3+ ♖f5 23.♖xh5 ♔xh5 24.♕xf5 ♕xe3 25.g6+ Diagramm nebst Matt. Haarscharf!

1-0

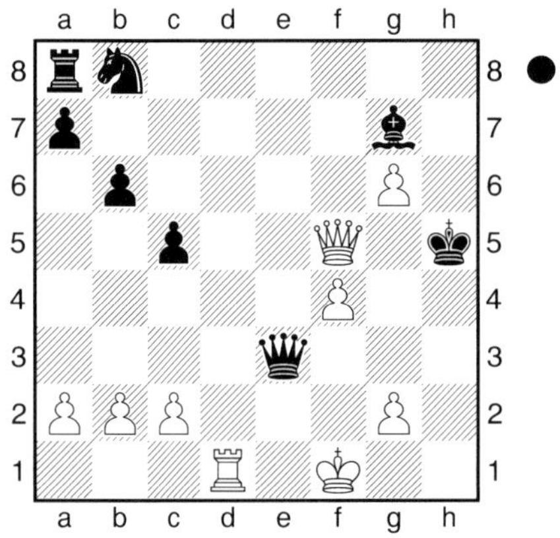

B10

MBR

Nagel

HMM Hamburg 15.05.1981

[RG]

1.e4 c6 2.c4 d5 3.cxd5 cxd5 4.exd5 ♕xd5 5.♘c3 ♕a5 6.d4 ♗d7 7.♗e2 e6 8.♘f3 ♘c6 9.0-0 ♘f6 10.♗f4 a6 11.a3 ♘d5 12.♗d2 ♘xc3 13.bxc3 ♕c7 14.c4 ♖d8?

[14...♗e7 nebst ...0-0]

15.d5 ♘e7 16.♗b4 ♘f5 17.♗d3

[17.g4 ♗xb4 18.axb4 ♘h6 19.d6±]

17...♗xb4 18.♗xf5?!

[18.axb4±]

18...♗a5?! Diagramm

[18...♗c5=]

(Diagramm)

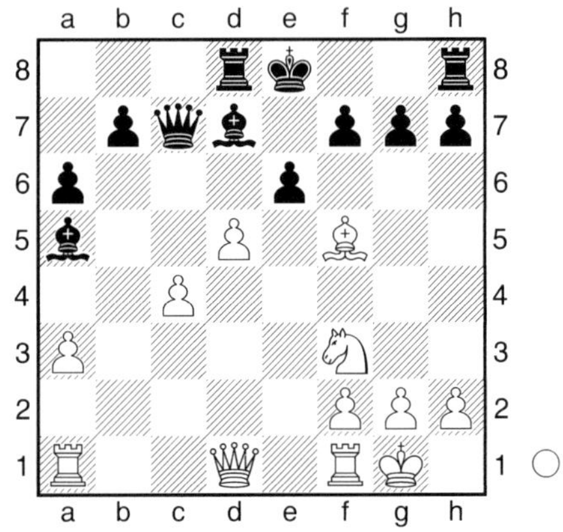

19.♕e2 Weiß findet den sehr versteckten Gewinn nicht:

[19.♕d4! 0-0 *(19...exf5 20.♕xg7 ♔e7 21.♖fe1!!* und Weiß setzt matt ;Die zäheste Verteidigung für Schwarz ist *19...♔f8 20.d6 ♕c8 21.♗e4 b6±* , aber Schwarz steht mit dem Rücken an der Wand *)*

20.♗xh7+! ♔xh7 21.d6!+−

nebst Matt oder Damengewinn

(sofort 21.♕h4+? reicht nur zum Remis: *♔g8 22.♘g5 ♖fe8 23.♕h7+ ♔f8 24.♕h8+ ♔e7 25.♕xg7 ♕f4 26.♘xf7 ♖g8! 27.d6+ ♕xd6 28.♕h7 ♕d4 29.♘xd8+ ♖g7 30.♕b1 ♖xg2+!=)*]

19...0-0 20.dxe6 fxe6 21.♗xe6+ ♔h8 22.♘g5

[Nach 22.♗xd7 ♖xd7 23.♖ad1 ♖xd1 24.♖xd1 ♗b6 25.♕e4 ♕c5 26.♖f1 ♖f6! kommt Weiß auch nicht weiter, z. B. 27.♕xb7 *(27.♕e8+ ♖f8 28.♕e4)* 27...♕xc4 28.♕a8+ ♕g8]

22...♗xe6 23.♘xe6

[23.♕xe6 h6 24.♕h3 ♕xc4 25.♘e6 ♖d3!=]

23...♖de8? Diagramm

[23...♖de8? 24.♕f3!+− ♕xh2+ *(24...♖xf3 25.♘xc7 ♗xc7 26.gxf3+−)* 25.♔xh2 ♖xf3 26.♘xg7! ♗c7+ 27.♔g1 ♔xg7 28.gxf3+−]

[Schwarz hätte 23...♖fe8! spielen müssen]

In der Schlußstellung gewinnt ♕f3!

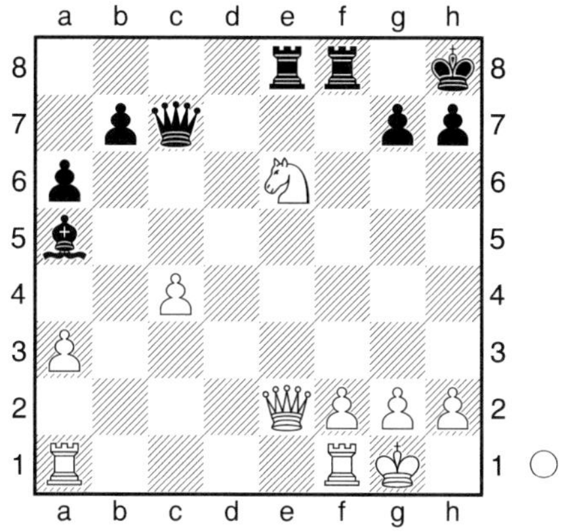

noch für Weiß
½-½

B05

□ **Hohenthal**
■ **MBR**
HMM Hamburg 1981
[RG]

1.e4 ♘f6 2.e5 ♘d5 3.d4 d6 4.♘f3 ♗g4 5.♗c4 e6 6.h3 ♗xf3 7.♕xf3 ♘c6 8.c3? Das kostet den ♙e5
[8.♕e4= Bianchi-Bulcourf, Buenos Aires 1991]
8...dxe5 9.0-0 exd4 10.♖e1 ♗e7 11.cxd4 0-0
[Auch 11...♘xd4∓ wäre natürlich möglich gewesen]
12.♗e3 ♗f6 13.♘c3 Diagramm
[13.♕e4 ♘ce7∓]

(Diagramm)

13...♘xd4
[Oder 13...♘xe3 14.fxe3 ♘xd4!∓]
14.♗xd4 ♗xd4 15.♘xd5 exd5 16.♗xd5 c6 17.♗c4 ♕f6 18.♕e2?
[Besser 18.♕xf6 ♗xf6∓

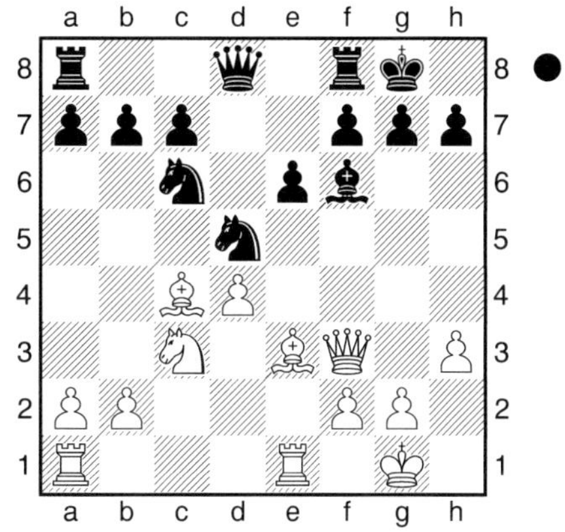

wonach Weiß nur einen Bauern weniger hat und noch kämpfen kann]
18...b5!
[Weiß hatte nur mit 18...♗xb2 gerechnet, wonach er mit 19.♖ab1 Gegenchancen erhält]
19.♗d3 ♗xb2−+ Jetzt hat Schwarz zwei Bauern mehr **20.♖ab1 ♗c3 21.♕e4 g6 22.♖e3 ♖ad8 23.♖c1 ♖d4! 24.♖f3**
[24.♕f3 ♕xf3 25.♖xf3 b4!−+ ist natürlich auch hoffnungslos für Weiß]
24...♕d6−+
[Oder 24...♕g5!−+ z.B. 25.♕e3 ♕xe3 26.♖xe3 ♗d2]
25.♕c2 b4
0-1

B42

□ **MBR**
■ **Woitas,Günter**
Mannschaftsmeisterschft 09.03.1981
[RG]

1.e4 c5 2.♘f3 e6 3.d4 cxd4 4.♘xd4 ♗c5 5.♘c3 a6 6.♘b3 ♗a7 7.♗d3 ♘c6 8.0-0 b5 9.a3 ♗b7 10.♕g4 ♕f6 11.♕g3 ♗b8 12.f4 ♕g6

13.♕f3 ♘ge7 14.♗e3 e5 Diagramm

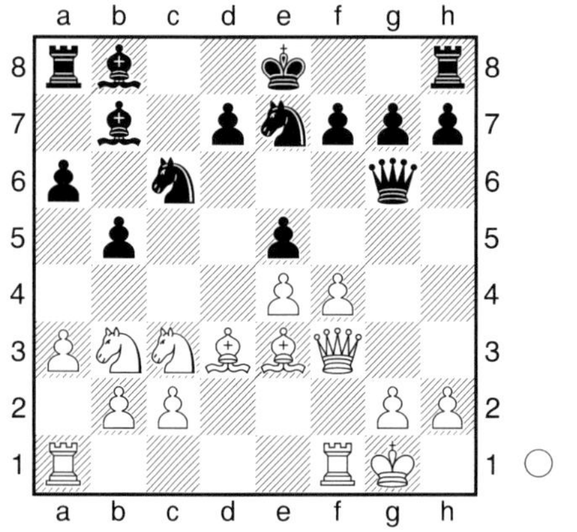

15.f5 ♕f6 16.♘c5 ♗c8 17.♘d5 ♘xd5

[17...♕d6 18.f6+−]

18.exd5 ♘d4 19.♗xd4 exd4 20.♖ae1+ ♗e5 Diagramm

[20...♔d8 21.♘e4 ♕h6 22.d6+−]

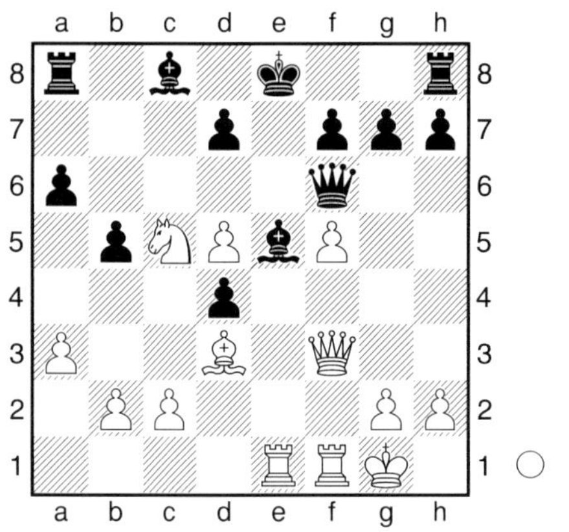

21.♘e4?

[21.d6+− hätte leicht gewonnen, z.B. ♖b8 22.♕f4+− nebst Txe5]

Nach **21...♕h6!** endete die Partie später remis

[obwohl Weiß nach 21...♕h6! 22.g3 d6 23.♘f2!+− nebst ♘g4 noch gute Gewinnaussichten gehabt hätte]

½-½

B90

□ **MBR**

■ **Nowak**

HMM Hamburg 11.04.1984

[RG]

1.e4 c5 2.♘f3 ♘c6 3.d4 cxd4 4.♘xd4 d6 5.♘c3 ♘f6 6.♗c4

Die Sosin-Variante der Sizilianischen Verteidigung **a6?!**

[Meistens wird 6...e6]

[oder 6...♕b6 gespielt]

7.♘xc6 bxc6 8.e5! Diagramm

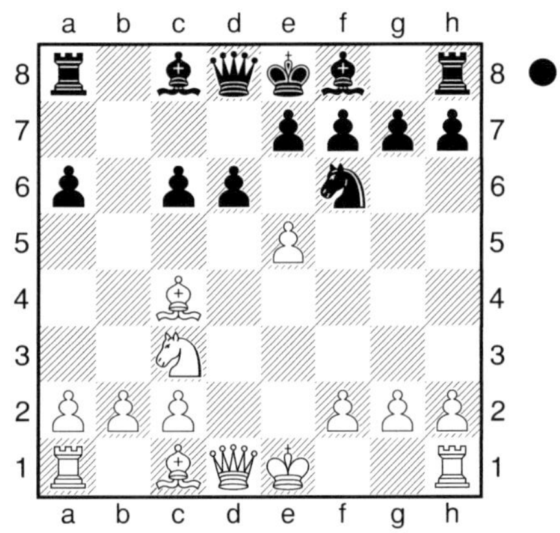

♘g4

[8...♘d7 9.e6! fxe6 10.♗xe6 ♘f6 11.♗xc8 ♖xc8 12.♕e2±]

[8...d5 9.exf6 dxc4 10.♕xd8+ ♔xd8 11.fxe7+ ♗xe7 12.♗f4±]

[8...dxe5? 9.♗xf7+ mit Damengewinn]

9.e6! ♘e5 10.exf7+ ♔d7?

[Nach 10...♘xf7! 11.♗xf7+ ♔xf7 12.♕f3+ ♔g8 13.♕xc6 hat Weiß zwar einen Bauern mehr, aber Schwarz hat etwas Kompensation, z. B. ♗f5! 14.♕f3! e6 15.0-0 d5±]

11.♗b3
[Oder 11.♕e2! ♘xc4 12.♕xc4+-]
11...e6 12.f4 ♘xf7 Diagramm

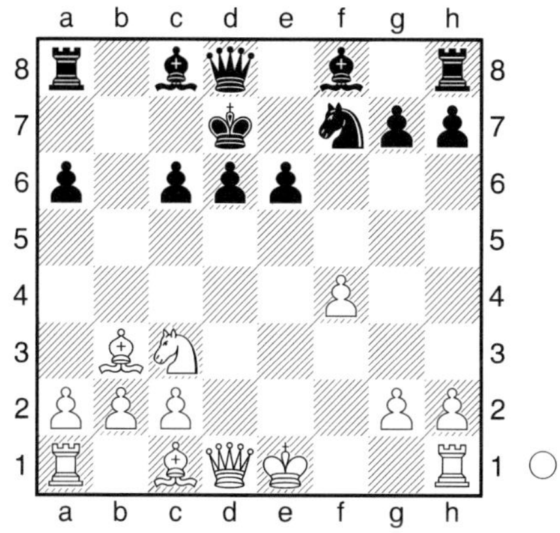

13.f5!? Öffnet Angriffslinien **♔c7**
[Nach 13...exf5 hält 14.0-0! den weißen Vorteil fest: (nicht aber *14.♗xf7? ♕e7+ 15.♕e2 ♕xf7=* mit Ausgleich) 14...♘e5 15.♖xf5±]
14.fxe6 ♕e8?
[Besser 14...♕h4+ 15.g3 ♕e7 aber auch dann ist Weiß im Vorteil, z. B. 16.0-0 ♗xe6 17.♕d4 ♘e5 18.♗e3 ♗h3 19.♖f2 (*19.♕b6+?! ♔c8 20.♖f2 ♕c7*) 19...g6 20.♖e1 ♗g7]
15.♕e2
[Oder auch sehr stark 15.0-0 ♗xe6 16.♗f4 ♗xb3 17.axb3 ♗e7 18.♘e4+-]
15...♘e5 16.♗f4 ♗xe6 17.♗xe5
[Oder 17.0-0+- wonach Weiß den Damentausch vermeidet]
17...♗xb3 18.axb3 ♕xe5 19.♕xe5 dxe5 Diagramm

(Diagramm)

Weiß hat das bessere Endspiel. Der Springer steht auf e4 unangreifbar
20.0-0?

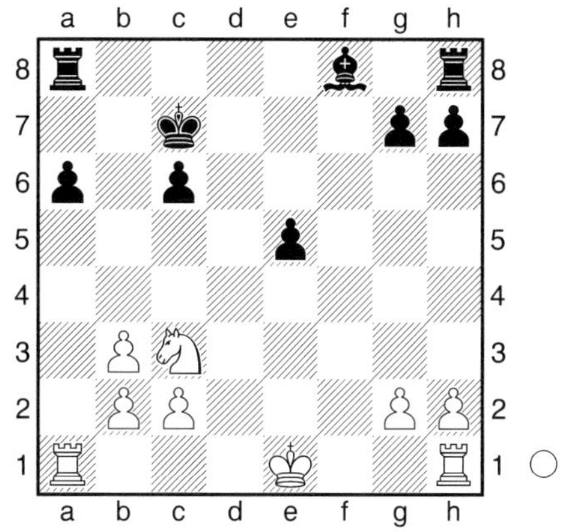

[Besser 20.♘e4 ♗e7 21.♖f1±]
20...♔b7?
[20...♗c5+! 21.♔h1 ♖hf8 22.♘e4 ♗d4 23.c3 ♗b6±]
21.♖f7+ ♔b6?? Diagramm Jetzt wird Schwarz mattgesetzt
[21...♔b8 22.♖d1 ♗c5+ 23.♔f1 ♖a7 24.♖dd7 ♖xd7 25.♖xd7 ♖f8+ 26.♔e1±]
22.♘a4+ ♔b5
[22...♔a5 23.♖b7 nebst Matt dauert einen Zug länger]
23.♖b7+ ♔a5 24.♘c5#
1-0

C50

□ **Zabel**
■ **MBR**
HMM Hamburg 1985
[RG]

1.e4 e5 2.♘f3 ♘c6 3.♗c4 ♘f6 4.d4 exd4 5.0-0 d6
[Schwarz wollte sich nicht auf die Theoriefortsetzung 5...♘xe4 6.♖e1 einlassen]
6.♘xd4 ♗e7 7.♘c3 0-0 8.♖e1 ♘xd4 9.♕xd4 ♗e6 10.♗f4
[10.♗xe6 fxe6 11.e5 ♘d7 12.exd6

♗xd6= und Schwarz hat gute Chancen, zum Königsangriff zu kommen. Weiß darf nicht 13.♖xe6 spielen wegen ♘c5! Δ Lxh2+ nebst Damengewinn. Nach 14.♖xd6□ ♕xd6∓ hat Schwarz die Qualität gewonnen]

[10.♗f1 c6 11.♗g5 d5= Lastovicka-Novak, TCH 1999]

10...♘h5 11.♗d2?!

[11.♗e3 ♗f6 12.♕d3± Lanneau-Keogh, Kemer 2007]

11...♗f6 12.♕d3 g6

[12...c6 kam auch in Betracht]

13.♘d5?!

[⌓13.♖ad1]

13...♗g7 14.♗c3 c6! Diagramm

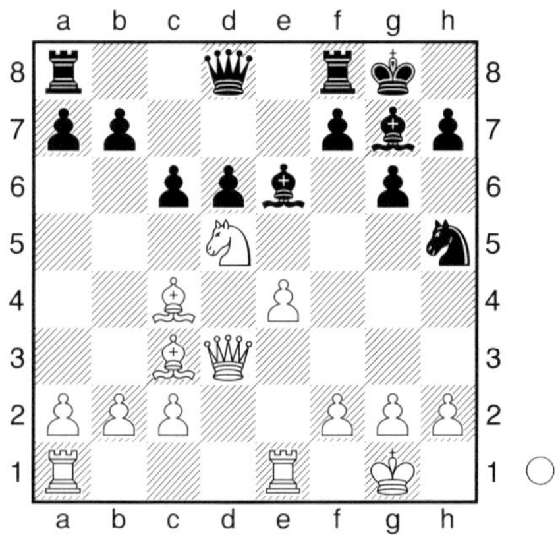

15.♗xg7?! cxd5! Mit diesem hübschen Zwischenzug hatte Weiß nicht gerechnet

[Nach 15...♘xg7 16.♘e3± steht Weiß etwas besser]

16.♗xf8 dxc4 17.♕xd6 ♕xf8∓ Schwarz ist mit 2 Figuren gegen Turm und Bauer bei fester Stellung aus der Abwicklung heraus gekommen **18.♕d4** Weiß weicht dem Damentausch aus **♕d8 19.♕c3 ♘f4!** Schwarz geht zum Angriff über **20.g3?** Das schwächt nur die weißen Felder

[Oder 20.♔h1 ♕g5 21.♕g3 *(21.♖g1? ♘e2−+)* 21...♕e5 22.♖ad1 h5∓ und die schwarze Stellung ist vorzuziehen]

20...♘h3+−+ 21.♔g2 ♕b6! 22.♖e2 g5?! Zu optimistisch, Schwarz schwächt ohne Not seine Königsstellung

[Besser 22...♖d8!∓ nebst ...♘g5 und ...♗h3]

[Interessant ist auch sofort 22...♘g5!? z.B. 23.h4 *(23.f4? ♘xe4)* 23...♗h3+ 24.♔h1 *(24.♔h2? ♗g4 25.♖e3 ♘xe4!−+)* 24...♗g4 25.♖e3 ♘e6∓]

23.♖d1 ♖d8?!

[⌓23...♖e8]

24.♖dd2?!

[⌓24.♖xd8+ ♕xd8 25.♖d2 ♕e7□ *(25...♕b6? 26.♕f6+−)* 26.♕d4∞ mit voller Kompensation für Weiß, z.B. a6? 27.♕d8+ ♕xd8 28.♖xd8+ ♔g7 29.♖b8±]

24...h6!? Schwarz stellt eine Falle

25.♕f6?!

[Immmer noch 25.♖xd8+ usw.]

25...♘f4+ 26.gxf4? und Weiß tappt hinein

[26.♔h1! ♖xd2□ 27.♖xd2 ♘g6 28.♕d8+ ♕xd8 29.♖xd8+ ♔g7 30.♖b8 b6 31.♖b7∞ mit weißer Kompensation]

26...♗h3+−+

[Oder erst 26...♖xd2−+]

27.♔xh3 ♕xf6 28.fxg5 hxg5

[28...♕f3+ 29.♔h4 ♕f4+ 30.♔h3 ♖xd2−+]

29.♔g2 ♖xd2 30.♖xd2 ♕xb2

0-1

E11

□ **Hübner,Robert**
■ **MBR**
Blind Simultan Hamburg (8) 30.11.1986
[RH]

1.d4 ♘f6 2.c4 e6 3.g3 d5 4.♗g2 c6 5.♘f3 ♗b4+ Der Tausch der schwarzfeldrigen Läufer bei weißfeldriger Bauernstruktur ist ungünstig; außerdem fördert er die Entwicklung des Weißen

[Besser war 5...♘bd7 nebst 6... dxc4]

[oder 5...♗e7]

6.♗d2 ♗xd2+ 7.♘bxd2 0-0 8.♕c2 ♘bd7 9.0-0 ♖e8 10.♖ad1 Diagramm

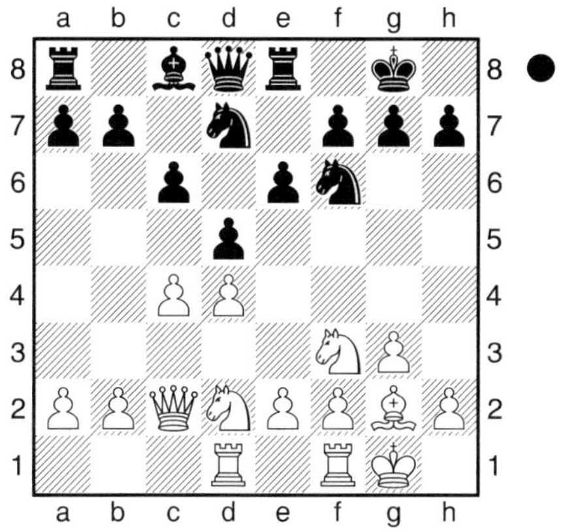

♕c7? Kein gutes Feld für die Dame; durch das Gegenüber zur Dame auf c2 mag Weiß taktische Möglichkeiten erhalten

[10...e5!? 11.dxe5 *(11.cxd5 e4)* 11...♘xe5 12.cxd5 cxd5 *(12...♘xd5 13.♘xe5 ♖xe5 14.e4)* 13.♘d4±]

11.♖fe1 ♘f8 12.e4 dxc4

[⌓12...♘xe4 13.♘xe4 dxe4 14.♕xe4 Der Abtausch erleichtert eine gedrückte Stellung; auch bleibt das weiße Zentrum weniger kräftig]

13.♘xc4 c5? Unzeitgemäße Aktivität (vgl. übrigens Anmerkung zu 10...♕c7)

[⌓13...♗d7]

14.e5 ♘6d7 15.♘d6 ♖d8

[15...♖e7 16.b4 b6 17.♘h4 ♖b8 18.♘b5 ♕d8 19.♘xa7±]

16.♘g5 f6 17.♘gf7 fxe5 18.dxc5 a6 19.♘xd8 ♕xd8 20.♘xb7 ♕c7 21.c6 ♘f6 22.♘d6 ♘g6 23.♕c4 ♖b8 24.♘xc8 ♕xc8 25.c7

1-0

A48

□ **Kania**
■ **MBR**
HMM Hamburg 02.04.1987
[MBR; RG]

1.d4 ♘f6 2.♘f3 g6 3.e3 ♗g7 4.♗d3 c5 5.c3 b6 6.0-0 ♗b7 7.b3 0-0 8.♗b2 d6 9.dxc5?! bxc5 10.c4 e5!? 11.♗c2 ♘c6 12.♘c3 ♕e7 13.♕b1? ♘b4 14.♘d2 ♘xc2

[14...d5!?]

15.♕xc2 ♖ad8 16.♘de4 ♘xe4 17.♘xe4 ♕h4 18.♘g3?!

[Besser 18.f3 f5 19.♘f2 ♗h6 20.♖fe1=]

18...f5! 19.f3 ♗h6 20.♖ae1 f4 21.exf4 ♗xf4 22.♕f2? Diagramm

[22.♖d1 ♖f5!! 23.♘xf5 ♗xh2+ 24.♔h1 gxf5 25.♕xf5 ♗c8 26.♕g4 ♗f4+ 27.♔g1 ♗b7! 28.♖d5! *(28.♕xb7? ♗h2+ 29.♔h1 ♗g3+−+)* 28...♗xd5 29.♕xd5+ ♔f8 30.♕e4 ♕h2+ 31.♔f2 ♗g3+ 32.♔e3 ♕xg2−+]

[22.♗c1! ♗xg3 23.hxg3 ♕xg3∓]

(Diagramm)

22...♖de8

[22...♖f5!!−+ hätte sofort gewonnen, z.B. 23.♕c2 ♖h5 24.h3 ♕xg3

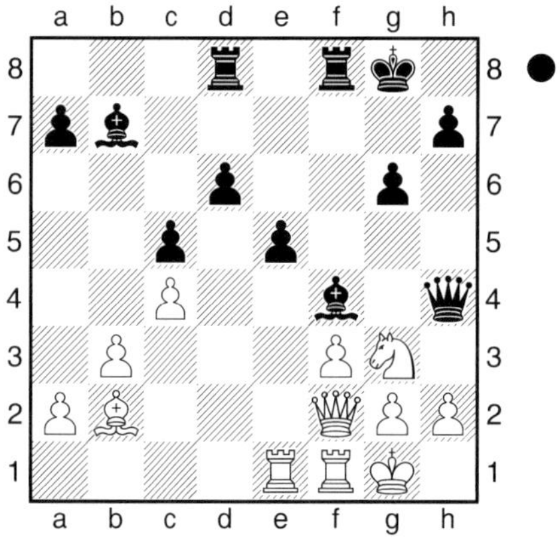

25.♖f2 ♖xh3 26.♔f1 ♖h1+ 27.♔e2 ♗e3−+ *(oder 27...♗xf3+ 28.gxf3 ♕xf2+ 29.♔xf2 ♖h2+−+)*]

23.♗c1∓ Verärgert über den ausgelassenen Prachtzug verlor ich die Partie später sogar noch!

1-0

B10

□ **MBR**

■ **Schreiber**

HMM Hamburg 08.04.1987

[RG]

1.e4 c6 2.c4 e5 3.d4 exd4 4.♕xd4 d6 5.♘c3 ♘f6 6.♗f4 Diagramm

(Diagramm)

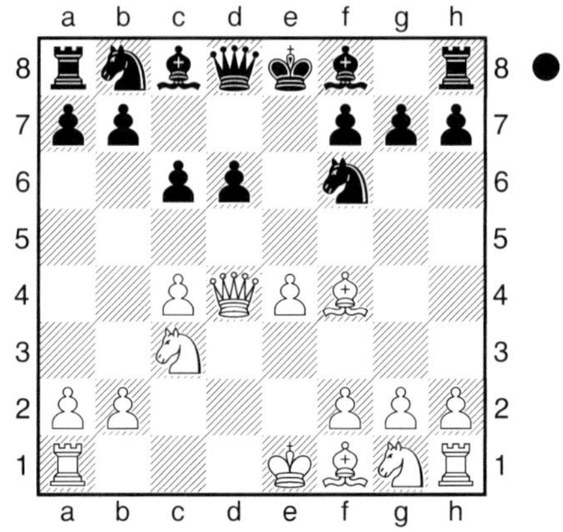

♗e7

[Mit 6...♘a6! 7.0-0-0 ♘c5 Certek-Mozes, Ungarn 1996, kann Schwarz das Gleichgewicht halten, z.B. 8.♕d2 *(*Nicht *8.♗xd6? ♕xd6 9.♕xd6 ♗xd6 10.♖xd6 ♘fxe4 11.♘xe4 ♘xe4−+* und Schwarz gewinnt ;nach *8.f3 ♘e6 9.♕d2 ♘xf4 10.♕xf4 ♗e7=* ist die Stellung ausgeglichen *)* 8...♗e6 9.f3 ♘fd7 10.♗xd6 ♗xd6 11.♕xd6 ♕a5 12.♘ge2 0-0-0= mit Ausgleich]

7.0-0-0 0-0 8.♗xd6 ♗e6

[Besser 8...♗xd6 9.♕xd6 ♕b6± mit gesundem weißen Mehrbauer]

9.♗xe7 ♕xe7 10.h3 ♘a6 11.e5 ♘h5?!

[Besser 11...♘d7 12.♘f3 ♖fd8 13.♗e2 h6±]

12.♘f3 mit der Drohung g4

[Sofortiges 12.g4!? wird mit ♕g5+! beantwortet. Trotzdem sieht Houdini nach 13.♕d2 ♕xd2+ 14.♔xd2! ♘f4 15.♔e3!± Weiß im Vorteil, z.B. ♘g6 16.f4 f5 17.g5±]

12...♖fd8 13.♕e3 ♖xd1+ 14.♘xd1 g6 15.g4 ♘g7 16.♘c3 ♕b4?

[Besser 16...♘c5 17.♘d2 ♗d7! pariert ♘e4 18.f4 f5!± und Schwarz spielt noch mit]

17.a3 ♕e7 18.♘e4+− b5?

Der Gegenangriff kommt zu spät

[Schwarz mußte 18...♘e8 spielen, aber auch danach ist Weiß im Vorteil, z.B. 19.♗d3! *(*nicht *19.♕h6 f6 20.♕h4 ♔g7* und Schwarz kann sich verteidigen *)* 19...♖d8 20.♖d1 b6 21.♕h6 f5 *(21...f6 22.♕h4 ♔g7 23.g5+−)* 22.exf6 ♘xf6 23.♕h4 ♔g7

24.♘e5+− und der weiße Angriff dringt durch, z.B. ♘b8 25.f4 nebst ♘g5]

19.♘f6+ ♔f8

[19...♔h8?? 20.♕h6+−]

20.♘xh7+ ♔e8 21.♘f6+ ♔d8

Diagramm

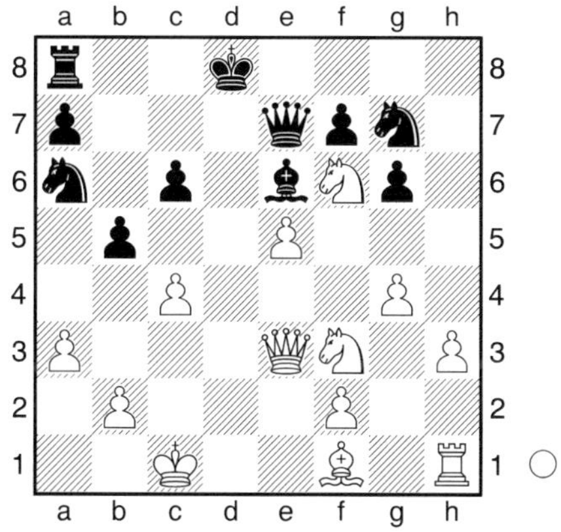

Die weiße Stellung ist schon fast beliebig gewonnen **22.♕d4+**

[oder 22.♘d4 ♖c8 23.♕d2+− mit der Doppeldrohung ♘xc6+ und ♕a5+, z.B. ♔c7 24.♕a5+ ♔b7 25.♘xb5 cxb5 26.♗g2++−]

22...♔c7 23.cxb5 ♘c5 24.♕c3 ♗b3 25.♗c4 ♗xc4 26.♕xc4 ♖d8 27.♔b1 ♘e8 28.g5 und gegen die vielfältigen Drohungen, z.B. ♖c1, gibt es keine Verteidigung mehr

[28.g5 ♘e6 29.♘d5+ ♖xd5 30.♕xc6+ ♔b8 31.♕xd5+−]

1-0

A48

□ **Wiese**

■ **MBR**

HMM Hamburg 1987

[RG]

1.d4 ♘f6 2.♘f3 g6 3.♗g5 ♗g7 4.c3 h6 5.♗h4 d6 6.♘bd2 g5 7.♗g3 ♘h5 8.e4 ♘xg3 9.hxg3 ♘c6 10.♗c4 a6 11.a4 e6 12.♘f1 e5 13.dxe5 ♘xe5 14.♘xe5 ♗xe5 15.♕b3 ♕e7 16.♘e3± c6 17.0-0?! Weiß gibt den Druck auf der h-Linie auf **g4 18.a5 h5 19.♖fe1**

Diagramm

[19.f4!?]

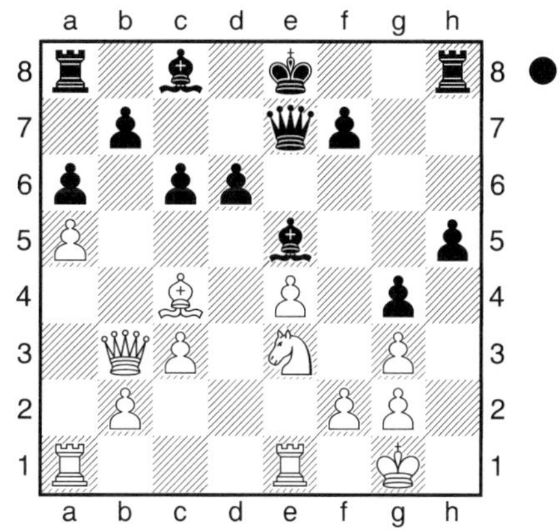

19...♖h7

[19...h4!∓ , z.B. 20.gxh4 g3 21.f3 ♕xh4 22.♔f1 ♗f4 23.♕b6∓]

20.♘f5 ♗xf5 21.exf5 0-0-0!? 22.♕b6 ♕c7!

[22...h4?! 23.♗xa6!? mit unklaren Verwicklungen riskiert man nicht ohne Not, z.B. bxa6? *(23...hxg3∞ ist unklar)* 24.♕xc6+ ♔b8 25.♖e4+−]

23.♕xc7+ ♔xc7∓ 24.♗d3 f6 25.♖ac1 ♖dh8! 26.♔f1 ♔d7 27.b4 ♖e7

Schwarz hat es nicht eilig, weil Weiß kaum aktives Gegenspiel organisieren kann

[Sofort 27...h4! wäre der konsequente Zug gewesen]

28.♗c4 d5 29.♗d3 h4!−+
Danach steht Schwarz bereits auf Gewinn **30.gxh4 ♖xh4 31.g3 ♖h1+ 32.♔g2 ♖xe1 33.♖xe1 ♗xc3−+ 34.♖b1**

[34.♖xe7+ ♔xe7−+ und Schwarz steht trotz der ungleichfarbigen Läufer auf Gewinn]

34...♖e1 35.♖b3 ♗d4 36.♗f1 ♔e7 37.♗d3 ♔f7 38.♗f1 ♔g7 39.♗d3 ♔h6 40.♖a3 ♖a1 41.♖b3 Diagramm

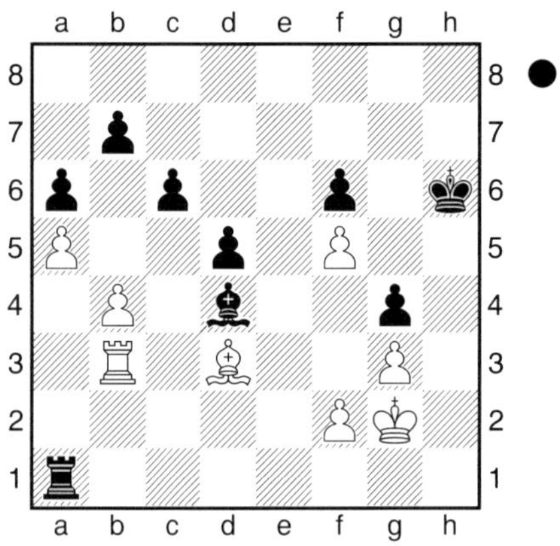

♖a2−+ In hoffnungsloser Lage spielt Weiß noch weiter **42.♖b1 ♖xf2+ 43.♔h1 ♔g5 44.♖e1 ♖f3 45.♗c2 ♖xg3 46.♖e7 ♖c3 47.♖e2 ♔f4 48.♖d2 ♗e3 49.♖g2 g3**
0-1

A50

□ **Hübner,Robert 2595**
■ **MBR**
Blindsimultan (6 Bretter) 1988
[RG]

Blindsimultan des Großmeisters an 6 Brettern in Hamburg, bei dem er alle Partien gewann, auch gegen Siegfried Weiss und Anja Dahlgrün **1.c4 b6 2.d4 ♗b7 3.♘c3 ♘f6 4.♗g5 e6 5.e4 ♗e7**

[5...h6 wird meistens gespielt]

6.♗d3 d6 7.♘f3 ♘bd7 8.0-0 h6 9.♗e3 ♘g4 10.♗d2 e5!?

[Oder 10...c5!= Dann hat Schwarz nach 11.d5 das Feld e5 für seinen Springer]

11.d5 0-0 12.♕e2 ♘c5 13.♗c2 a5!
Schwarz hat vollen Ausgleich, steht aber etwas beengt **14.b3 ♗c8 15.h3 ♘f6 16.a3 ♘h7 17.b4!± ♘b7**
Hier steht der Springer etwas unglücklich **18.♗a4 f5!? 19.exf5 ♗xf5 20.♗c6 ♖b8 21.♘e4 ♗xe4?!**

[Oder 21...♕c8 22.♘g3 ♗g6 23.♗a4 ♘f6±]

22.♕xe4 ♘g5 23.♗xg5 ♗xg5 24.♖fb1± Jetzt steht Weiß besser **♖f4 25.♕e2 ♕c8 26.♘d2 axb4 27.axb4 ♘d8 28.♘e4 ♘xc6 29.dxc6 ♕e8 30.b5 ♕g6 31.f3 ♖bf8 32.♖b3 ♖h4?!**
Schwarz versucht am Königsflügel einen Angriff. Das ist aber wegen des beherrschenden Springers auf e4 ein hoffnungsloses Unterfangen

[Schwarz sollte auf Verteidigung umschalten mit 32...♖4f7]

33.♔h2 Weiß geht kein Risiko ein

[Weiß kann auch sofort 33.♖ba3 spielen nebst ♖a7]

33...♕f5

[Auch 33...♗f4+ hilft nicht: 34.♔h1 ♕f5 *(34...♗g3? 35.c5!+− dxc5 36.♖d3!+−)* 35.♖ba3±]

34.♖a7 ♗f4+ 35.♔g1 ♖f7 36.♖a8+ ♔h7 Diagramm

(Diagramm)

37.♕d3! Ein sehr feiner Zug, der die schwarze Dame bindet **g6**

[37...♕g6 38.♖ba3!+− und Weiß

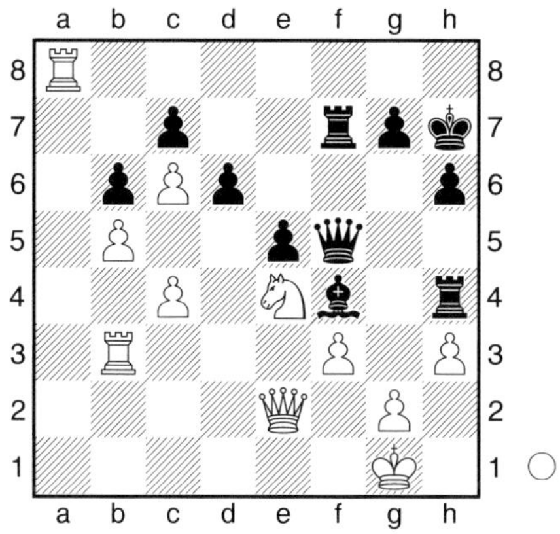

dringt auf der 8. Reihe ein, denn Schwarz kann nicht ♖xh3? spielen wegen 39.♘g5++−]

38.♕d5!?± Weiß verstärkt ruhig seine Stellung

[Weiß kann schon sofort 38.c5!!+− spielen: bxc5 *(38...dxc5 39.♕d8+−)* 39.b6! cxb6 40.♕d5 mit der Drohung c7!]

38...♖xh3

[Auch nach 38...♖g7 39.c5!!+− ist es aus]

39.gxh3

1-0

B00

□ **MBR**

■ **Kuchel**

HMM Hamburg 02.03.1988

[RG]

1.e4 b6 2.d4 ♗b7 3.♗d3 e6 4.♘f3 c5 5.c3 ♘f6 6.♗g5 h6 7.♗xf6 ♕xf6 8.0-0 ♘c6 9.d5 ♘e5 10.♘xe5 ♕xe5 11.f4 ♕c7 12.c4 ♗e7

[12...0-0-0 Poliakov-Sazonov, Jalta 1996]

13.♘c3 a6 14.e5! exd5 15.♘xd5 ♗xd5 16.cxd5 c4

[16...d6 17.♕a4+ ♕d7 18.♕e4±]

17.♗e4 ♗c5+ 18.♔h1 d6 19.e6! 0-0

Diagramm

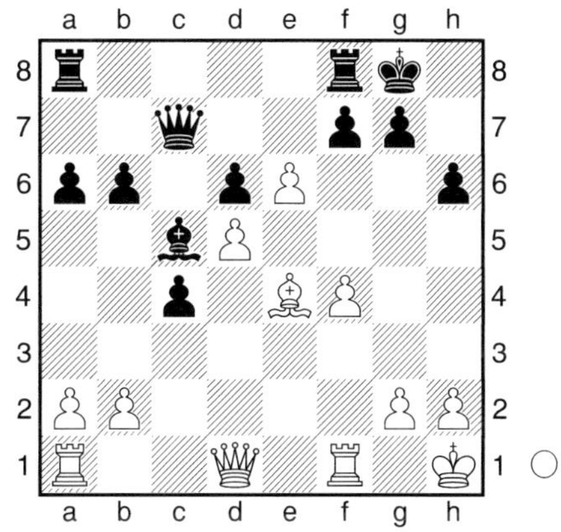

20.f5! fxe6 21.fxe6

[Oder 21.dxe6 ♖ac8 22.♗d5+−]

21...♖xf1+ 22.♕xf1 ♖f8 Der einzige Zug, der ♕f5+− verhindert

[Oder 22...g5

A) Nicht so klar 23.♕f5?! ♕g7 24.♖e1! ♗b4! *(24...♖f8? 25.♕g6+−)* 25.♖c1 b5± ;

B) 23.♕xc4+−]

23.♗h7+! ♔xh7 24.♕xf8 ♗d4 25.e7 ♗xb2 26.e8♕ ♗xa1 27.♕h8#

1-0

C89

□ **Brauer**

■ **MBR**

HMM Hamburg 20.04.1988

[RG]

1.e4 e5 2.♘f3 ♘c6 3.♗b5 a6 4.♗a4 ♘f6 5.0-0 b5 6.♗b3 ♗e7 7.♖e1 0-0 8.c3 d5 9.exd5 ♘xd5 10.♘xe5 ♘xe5 11.♖xe5 c6 12.♕f3 ♗d6 13.♖e1

[13.♖xd5!? ♖e8 14.♕xf7+ ♔h8 15.♔f1 cxd5∓]

13...♖e8! 14.♖d1 Diagramm

[14.♖xe8+ ♕xe8 15.♕d1 ♗g4! 16.f3 ♗xf3!! 17.gxf3 *(17.♕xf3 ♕e1+ 18.♕f1 ♗xh2+−+ ; 17.♕f1 ♗e2−+)* 17...♕e5 18.f4 ♘xf4!−+]

[14.♕d1 ♗g4 15.♖xe8+ ♕xe8 16.f3 ♗f5→]

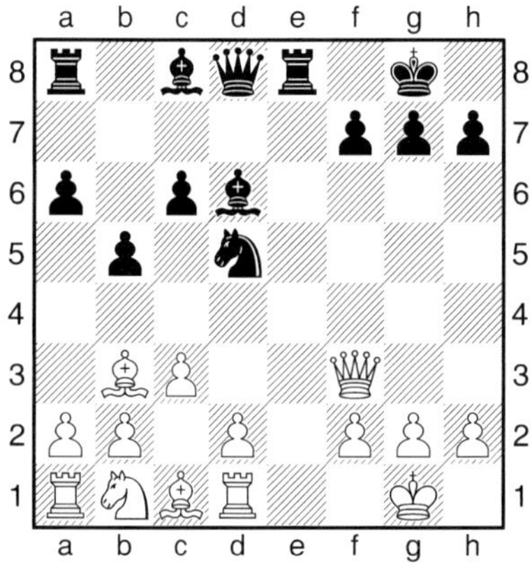

14...♕e7

[14...♗xh2+! 15.♔xh2 ♕h4+ 16.♔g1 ♗g4−+]

15.♖f1 ♘f4! 16.♘a3 Diagramm

(Diagramm)

♕h4! Hier hatte Schwarz schon die Wahl:

[16...♕e1!−+ mit der Drohung ... ♘e2]

[oder auch 16...♗b7 17.d4 c5−+]

17.h3

[17.g3 ♕h3−+ nebst ...♘e2+ bzw. ... ♗g4 hilft auch nicht mehr]

17...♗xh3! 18.♗xf7+

[18.g3 ♗g2 19.gxh4 ♗xf3−+]

[18.gxh3 ♘xh3+ 19.♔g2 ♘f4+ 20.♔g1 ♘e2+ 21.♕xe2 ♕h2#]

18...♔xf7 19.gxh3 ♔g8! 20.♖d1 ♘xh3+ 21.♔g2 ♖f8!

0-1

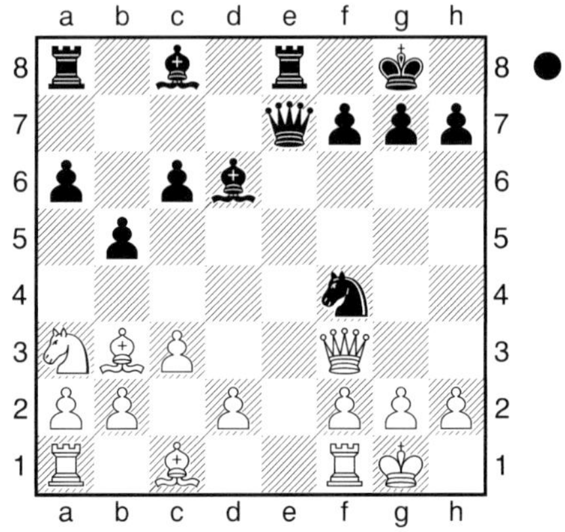

B46

□ **MBR**

■ **Berger,Steve**

HMM Hamburg 1988

[RG]

1.e4 c5 2.♘f3 ♘c6 3.d4 cxd4 4.♘xd4 e6 5.♘c3 a6 6.f4 ♗e7 7.♗e2 ♘f6 8.♗e3 0-0 9.♕d2 b5 10.a3 ♗b7 11.e5 ♘e8 12.♗f3 ♖c8 13.0-0 d5 14.♘ce2 ♘a5 15.b3 ♗c5 16.a4 b4 17.f5 ♕b6 18.fxe6 fxe6 19.♗g4 ♘c7 20.♔h1 ♖ce8 21.♗g1 ♗c8 22.♘g3 ♘c6 Diagramm

(Diagramm)

23.a5! ♘xa5?

[23...♕b7! und 24.♘xe6? funktioniert nicht, z.B. ♗xe6 25.♗xe6+ *(25.♗xc5 ♖xf1+ 26.♖xf1 ♗xg4)* 25...♘xe6 26.♗xc5 ♖xf1+ 27.♖xf1 ♘xc5 28.♕xd5+ ♘e6−+]

24.♘h5! Drohung ♕g5 **♖e7**

[24...h6 25.♕d3+−]

25.♖xf8+ ♔xf8 26.♖f1+ ♔e8

Diagramm

27.♕f4

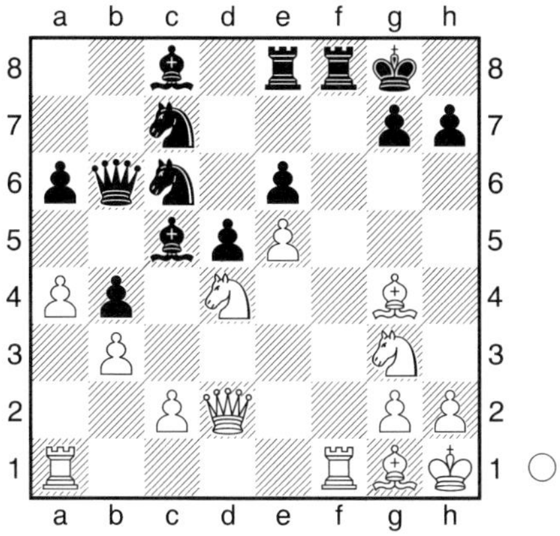

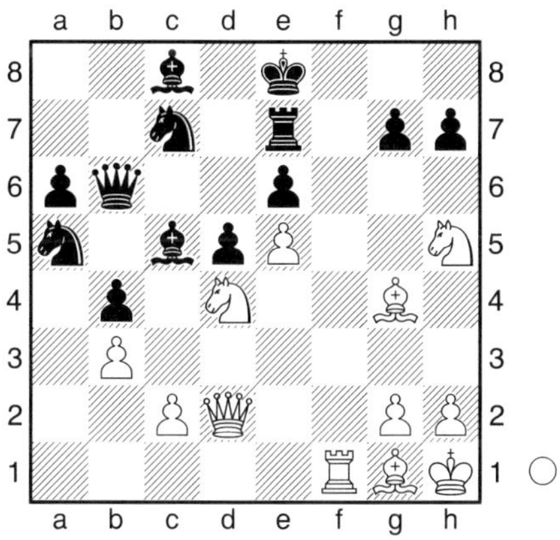

[27.♘f6+! gxf6 28.♗h5+ ♔d8 29.exf6 ♖e8 30.♗xe8 ♔xe8 31.f7++−]

27...♔d8 28.♗f2 ♗xd4 29.♗xd4 ♕b5 30.♕f2 ♘e8 31.♗b6+ ♘c7 32.♗e2 ♕c6 33.♗xa5 ♕xc2 34.♗xb4

Eine sehr gute Leistung gegen den späteren Bundesligaspieler, der jetzt für den HSK spielt (ELO 2419)

1-0

B22

□ **MBR**

■ **Ziegert**

HMM Hamburg 14.04.1989

[RG]

1.e4 c5 2.♘f3 ♘c6 3.c3 d5 4.exd5 ♕xd5 5.d4 ♗g4 6.♗e2 e6 7.0-0 ♗d6?!

[Besser 7...♘f6 und nach der zur Partie analogen Fortsetzung 8.h3 ♗h5 9.g4 ♗g6 10.c4 hat Schwarz den Rückzug ♕d7= wonach die Stellung im Gleichgewicht ist wie in Polak-Babula, Zlin 1995]

8.h3 ♗h5 9.g4 ♗g6 10.c4 ♕e4 11.♘c3± Diagramm

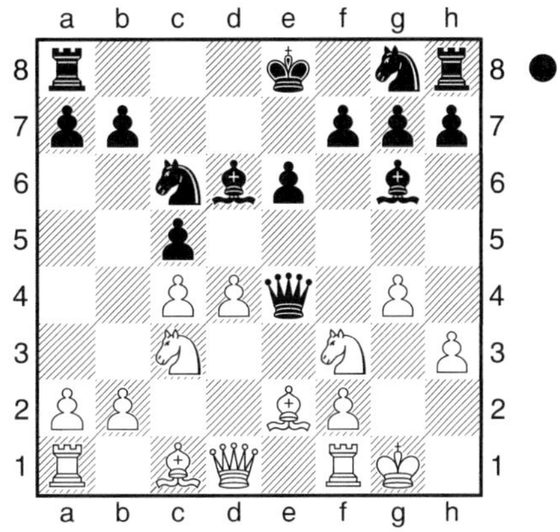

Durch diesen weiteren Tempogewinn ist Weiß im Vorteil **♕c2 12.♘b5 ♖d8 13.♕xc2**

[Auch 13.♘xd6+ ♖xd6 14.d5!± ist sehr stark]

13...♗xc2 14.♘xd6+ ♖xd6 15.dxc5 ♖d7 16.♗e3 ♘ge7 17.♖ac1 ♗d3 18.♗xd3 ♖xd3 19.♖fd1 ♖d8 20.♖xd8+ ♘xd8 21.b4 0-0?

Die Rochade zu diesem Zeitpunkt bringt zwar den ♖ ins Spiel, entfernt aber den ♔ aus dem Zentrum

[Besser 21...f6±]

22.♗f4 Weiß will seinen Mehrbauern befestigen

[22.♖d1!+− nebst ♖d7 ist noch stärker]

22...f6 23.♗d6 ♖f7 24.♖d1 ♘g6 25.b5 ♖d7 26.♖d2 ♘f8? Diagramm

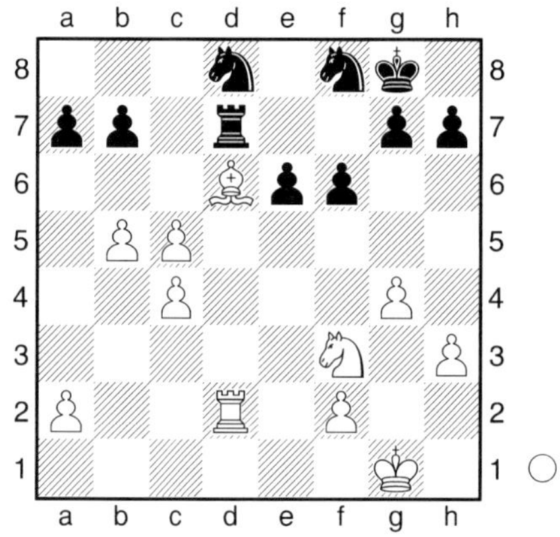

27.a4

[Oder 27.♘d4! mit der sofortigen Drohung -- 28.c6! ♖xd6 29.c7 nebst c8♕]

27...♘f7 28.♗b8 a6?

[Nach der trickreichen Verteidigung 28...♘g5! Diagramm

(Diagramm)

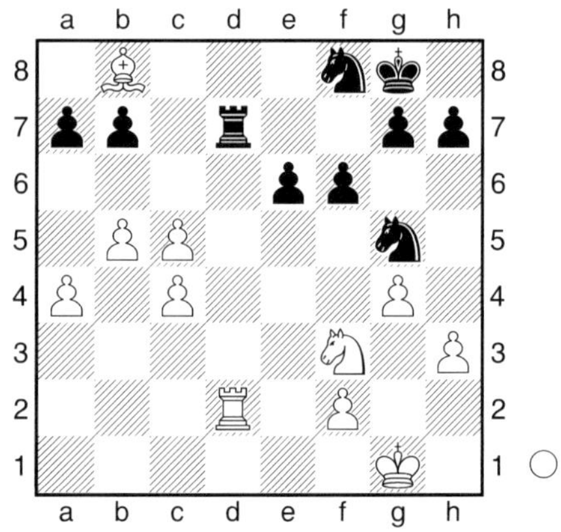

hätte nur 29.♖xd7 ♘xf3+ 30.♔g2 ♘xd7 31.c6! gewonnen]

29.c6! bxc6 30.bxc6

[Oder 30.bxa6+−]

[Jetzt hätte Weiß nach 30.bxc6 auf ♖xd2! 31.♘xd2 ♘g6 32.c5! spielen können, z.B. ♘e7 33.c7 ♘e5 34.♘e4 ♘5c6 35.♘d6 ♔f8 36.f4 und der weiße König greift entscheidend ein, während Schwarz sich nicht rühren kann]

1-0

C63

□ **Bergstraesser,Andreas**

■ **MBR**

Schnellturnier 15 min rapid 22.11.1989

[RG]

1.e4 e5 2.♘f3 ♘c6 3.♗b5 f5!?

Das Jänisch-Gambit! **4.♘c3 fxe4 5.♘xe4 d5 6.♘g3 ♗g4 7.h3 ♗xf3 8.♕xf3 ♘f6 9.d3**

[9.♘h5 und]

[9.0-0 sind die meistgespielten Züge in dieser Stellung]

9...♕d7 10.♗g5 ♗e7 11.♘f5!?

[11.♘h5!? Jacoby 0-0! mit der Drohung ...Se4! 12.♗xf6 ♗xf6 13.0-0 ♖ae8∓]

11...0-0!

[In Alonso-Campos, Buenos Aires 1996, geschah schwächer 11...e4?! 12.dxe4 dxe4 13.♘xg7+ ♔f7 14.♕f5 ♕xf5 15.♘xf5 ♔g6 16.♘xe7+ ♘xe7 und jetzt hätte Weiß mit 17.♗d2!+− deutlich in Vorteil bleiben können]

12.♘xe7+ ♕xe7 13.♗xf6?

Weiß möchte den Bauern d5 erobern

♕b4+!! Diagramm

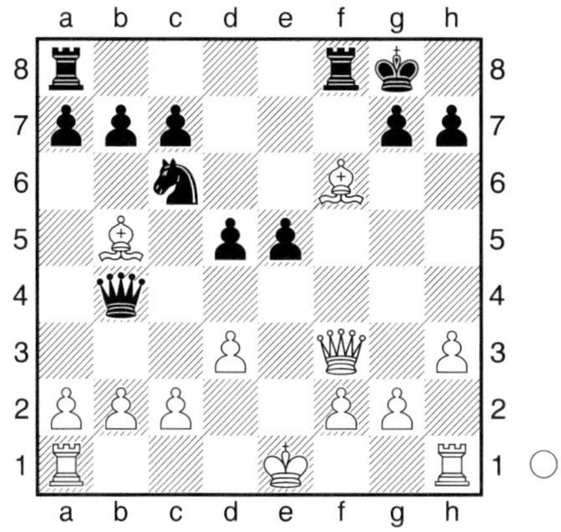

Ein teuflischer Zwischenzug. Der Clou ist: Der ♗f6 bleibt gefesselt! **14.c3 ♕xb5−+ 15.a4!** Der Bundesliga-Spieler will den Verlust noch nicht wahrhaben und stellt noch Probleme **♕c5!**

[15...♕xb2 16.♕xd5+ ♔h8 17.♗xg7+ ♔xg7 18.0-0 ♕xc3−+ gewinnt auch, aber die luftige Königsstellung räumt Weiß noch Schwindelchancen ein]

16.d4 exd4

[Oder 16...♕c4 17.b3 ♕xb3 18.dxe5 gxf6−+ z.B. 19.e6 ♕c4−+]

17.♗xd4 ♘xd4 18.cxd4 Diagramm

(Diagramm)

♖ae8+! Noch ein Hammer zum Abschluß. Eine tolle Partie!

[18...♖ae8+ 19.♔f1 *(19.♔d2 ♕xd4+ 20.♕d3 ♖xf2+−+* nebst Matt *)* 19...♕c4+−+ mit Damengewinn]

0-1

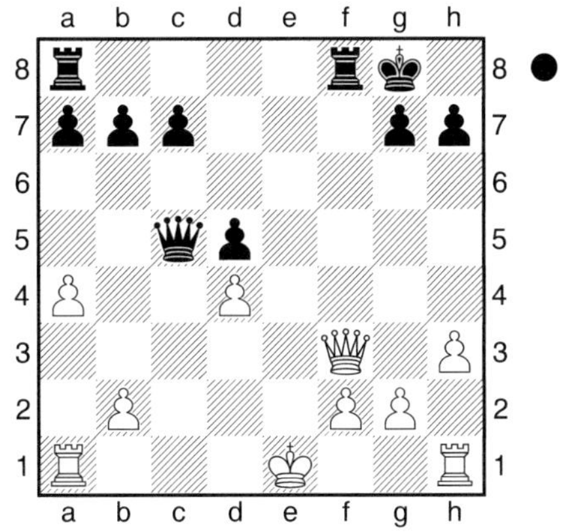

C63

□ **Schleicher,Guido**

■ **MBR**

Schnellturnier 15 min rapid 22.11.1989

[RG]

1.e4 e5 2.♘f3 ♘c6 3.♗b5 f5 4.♘c3 fxe4 5.♘xe4 d5 6.♘xe5 dxe4 7.♘xc6 ♕g5! 8.♘xa7+? Diagramm

[Die Theoriefortsetzung ist 8.♕e2 ♘f6 9.f4 ♕xf4 (bzw. *9...♕h4+* ;oder *9...♕c5*)]

(Diagramm)

8...c6?!

[Besser 8...♔d8! 9.0-0 *(9.♘xc8 ♕xb5∓)* 9...♗h3 10.g3 ♖xa7 11.♗c4 ♔c8∓ nebst ...Df5]

[8...♗d7?! 9.♗xd7+ ♔xd7 10.0-0 ♖xa7 11.d3$\overline{\overline{\infty}}$ mit Kompensation, z.B. ♕d5 12.♕g4+ ♕e6 13.♕g3]

9.d3?

[Stärker ist 9.♘xc8 , z.B. cxb5 10.♘b6 ♖d8 11.♕e2!±]

9...♕xg2−+ Jetzt ist Schwarz im Vorteil

10.♕h5+ g6 11.♕e5+ ♗e7 12.♕xh8

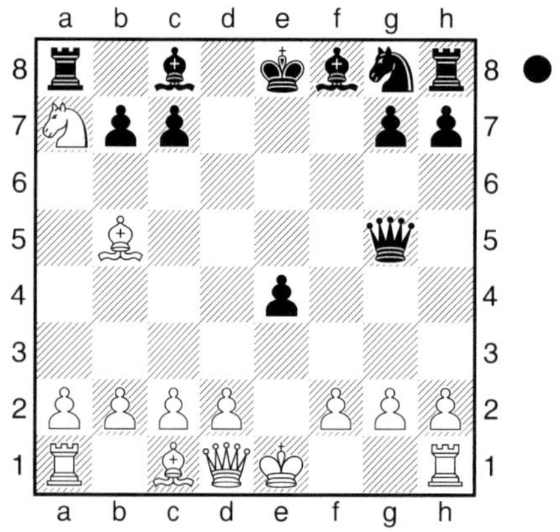

♕xh1+ 13.♔d2 ♗g5+ 14.f4 ♕g2+
[14...exf3+ 15.♔c3 ♗f6+−+]
15.♔e3 ♕f3+ 16.♔d2 ♕f2+ 17.♔c3 ♗f6+ 18.♕xf6 ♘xf6 19.♘xc8 ♖xc8 20.♗c4 Diagramm

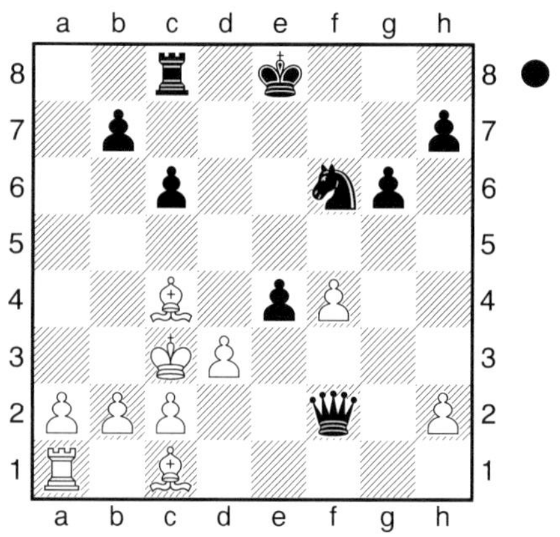

Jetzt setzt Schwarz in 4 Zügen matt:
♘d5+! 21.♔b3
[21.♗xd5 cxd5+ 22.♔b4 ♕b6+ 23.♔a4 ♖a8#]
21...♕b6+ 22.♗b5 ♕xb5+ 23.♔a3 ♕b4# Auch der Landesligaspieler war dem Jänisch-Gambit taktisch nicht gewachsen, zumal in einer Schnellpartie!
0-1

C00

□ **MBR**
■ **Rhenius**
Stadtliga Hamburg 25.01.1990
[RG]

1.e4 e6 2.c4 d5 3.cxd5 exd5 4.exd5 ♘f6 5.♗b5+ ♗d7 6.♗c4 ♗d6 7.♕e2+ ♗e7 8.♘f3 0-0 9.0-0 ♗g4 10.♘c3 ♘bd7 11.d4!
[11.d3!? kommt auch in Betracht]
11...♘b6 12.♗b3 ♗b4 13.♕d3 ♗xc3 14.bxc3 ♘bxd5 15.♘e5!± c6
[15...♗e6 16.f4!?±]
16.♘xg4 ♘xg4 17.h3 ♘gf6 18.♗d2 ♕d6 19.♗c2 h6 20.f4!? h5?
Diagramm

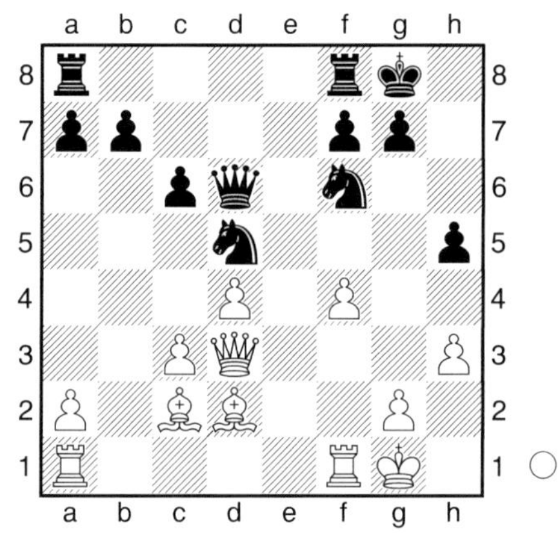

21.♖ae1!± ♘e7 22.f5! c5 23.♗f4! ♕d7 24.♗e5
[24.♕g3! h4 25.♕xh4 ♘ed5 *(25...cxd4 26.♗h6!+−)* 26.♗e5 cxd4 27.cxd4+−]
24...♘ed5 25.♕f3 cxd4 26.♗xd4 ♖ac8 27.g4! hxg4 28.hxg4 ♘h7 29.♖e5 ♖fd8
[29...♘b4!? 30.♗b1 ♘c6]
30.♗b3 ♘df6 Diagramm
31.♕f4! und gegen g4-g5 gibt es nichts mehr!
[31.♕f4 ♖e8 32.g5 ♖xe5 33.♗xe5

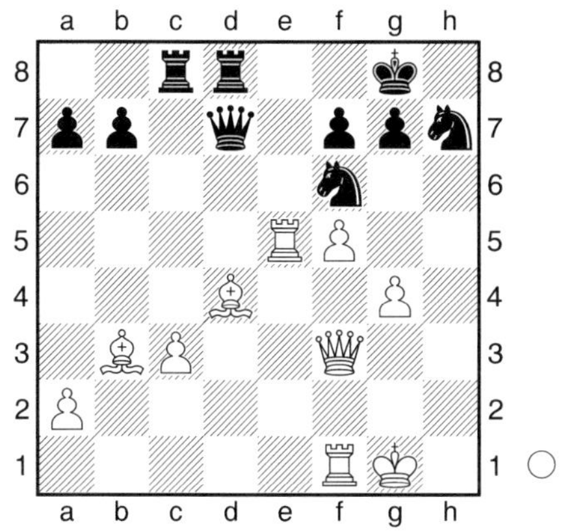

♘d5 34.♕f3 ♖e8 35.♗d4 ♖d8 36.g6!+−]

1-0

C56

□ **Bolz**

■ **MBR**

Stadtliga Hamburg 1990

[RG]

1.e4 e5 2.♘f3 ♘c6 3.d4 exd4 4.♗c4 ♘f6 5.e5 d5 6.exf6 dxc4 7.0-0 gxf6

[7...♕xf6 8.♗g5 ♕g6 9.♖e1+ ♗e6∓]

8.♖e1+ ♗e6 9.♘bd2 ♗e7 10.♘e4 ♕d7−+

[Oder 10...♕d5−+]

11.♗f4 0-0-0 12.a4 ♖hg8 13.a5 a6 14.♘ed2 ♖g6 15.♖a4 ♘e5

[15...c3! 16.♘c4 ♘e5 17.♗xe5 ♕xa4−+]

16.c3 dxc3

[16...♘d3]

17.♖xe5

[17.bxc3 ♘xf3+ 18.♕xf3 ♕xa4−+]

17...cxd2 18.♖e2 Diagramm

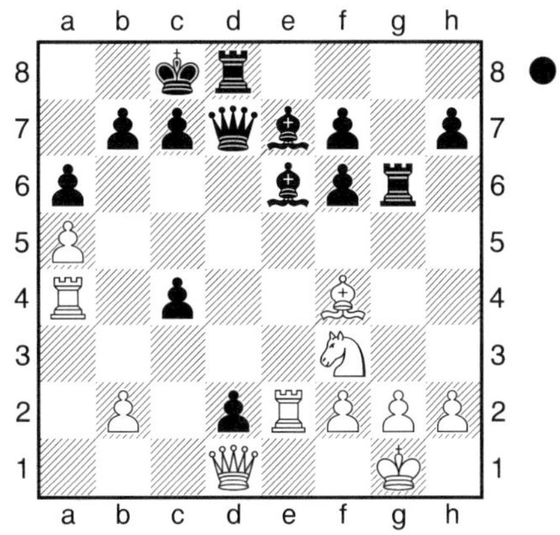

♕xa4! Die weiße Dame ist überlastet: Blockade des schwarzen Freibauern und Deckung des Turms a4!

0-1

B00

□ **MBR**

■ **Schönwolff,Kai**

Stadtliga Hamburg 25.01.1990

[RG]

1.e4 ♘c6 2.♘f3 d6 3.♗c4 ♘f6 4.♘c3 ♗g4 5.♗b5 e5 6.h3 ♗h5 7.g4 ♗g6 8.d3 ♗e7 9.♗e3 a6 10.♗a4 ♖b8 11.a3 ♘d7 12.b4 b5 13.♗b3 ♘f8 14.♘d5 a5 15.♘xe7

[15.c4!+− bxc4? 16.♗a4!+−]

[oder 15.a4! h5 16.axb5 hxg4 17.bxc6 gxf3 18.bxa5+−]

15...♕xe7 16.c3 ♘e6 17.♕d2 0-0 18.0-0 ♔h8 19.♗d5 ♕d7 20.♘h4± ♘e7 21.♗b3 d5 22.♘f5 dxe4

[22...d4 23.♗xe6 fxe6 24.♘xe7 ♕xe7 25.cxd4±]

23.dxe4 ♕xd2 24.♗xd2 ♗xf5 25.exf5! ♘f4 26.♗xf4 exf4 27.♖fe1

[27.bxa5!?± spielt man ungern]

27...♘c6 28.♗d5 ♖b6 29.♖e4

[29.♗xf7!+−]

29...g5 30.♖ae1

[30.fxg6 fxg6 31.♖ae1+−]

30...axb4 31.axb4
[31.cxb4± mit der Idee ♖c1]
31...♖a6 32.♖e8
[32.f6! ♘d8 33.♖e8 ♔g8 34.♖8e7 ♖xf6 35.♖xc7±]
32...♔g8
[32...♖xe8 33.♖xe8+ ♔g7 34.h4!±]
33.♔g2 ♔g7 Diagramm

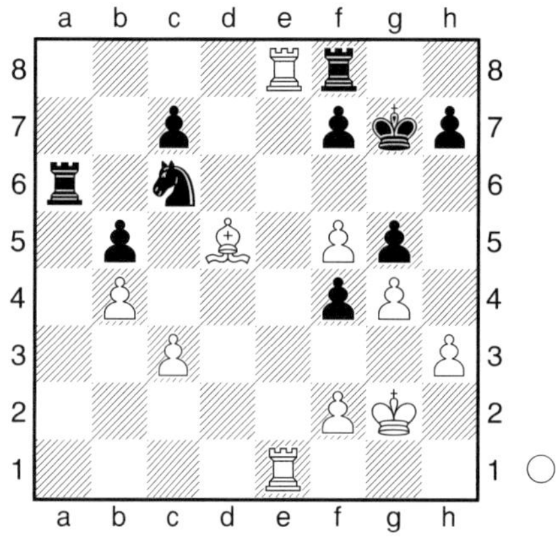

34.f6+! ♔g8 35.♖xf8+
[35.♖1e6!+− ♘b8 36.♖xf8+ ♔xf8 37.♖e7+−]
35...♔xf8 36.♖d1
[36.h4! gxh4 37.g5±]
36...♔e8 37.♔f3
[37.♖e1+ ♔f8 38.h4±]
37...♘d8 38.♖e1+ ♘e6 39.♔e4!
[Oder erst 39.♖e5 z.B. h6 40.♔e4 ♔f8 41.h4!+−]
39...♖d6 40.♗b3 h6? Diagramm
[Im letzten Zug vor der Zeitkontrolle findet Schwarz nicht die zäheste Verteidigung 40...c5! , aber auch dann hat Weiß gute Gewinnaussichten, z.B. 41.♔e5 ♔d7 42.♗d5 cxb4 43.cxb4±]

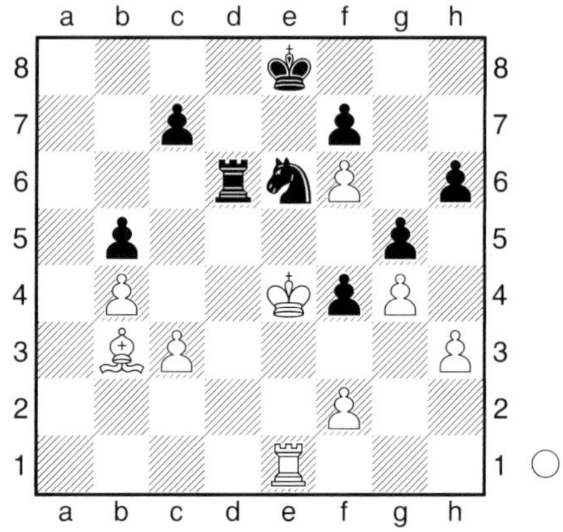

41.♔f5!+− ♔d7 42.♗xe6+ fxe6+ 43.♔g6 ♔e8 44.♔xh6 ♔f7 45.♔xg5 ♖d3 46.h4 ♖xc3 47.♖e4 c5 48.bxc5 ♖xc5+ 49.♔xf4
1-0

C53

□ **Fegebank,Fritz**
■ **MBR**
Mannschaftspokal 06.05.1990
[RG]

1.e4 e5 2.♘f3 ♘c6 3.♗c4 ♗c5 4.c3 ♕e7 5.d3 a6 6.a4 Ein selten gespielter Zug
[Meistens wird 6.♗b3 gespielt]
[Auf 6.♘g5 spielt Schwarz am besten ♘d8=]
6...d6 7.♘bd2
[Oder 7.b4]
7...♗e6 8.♗xe6 fxe6 9.b4 ♗a7 10.♗a3 b5 11.c4 ♘d4
[Nach 11...bxc4 12.♕c2 ♕d7 13.♖c1⩲ bekommt Weiß etwas Druck]
12.♗b2 bxc4 13.dxc4 ♘f6 14.0-0 0-0
[Oder 14...♘xf3+ 15.♕xf3 0-0 16.♕e2 ♖ab8∓ und Schwarz hat etwas Druck]
15.♗xd4 ♗xd4 16.♘xd4
[16.♖b1 a5 17.♘xd4 exd4 18.b5

e5]

16...exd4 17.♕e2 e5 18.b5
Diagramm

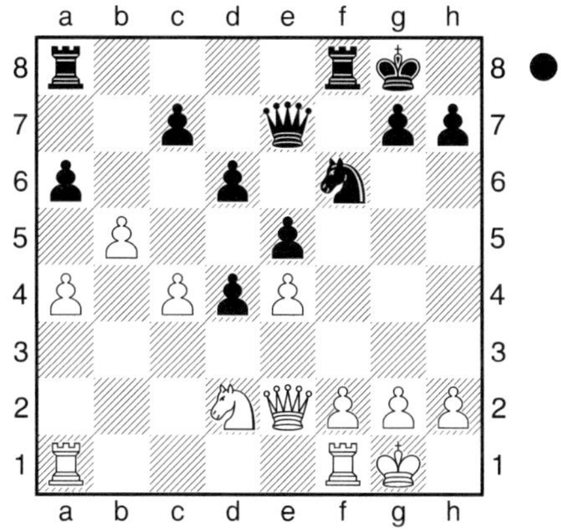

a5?! Schwarz hebt ohne Not die Spannung auf und schafft sich die Schwäche a5

[Besser 18...♘d7 19.♘b3 ♖f6∓ mit Angriff am Königsflügel]

19.♘b3 ♖a7 20.♖fb1 ♘d7 21.♕d2 ♖fa8 22.♖a2 ♕e6 23.♕c2 ♘c5 ½-½

E62

□ **Limbach**
■ **MBR**
HMM Hamburg 1991
[RG]

1.c4 ♘f6 2.♘c3 g6 3.g3 ♗g7 4.♗g2 c6 5.e4 e5 6.♘f3 ♕c7 7.d4 d6 8.h3 0-0 9.0-0 ♖e8 10.♖e1 ♘h5

[10...exd4 11.♘xd4 ♘bd7 12.♗e3 ♘c5= ist die Theoriefortsetzung]

11.♗e3 a6 12.♖c1 ♘d7 13.dxe5?! dxe5 14.c5!? ♗f8 15.♘a4 ♖b8 16.♘d2 ♘df6 17.♘c4 ♗e6 18.♘cb6 ♖bd8 19.♕c2 ♗g7 20.b3 ♖f8
Schwarz wartet ab **21.♗d2 ♕e7 22.♖cd1 ♘e8 23.♗a5 ♘c7! 24.♘c4 ♖xd1 25.♖xd1 ♘b5! 26.♘d6 ♘d4 27.♕d3 f5!?**

[Hier war eine gute Gelegenheit, mit 27...b5! am Damenflügel Raum zu gewinnen]

28.♘c3?!

[28.exf5 ♘xf5 29.♘b6±]

28...f4!∓ 29.♘e2 Diagramm

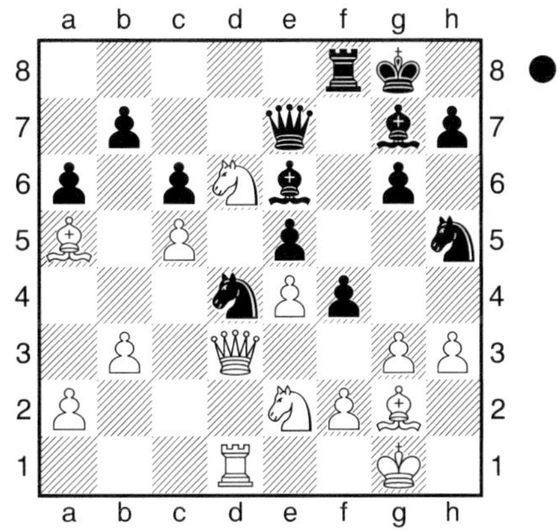

fxg3 30.fxg3 ♘xe2+ 31.♕xe2 ♘xg3 32.♕e3 ♘h5 33.♗e1 ♘f4 34.♗f1 ♗h6!

[34...♕g5+ 35.♔h2 ♘xh3−+]

35.♔h2 ♗g5! Einfach und gut

[35...♘xh3!? 36.♕xh6 ♖xf1 37.♗h4 ♖f2+ 38.♗xf2 ♘xf2∓ mit schwarzem Vorteil wäre zu riskant gewesen]

36.♕c3 ♘h5 37.♗g2 ♗f4+ 38.♔h1 ♕g5 39.♘xb7 ♗e3! 40.♕c2
Diagramm

[40.♗h4! wäre die einzige Verteidigung gewesen, aber nach ♕xh4 41.♕xe3 ♘f4−+ ist es auch aus für Weiß]

(Diagramm)

40...♖f1+! nebst Matt. Die späte Kraft von Königsindisch (AS)

[40...♖f1+! 41.♔h2 *(41.♗xf1*

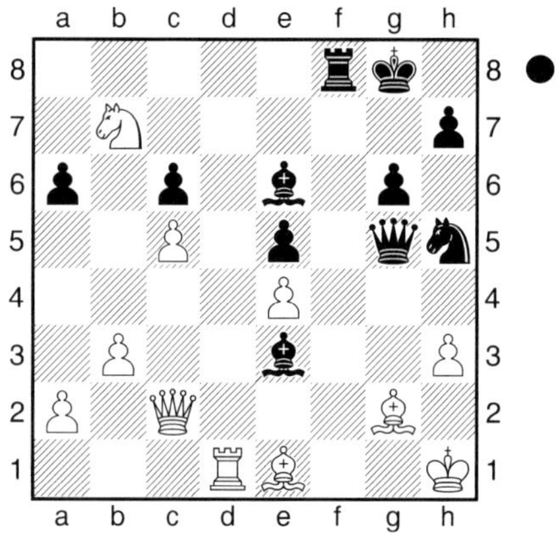

♕g1#) 41...♕f4+ 42.♗g3 ♕xg3#]
0-1

C63

□ Kortschnoj,Viktor
■ MBR
Simultan SKA (20 Bretter) 25.06.1991
[MBR; RG]

1.e4 e5 2.♘f3 ♘c6 3.♗b5 f5 4.d3 fxe4 5.dxe4 ♘f6 6.♕d3 d5!?N Dieser überscharfe Zug stellt dem Supergroßmeister taktische Probleme
[Der Theoriezug ist 6...♗c5]
[oder auch 6...♗b4+ z.B. 7.♘c3!? ♗xc3+ 8.bxc3 0-0]
7.♘xe5! Diagramm

(Diagramm)

♘xe4? Was sonst? Aber jetzt hat Weiß schon einen forcierten Gewinn
[7...♕d6 8.♗f4 dxe4 9.♕e3±]
8.♘xc6+− mit Gewinnstellung **♕f6 9.♕f3?** In der Kürze der Zeit findet Kortschnoj in dieser komplizierten Stellung die Lösung des Problems nicht!
[9.0-0!+− Diagramm

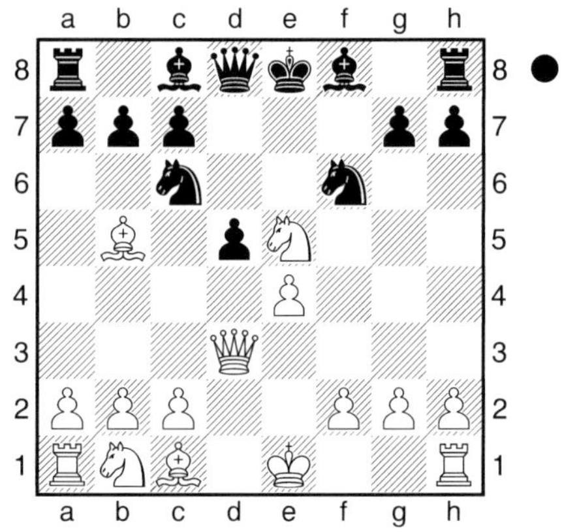

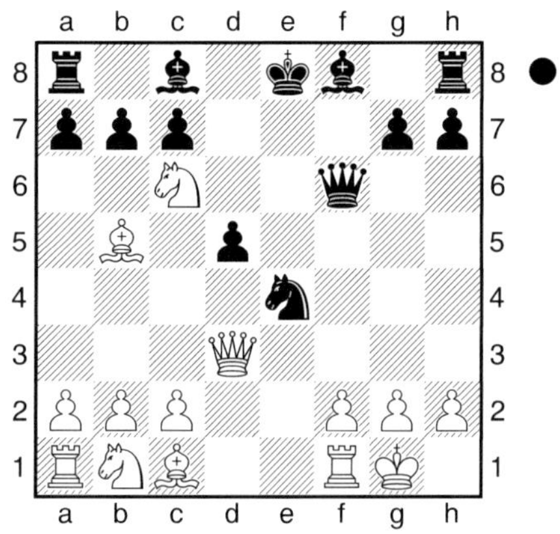

bxc6 *(9...a6? 10.♕xd5+− ; 9...♗d7 10.♕xd5 ♗xc6 11.♕xe4++−)*
10.♕xd5+− mit klarer Gewinnstellung]
9...a6! Jetzt ist Schwarz wieder im Spiel **10.♘b4+ axb5 11.♘xd5 ♕e5 12.♘xc7+ ♕xc7 13.♕xe4+ ♕e7 14.♕xe7+ ♗xe7±** Schwarz hat sich zäh verteidigt und hat einige Kompensation für die zwei Bauern **15.♘c3 ♗b4 16.♗d2 0-0!** Matthias stellt noch eine Falle! **17.♘xb5?** Und Kortschnoj fällt darauf herein!
[17.0-0!± hält den weißen Vorteil fest]

17...♗xd2+ 18.♔xd2 ♖xf2+=
Jetzt hat Schwarz ausgeglichen
19.♔c3 ♗f5!= 20.♘d6
[20.♘d4 ♗xc2 21.♘xc2 ♖c8+=]
20...♖xc2+ 21.♔b3 ♗g6 22.♖ac1 ♖xg2 23.h4 h5?! Das schwächt die schwarze Stellung unnötig
[Nach 23...♖d2!∓ würde Matthias schon besser stehen]
24.♖hg1 ♖xg1?!
[Besser 24...♖g4!∓ 25.♖xg4 hxg4 26.♖g1 ♖a6 27.♘c4 ♗f7!∓ 28.♖xg4? *(28.♔b4 ♗e6)* 28...b5−+]
25.♖xg1 ♔h7 26.a4 ♖a6 27.♘b5 ♖f6 28.♖d1 ♖f4 29.♖d4 ♖xd4 30.♘xd4
Diagramm

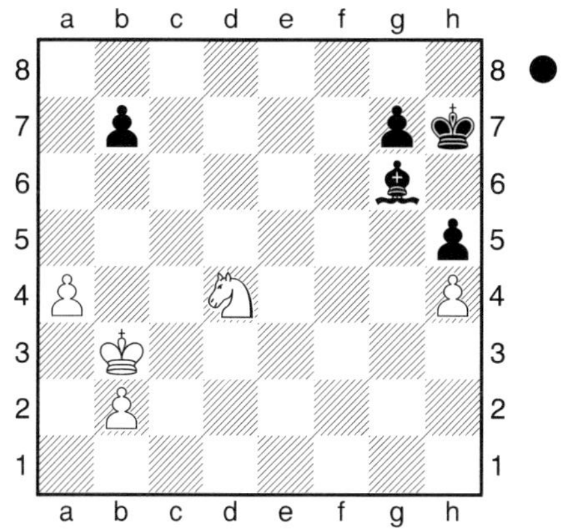

♗e4
[Nach 30...♗e8!∓ hat Schwarz die besseren Chancen, z.B. 31.♘f3 *(31.♔b4 g5! 32.hxg5 h4 33.♘f3 h3 34.♘h2 ♔g6−+)* 31...♔g6 32.♘d4]
31.♔c4 ♔g6 32.♘e6 ♔f6 33.♘g5 ♗g2 34.a5 ♔f5 35.♔d4 ♔g4 36.♘e6 ♔xh4
[Nach 36...g6∓ hätte Schwarz noch Gewinnversuche unternehmen können, z.B. 37.♘f8 ♔xh4 38.♘xg6+ ♔g3 39.b4 ♗c6! Aber jetzt hält 40.♔e3! remis für Weiß *(Nicht 40.♘e7? ♗d7 41.♘g6 ♗e8 42.♘e7 ♔f3−+)*, z.B. 40...♗e8 41.♘f4 h4 42.♘e2+ ♔g4 43.♔f2=]
37.♘xg7 ♔g4 38.♘xh5 ♔xh5
Eine spannende Partie voller Fehler, aber ideenreich und zäh gespielt. Kortschnoj wollte Schwarz lange Zeit das Remis nicht geben.
½-½

C70

□ **MBR**
■ **Hinz**
HMM Hamburg 20.05.1992
[RG]

1.e4 e5 2.♘f3 ♘c6 3.♗b5 a6 4.♗a4 f5 5.d3 Ein guter Zug laut Euwe, mit dem Weiß die ganz scharfen Varianten vermeidet
[Weniger gut im Gegensatz zum Jänisch-Gambit ist hier 5.♘c3 wegen fxe4 6.♘xe4 *(6.♗xc6 bxc6 7.♘xe4 d5)* 6...b5]
5...fxe4 Der meistgespielte Zug
[aber mit dem besten Erfolg wird 5...d6 gespielt]
6.dxe4 d6 7.h3 ♘f6 8.a3?!
Diagramm
[Besser 8.0-0 und jetzt darf Schwarz nicht ♘xe4? spielen wegen *(8...b5 9.♗b3 ♘a5)* 9.♘xe5! mit weißem Vorteil]

(Diagramm)

8...b5
[Jetzt wäre 8...♘xe4! gegangen: 9.♘xe5 dxe5 10.♕h5+ *(10.♗xc6+? bxc6 11.♕h5+ g6 12.♕xe5+ ♕e7 13.♕xh8 ♘f6+ 14.♗e3 ♔f7−+)* 10...g6 11.♕xe5+ ♕e7 12.♕xh8 ♘c3+ 13.♗e3 ♘xa4∓]

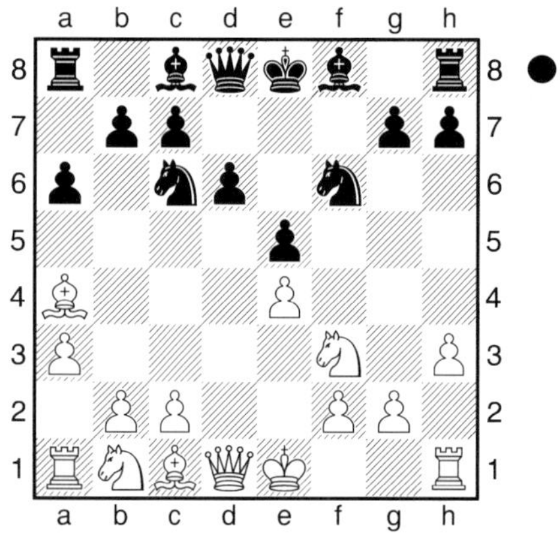

9.♗b3 ♘a5
[9...♘xe4? 10.♕d5+−]
10.♗a2 h6?! Schwarz will ♘g5 verhindern, schwächt aber seinen Königsflügel ernsthaft
[Besser 10...c5 was 11.♘g5 mit c4= pariert]
11.♘c3
[Oder 11.♘h4 g5 12.♘g6 ♖h7 13.h4±]
11...♗b7 12.♕e2 ♕d7 13.b4 ♘c6?!
[Besser 13...♕c6 14.♗b2 ♘c4 15.♗xc4 ♕xc4±]
14.♗b2 ♘e7 15.♖d1 ♕c6 16.♘d5 ♘fxd5
[16...0-0-0?! ist zweischneidig, z.B. 17.c4 bxc4 18.♗xc4 und die weiße Stellung ist vorzuziehen]
17.exd5 ♕d7 18.0-0 ♘g6 Diagramm

(Diagramm)

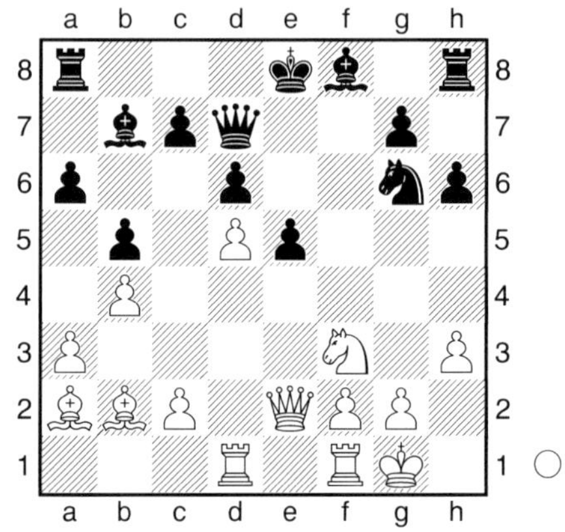

19.♗c1
[19.♘xe5! dxe5 *(19...♘xe5 20.f4+−)* 20.♕h5+− Weiß bekommt das Material mit Zinsen zurück, da Schwarz nicht ♕d6? spielen darf wegen 21.♗xe5!+− z.B. ♕b6 22.♗d4 ♕d6 23.♖de1+ ♔d8 24.♖e6]
19...♕f7 20.♕e4 ♗e7 21.c4 ♗c8?

Diagramm
[Besser 21...♘f4!? 22.♗xf4 ♕xf4 23.♕c2±]

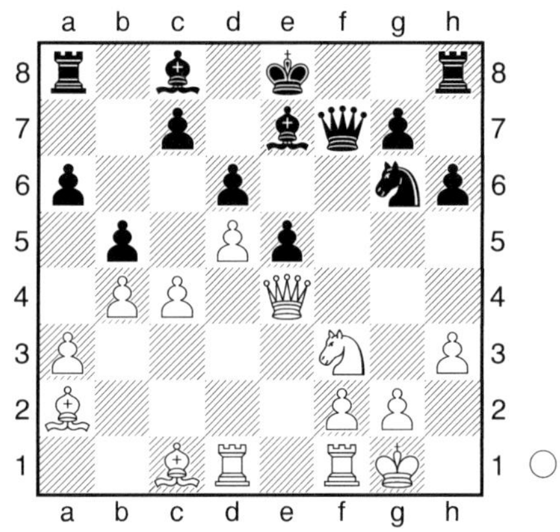

22.♗b1! ♘f8
[Auch auf 22...♘f4 folgt wie in der Partie 23.♘xe5! dxe5 24.d6+− mit Gewinn]
23.♘xe5! dxe5 24.d6 Durch den Abzug erhält Weiß das geopferte Material zurück, und die schwarze Stellung ist desolat **♖b8 25.dxe7 ♕xe7 26.c5 ♘d7 27.f4 exf4 28.♕xf4** Auf die Drohung ♖e1 mit Damengewinn gibt es keine ausreichende Parade

mehr
[28.♕xf4 ♘f8 *(28...♔d8 29.c6+−)* 29.♕g3 ♗d7 30.♖fe1 ♘e6 31.♗g6+ ♔f8 32.♖f1+ ♔g8 33.♗f7++−]
1-0

C45

□ **Shirov,Alexei**
■ **MBR**
Simultan (20 Bretter) 04.11.1992
[MBR]

1.e4 e5 2.♘f3 ♘c6 3.d4 Schottisch **exd4 4.♘xd4 ♗c5 5.♗e3 ♕f6 6.c3 ♘ge7 7.♗c4 d6 8.0-0 ♘e5 9.♗e2 ♕g6 10.f3 ♗h3!?**
[10...0-0 ist die Buchvariante]
11.♖f2 0-0 12.♔h1
[12.♘d2]
12...♗d7 13.g4? Weiß will ...f5 verhindern
[⌓13.♘d2]
13...♘xg4! Eine böse Überraschung für Weiß! **14.fxg4 ♕xe4+∓** Ich hatte zu viel Respekt vor dem Supergroßmeister und habe hier Remis angeboten, was Weiß wohl annehmen muß. Am darauffolgenden Wochenende traf ich ich Shirov beim Bundeligakampf des Hamburger Schachklubs wieder, wo er am Spitzenbrett gegen Dr. John Nunn wiederum Schottisch spielte. Als er mich sah, kam er - fein gekeidet wie immer - über die Barriere zu mir und meinte nur: "Schottisch kaputt!".
[14...♕xe4+ 15.♖f3□ ♗xg4 16.♗g1 ♖ae8 17.♘d2 ♗xf3+ 18.♘2xf3 *(18.♘4xf3 ♕f4 19.♗xc5 dxc5∓)* 18...♘g6∓]
½-½

B88

□ **MBR**
■ **Schulenburg,Fabian**
Stadtliga Hamburg 1992
[RG]

1.e4 c5 2.♘f3 ♘c6 3.d4 cxd4 4.♘xd4 ♘f6 5.♘c3 d6 6.♗c4 e6 7.0-0 ♗e7 8.♗b3 a6 9.♔h1 ♕c7 10.f4 b5 Diagramm

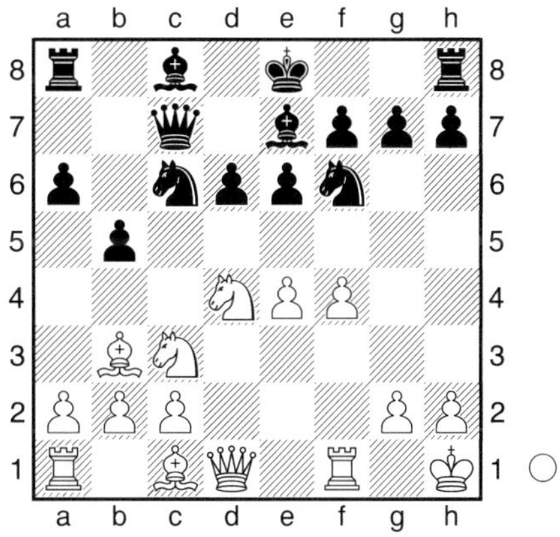

11.f5! ♘xd4 12.♕xd4 e5?
[12...0-0 13.fxe6 ♗xe6 14.♗g5 ♘g4 15.♘d5 ♗xd5 16.♕xd5 ♘e5 17.♗f4 Kaidanov-Serper, Asheville 1997, Remis nach 36 Zügen]
13.♘d5! ♕a7 14.♕d3
[14.♘xf6+ gxf6 *(14...♗xf6 15.♕xd6±)* 15.♕d5 ♖f8 *(15...0-0? 16.♖f3+−)* 16.♗e3 ♕b8 17.a4 ♗b7 18.♕d3 b4 *(18...♗c6 19.♗d5+−)* 19.c3 bxc3 20.a5!+−]
14...♘xd5 15.♗xd5 ♗b7 16.♗e3 ♕b8 17.♖ad1 ♗xd5 18.♕xd5 0-0 19.f6!?± Sehr scharf gespielt
[Auf 19.♖d3!? mit der Drohung f6 kann Schwarz ♕d8! spielen]
19...♗xf6 20.♖xf6 gxf6 21.♗h6 ♖a7 Diagramm
[21...♔h8 22.♗xf8 ♕xf8±]
[21...♖d8? 22.♕b3!+− nebst Matt]

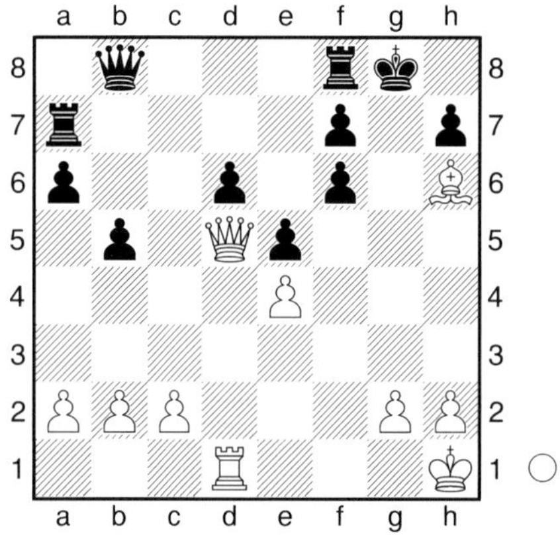

22.♕d3
[22.♕d2!+− ♔h8 Schwarz hat nichts Besseres, *(denn auf 22...♕b6* um ♕f2 zu verhindern, folgt *23.♕e1 ♔h8 24.♗xf8+−)* 23.♕f2! mit Doppelangriff auf f6 und ♖a7 entscheidet sofort]
22...♔h8!
[22...♕c8? 23.♕g3++− nebst Matt]
23.♕f3! f5 24.♕xf5 f6 25.♗xf8 ♕xf8 26.♕e6 ♖c7 27.c3 ♖c4 28.♕f5
[28.h3! ♖xe4 29.♖xd6+− mit Gewinn, z.B. ♖e1+ 30.♔h2 e4 31.♕d5+−]
28...♖c7 29.h3 ♕e7 30.a3 ♖c4 31.♖d3 ♖c7 32.h4 ♖d7 33.♖d5 ♕g7 34.h5 ♔g8 35.♔g1 ♔f7?
Schwarz will unbedingt ♕e6+ verhindern
[35...♖d8 36.♕e6+ ♕f7 37.♖xd6 ♖xd6 38.♕xd6 ♕a7+ 39.♔h2 ♕f2± und Schwarz kann wahrscheinlich Remis halten]
36.♕xd7+
1-0

C67

□ **MBR**
■ **Lindner**
Stadtliga Hamburg 1993
[RG]

1.e4 e5 2.♘f3 ♘c6 3.♗b5 ♘f6 4.0-0 ♘xe4 5.d4 ♘d6 6.♗xc6 dxc6 7.dxe5 ♘f5 8.♕xd8+ ♔xd8 9.♗f4 ♗e6 10.♘c3 h6 11.h3 ♔c8 12.♖fd1 b6 13.a4 ♔b7
[13...♗b4]
14.a5 a6 15.axb6 cxb6 16.g4 ♘e7 17.♘d4 ♗c8
[Besser 17...♘d5=]
18.♘e4 ♘d5 19.♗g3 h5 Diagramm

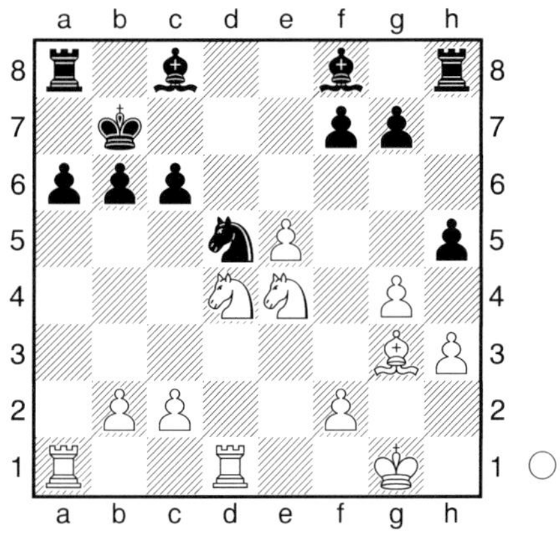

20.♘f5
[20.♘g5!? ♗e7 21.♘xf7 ♖f8 22.♘d6+ ♗xd6 23.exd6 hxg4± ist zu wenig]
[20.c4! ♘b4 21.♘g5 ♗e7 22.♘xf7 ♖f8 23.♘d6+ ♗xd6 24.exd6 hxg4 25.d7! ♗xd7 26.♘c2!± ist ohne Computer kaum zu finden, z.B. ♘xc2? 27.♖xd7+ ♔c8 28.♖ad1 und Schwarz kann das Matt nicht mehr verhindern]
20...♗xf5 21.gxf5 b5 22.c3 ♗e7 23.b3 ♖ad8 24.c4 ♘b6 25.c5 h4 26.♗h2 ♖xd1+ 27.♖xd1 ♘d5

28.♘d6+ ♗xd6 29.cxd6 ♖e8
Diagramm

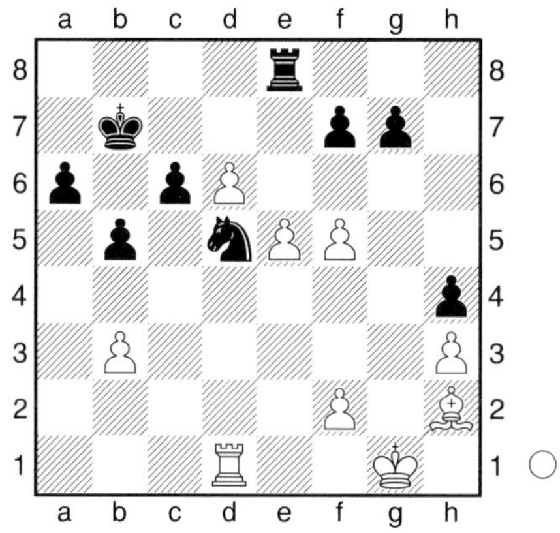

30.d7!+−
[oder 30.e6! fxe6 31.fxe6 ♖xe6 32.d7+−]
30...♖d8 31.♖xd5!?
[oder 31.e6! fxe6 32.fxe6 ♘e7 33.♗d6+−]
31...cxd5 32.e6 ♔c6 33.e7 ♔xd7 34.exd8♕+ ♔xd8 35.♗e5 f6 36.♗d4 1-0

E37
□ **Lazarev,Vladimir 2440**
■ **MBR**
Wichern op 2nd (1) 1993
[MBR; RG]

1.d4 e6 2.c4 ♘f6 3.♘c3 ♗b4 4.♕c2 d5 5.a3 ♗xc3+ 6.♕xc3 ♘e4 7.♕c2 c6 Sehr solide
[7...c5 8.dxc5 ♘c6 ist die Theoriefortsetzung]
8.♗f4 ♘d7 9.e3 f5 10.h4!? dxc4 11.♗xc4 ♘b6 12.♗a2?! Weiß will gegen die Schwäche e6 spielen
[Besser 12.♗d3]
12...♘d5! Die Widerlegung des weißen Plans **13.♗e5?!**
[Interessant wäre 13.0-0-0!?]
13...0-0
[13...♕a5+ 14.♔f1± nebst Sh3]
14.♘f3?!
[14.0-0-0 kommt immer noch in Betracht]
14...a5 15.♗c4 Weiß korrigiert seinen 12. Zug **a4 16.♗d3**
[16.0-0-0?! ist jetzt nicht mehr gut wegen b5 nebst ... b4]
16...♕a5+ 17.♔e2?!
[Besser ist aber 17.♘d2 ♘xd2 *(17...♘df6?! 18.f3 ♘xd2 19.♕xd2±)* 18.♕xd2 ♕xd2+ 19.♔xd2±]
17...♘df6!?
[Oder 17...c5!? mit komplizierten Verwicklungen, die sich am Brett kaum berechnen lassen, z.B. 18.♘g5 *(18.dxc5 ♘xc5=)* 18...b6 19.♘xe4 fxe4 20.♗xe4 ♗a6+ 21.♔d1 cxd4 22.♗xh7+ ♔h8 23.exd4 ♖ac8 24.♕g6 ♘f6∓ mit der Drohung ... ♕b5 25.♖c1 ♕b5 26.♖c2 ♕b3 27.♖h3 ♕b5 28.♖h1 ♕b3 29.♖h3 ♕b5= Zugwiederholung]
18.♖af1!? ♗d7 19.♘g5 Diagramm

(Diagramm)

c5! 20.f3 cxd4
[20...♖ac8!? 21.♕d1 *(21.♗xe4 cxd4 22.♕d2 ♕xe5−+)* 21...c4 22.♗b1 c3 23.fxe4 ♗b5+ 24.♔f2 ♘g4+ 25.♔f3 ♗xf1−+]
21.♗c7
[21.exd4?! ♖ac8 22.♕d1 ♗b5! 23.fxe4 fxe4 24.♘xe4 ♘xe4∓]
21...♕c5!
[Oder 21...♖fc8! 22.♗xa5 ♖xc2+ 23.♗xc2 ♘g3+ 24.♔f2 *(24.♔e1 ♖xa5−+)* 24...♘xh1+ 25.♖xh1 dxe3+ 26.♔xe3 ♖xa5∓]
22.fxe4 ♕xc2+ 23.♗xc2 ♖ac8
Diagramm

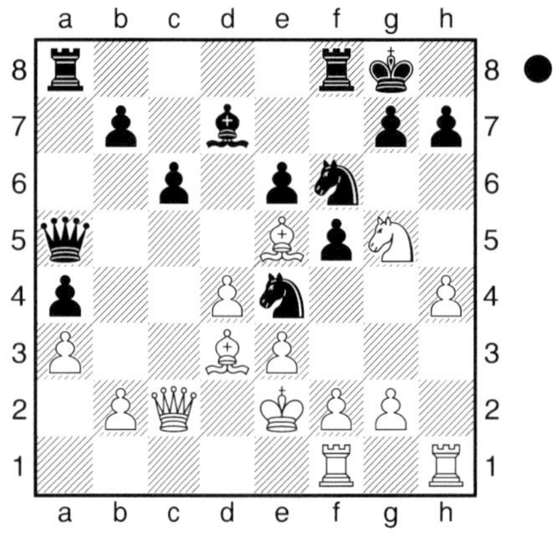

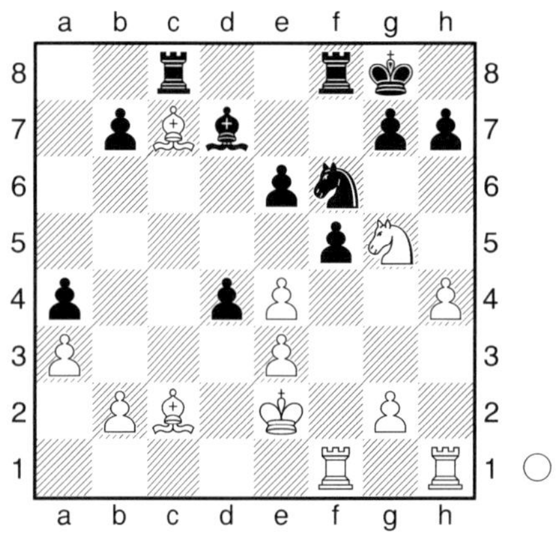

24.exf5 ♖**xc7** **25.**♗**d3** **exf5!**

[25...e5 , die Empfehlung von GM Reiner Knaak, ist nicht so gut wegen 26.exd4 mit Ausgleich]

26.exd4 Diagramm

(Diagramm)

♖**e8+** Schwarz steht besser, deshalb nimmt Weiß das Remisangebot sofort an. Eine starke Leistung gegen den russischen Großmeister, der damals noch IM war!

½-½

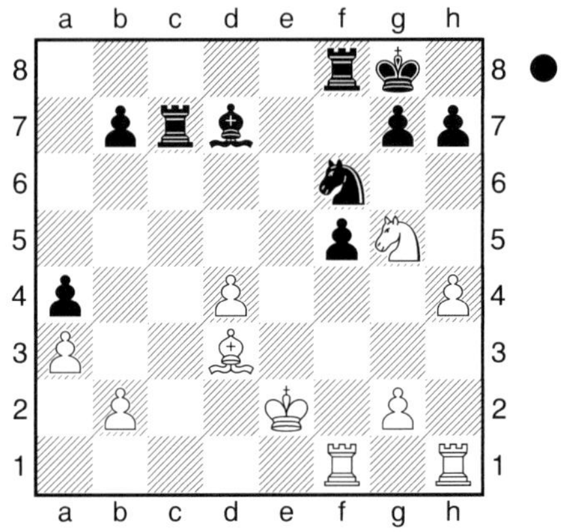

B15

□ **MBR**

■ **Siebrecht,Sebastian** **2330**

Wichern op 2nd (2) 1993

[RG]

1.e4 g6 2.d4 ♗**g7 3.**♘**c3 c6 4.**♗**e3 d5 5.e5 h5!? 6.**♘**f3** ♘**h6 7.**♗**d3** ♘**a6 8.a3** ♘**c7 9.h3** ♘**f5 10.**♗**d2?!**

[10.♕e2±]

10...b6

[10...♘e6!? 11.♗xf5 gxf5 mit unklarer Stellung]

11.♘**e2!?** ♗**a6 12.**♗**xa6** ♘**xa6**

Diagramm

(Diagramm)

13.e6!± Dieser riesenstarke Zug, mit dem der Schwarze, der mittlerweile Großmeister ist, offenbar überhaupt nicht gerechnet hatte, bringt Weiß in Vorteil **f6**

[13...fxe6? 14.♘f4± Doppelangriff gegen e6 und g6 ♔f7? 15.♘g5++−]

[13...0-0? 14.g4!± hxg4 15.hxg4 ♘d6 16.♘e5 ♗xe5 17.dxe5 ♘e4 18.f3 ♘ec5 19.exf7+ ♖xf7

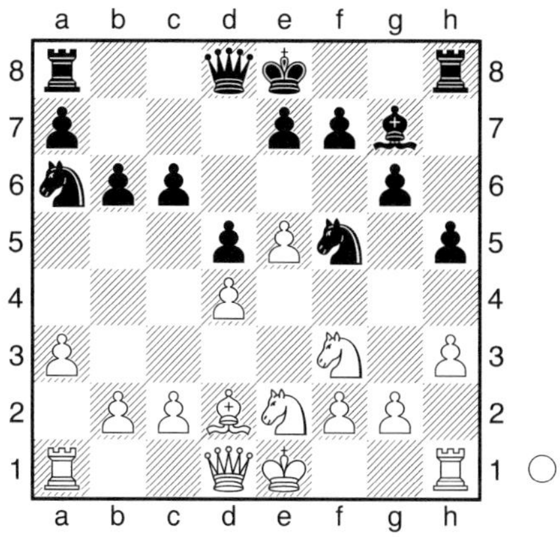

20.♘d4±]

14.h4?! Weiß will ♘f4 vorbereiten, das war aber gar nicht nötig:

[14.♘f4! Trotzdem! g5!? 15.♕e2!± Diesen Zug hätte Weiß finden müssen

A) 15...♘c7? 16.♕d3! ♘d6 17.♘xh5 ♘xe6 *(17...♖xh5? 18.♕g6++−)* 18.h4!± ;

B) 15...gxf4 16.♕xa6 ♕c8 17.♕e2±]

14...♗h6

[14...♕c8 15.♘f4 ♗h6 16.0-0!= *(16.♘xg6?! ♕xe6+∓)*]

15.♗xh6 ♖xh6 16.♘f4

[16.♕d2 ♕d6 17.0-0-0 ♕xe6 18.♘g3!= ♖h7 *(18...♘xg3? 19.♕xh6 ♘xh1 20.♕h8+ ♔d7 21.♕xa8±)* 19.♖he1 ♕d7 20.♘xf5 ♕xf5 21.♕c3! ♔d7 *(21...♕d7? 22.♕d3!±)* 22.♖d3 ♘c7 23.♖de3⩱ mit Kompensation]

16...♕d6 17.g3 ♘c7 18.♕d3?!

[Besser 18.♕e2 g5 19.hxg5 fxg5 20.♘xg5 ♘xd4 21.♘f7!?=]

18...♘xe6 19.♘xg6 ♘fxd4!
Durch diesen Zwischenzug kommt Schwarz mit einem Mehrbauern aus der Abwicklung heraus **20.♘xd4 ♘xd4 21.0-0-0**

[Besser 21.♕xd4 ♖xg6 22.0-0-0∓]

21...e5 22.♖he1 0-0-0 23.c3?!

[23.f4 e4 24.♕xd4 ♖xg6 25.♖xe4 ♖xg3 26.f5∓ mit guten Remischancen Z.B. c5 27.♕d2 ♖g1 28.♖xg1 dxe4 29.♕xd6 ♖xd6 30.♖g8+ ♔d7 31.♖g7+ ♔d8 32.♖xa7 e3 33.♖a8+ ♔e7 34.♖a7+= mit Zugwiederholung, da Schwarz nicht die Türme tauschen darf]

23...♘b3+ 24.♔c2 ♘c5 25.♕f5+ ♔b7
Die Aufgabe kam etwas zu früh

[25...♔b7 Mit 26.f4 hätte Weiß noch gut weiterkämpfen können]

0-1

C89

□ **Sellack**
■ **MBR**
HMM Hamburg 02.03.1994
[RG]

1.e4 e5 2.♘f3 ♘c6 3.♗b5 a6 4.♗a4 ♘f6 5.0-0 b5 6.♗b3 ♗e7 7.♖e1 0-0 8.c3 d5 Das Marshall-Gambit **9.exd5 ♘xd5 10.a4!?**

[Nach der Annahme des Bauernopfers mit 10.♘xe5 ♘xe5 11.♖xe5 c6 12.d4 ♗d6 entsteht eine komlizierte Stellung, in der der bessere Taktiker im Vorteil ist]

10...b4!?

[10...♗b7 11.axb5 axb5 12.♖xa8 ♗xa8 13.d4 exd4 14.♘xd4 ♘xd4 15.♕xd4 ½-½ Bolbochan-Rossolimo, Mar del Plata 1950]

11.h3

[11.♘xe5!? Topalov]

11...♗f6 12.a5 ♗f5 13.♗a4
Verstärkt den Druck gegen ♙e5

[Agressiver ist 13.d4 wie in Morozevich-Harikrishna 2007]

13...♘de7

[13...♘xa5 14.♘xe5=]

14.cxb4?

[14.d4!? Mit diesem Bauernopfer hätte Weiß seine Stellung noch halbwegs konsolidieren können, z.B. exd4 15.cxd4 ♘xd4 16.♘xd4 ♗xd4 17.♗g5]

14...e4! 15.♘h2 ♘xb4∓ Diagramm

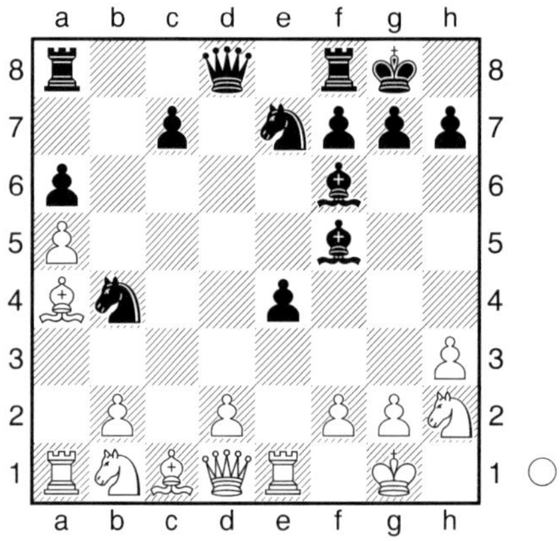

Schwarz hat die Eröffnung gewonnen, und jetzt gelingt es Weiß nicht mehr, sein Figurenspiel zu koordinieren

16.♘g4 ♗d4 17.♘e3 ♗g6 18.♘c3 ♕d6 19.b3 f5 20.♗a3 c5 21.♖f1 ♖ad8

[21...f4 22.♘c4 ♕c7]

22.♖c1

[22.♖b1 f4 23.♘c4 ♕f6 24.♘e2 ♗h5−+ ist auch hoffnungslos für Weiß]

22...♘d3−+ 23.♖b1 f4 24.♘c4 ♕f6 25.♘e2 ♗h5 26.b4 Diagramm

(Diagramm)

♘f5 Hier hat Schwarz schon mehrere Möglichkeiten, das Spiel zu entscheiden

[26...♘xf2!? 27.♖xf2 ♗xf2+ 28.♔xf2 f3−+]

[26...♕g5−+]

27.bxc5 ♘g3 28.♖b6 ♘xe2+ 29.♔h2

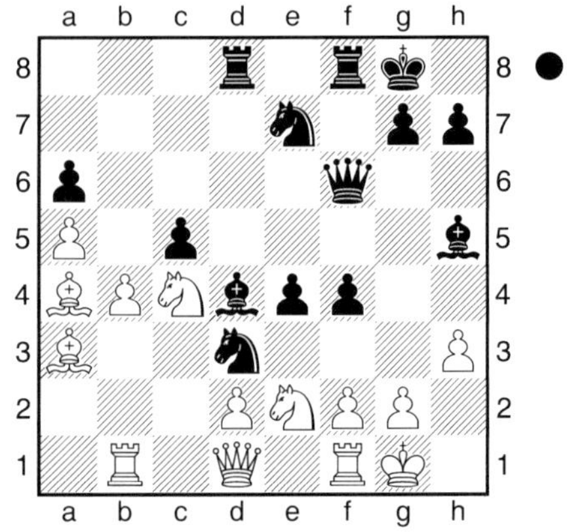

[29.♕xe2 ♗xe2 30.♖xf6 ♖xf6−+]

29...♕h4 30.♕b3 ♔h8 Matthias geht kein unnötiges Risiko ein und pariert das Abzugschach. Weiß ist völlig hilflos

[Ein Zug für die Galerie wäre 30...♕g3+! Diagramm

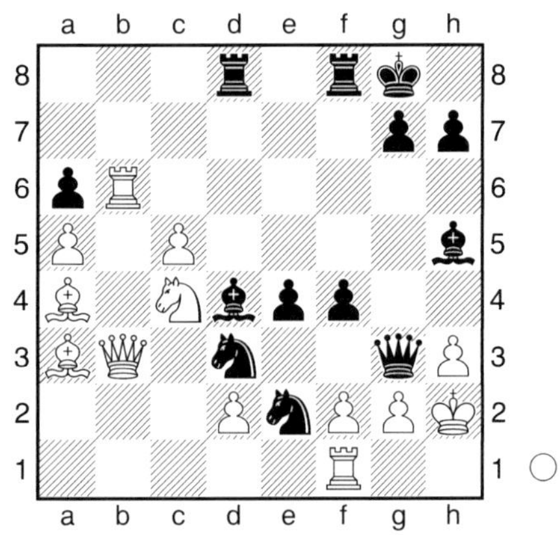

gewesen: 31.fxg3 *(31.♔h1 ♘xf2+ 32.♖xf2 ♕xf2 33.♕b1 f3* nebst Matt *)* 31...fxg3+ 32.♔h1 ♖xf1#]

31.♘d6 ♘xf2 32.♖xf2 ♕xf2 33.♘xe4

[33.♕b1 f3−+ nebst Matt]

33...♕g1#

0-1

C23

MBR

Löffler,D

Deutsche Juristenmeisterschaft

[RG]

1.e4 e5 2.♗c4 b5?! 3.♗xf7+!?N
Diagramm

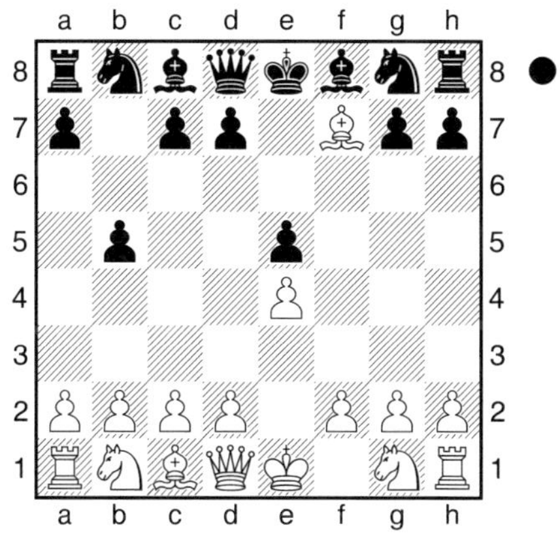

Ein tollkühnes Opfer **♔xf7 4.♕h5+ g6 5.♕xe5 ♘f6 6.♘c3**
[6.♕xb5 ♘c6 *(6...♘xe4? 7.♕d5+)* 7.♘f3∞ unklar]
6...d6
[Besser 6...b4! 7.♘d5 ♘c6−+]
7.♕xb5 Jetzt hat Weiß 3 Bauern für die Figur **c6 8.♕e2 ♗h6 9.♘f3 ♖e8 10.d3 ♗xc1 11.♖xc1 h6 12.0-0 ♘bd7 13.♕e3 ♔g7 14.♘d4 ♕b6 15.b3 ♘g4 16.♘a4 ♕c7**
[Besser 16...♘xe3 17.♘xb6 axb6 18.fxe3 ♘e5 19.a4 ♖a7∓]
17.♕g3 ♘de5?! 18.f4± Weiß ist bereits im Vorteil **♘f7 19.h3**
[Oder 19.f5!? ♘ge5 20.fxg6 ♘xg6 21.c4±]
19...♘f6 20.f5 ♘h8?
[20...g5 21.h4 ♗d7 22.hxg5 hxg5 23.♘f3 ♘h5 24.f6+ ♔g6 *(24...♔xf6? 25.♘e5++−)* 25.♘h4+ ♔h6 26.♕e3∞ mit unklarer Stellung]
21.♔h1 mit der Idee ♘c5
[oder 21.c4+− mit der Idee c5]
[bzw. 21.fxg6 ♘xg6 22.♘f5+ ♔h7 23.♘xd6 ♖f8 24.e5+−]
21...♖b8 22.♘c5 ♘h5 23.♕h2 ♖e5?
Diagramm

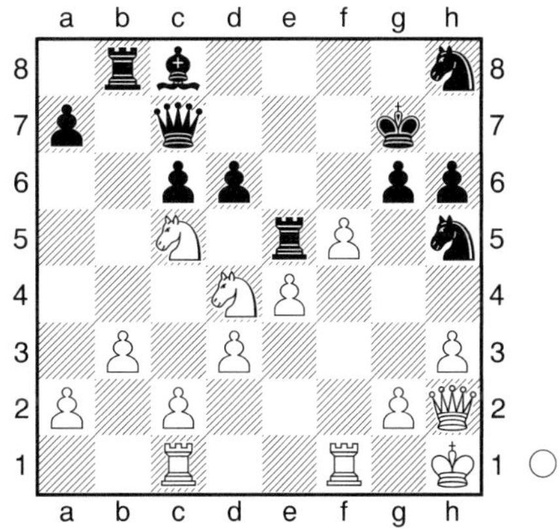

24.♘ce6+!?
[24.♕xe5+! dxe5 25.♘de6++−]
24...♗xe6 25.♘xe6+
[25.♕xe5+!+−]
25...♖xe6 26.fxe6 ♕e7
[Nach 26...♖e8 27.♖f2± muß Weiß sich noch anstrengen, um zu gewinnen]
27.e5 ♕xe6 28.g4 ♕d5+ 29.♔g1 ♕d4+ 30.♖f2
[Die Aufgabe nach 30.♖f2 kam etwas früh. Schwarz hätte noch Probleme stellen können: ♕e3 31.♖b1 ♘g3 32.♔g2 ♘e2 33.♖e1 ♘f4+ 34.♕xf4 ♕xe1 35.exd6± und Weiß muß noch lange für den Sieg kämpfen]
1-0

C24

□ **MBR**
■ **Haack**
Stadtliga Hamburg 1994
[RG]

1.e4 e5 2.♗c4 ♘c6 3.♘f3 ♘f6 4.d3 d5 5.exd5 ♘xd5 6.h3 ♘b6 7.♗b3 ♗e7 8.0-0 0-0 9.♖e1 ♔h8?
[9...♕d6]
10.♘xe5 ♘xe5 11.♖xe5 ♗d6 12.♖e1 f5 13.♘d2 g5? Diagramm

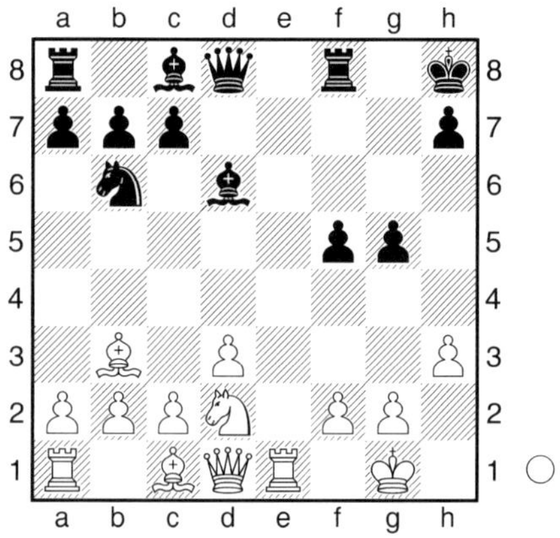

Schwarz entblößt bei unterentwickelter Stellung seinen Königsflügel **14.♘f3 f4 15.♗d2 h6 16.♘h2 ♔h7 17.♕h5 ♗c5 18.♗c3 ♘d5 19.♗xd5 ♕xd5 20.♖e5**
1-0

C08

□ **MBR**
■ **Klemm,G** **2035**
Stadtliga Hamburg 04.01.1994
[RG]

1.e4 e6 2.d4 d5 3.♘d2 c5 4.exd5 exd5 5.♗b5+ ♗d7 6.♕e2+ ♗e7 7.♘gf3 ♘f6 8.dxc5 0-0 9.♘b3 ♖e8 10.♗e3 ♗xc5 11.♗xd7 ♘bxd7 12.♘fd4
[12.♘xc5 ♘xc5 13.0-0 (*13.♕b5 ♖c8 14.0-0*)]
12...♗d6 13.g3 ♘e5 14.0-0-0 ♘c4 15.♘f5 ♗f8
[15...♖c8 16.♘xd6 ♕xd6∓ nebst ... a5]
[15...♗e5 16.c3 ♘e4!?∓]
16.♕f3 ♘e5 17.♕g2 ♕d7 18.♘bd4 ♕a4 19.♔b1 ♘c4 20.♗c1 ♖ac8 21.f3 ♖c5 22.c3!
[22.b3!?]
22...♕d7 Schwarz findet keinen Weg, seinen Angriff zu verstärken
[22...♖a5?! 23.b3 ♘a3+ 24.♔a1 ♕d7 25.♖he1±]
23.♖de1
[23.♖he1]
23...♖cc8 24.♗g5 ♘d6? Diagramm

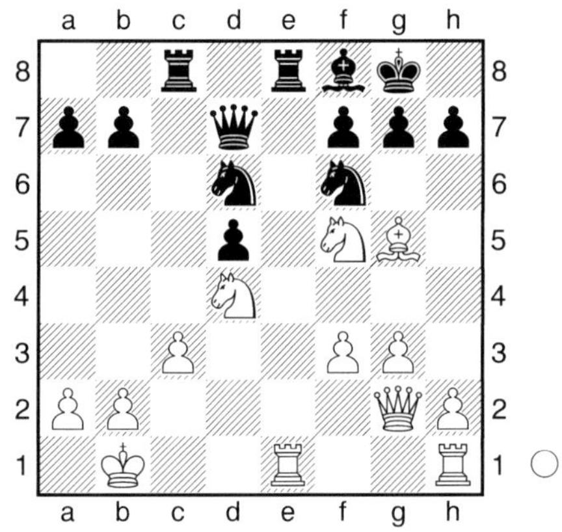

25.♕h3
[25.♗xf6 ♘xf5 26.♕h3 ♕d6 27.♕xf5 ♕xf6 28.♕xd5±]
25...♘xf5 26.♗xf6! gxf6
[26...g6 27.♘xf5 ♕xf5+ 28.♕xf5 gxf5± spielt man auch nicht gern]
27.♕xf5
[27.♘xf5 ♕c6 28.♘d4 ♕c4 29.♕g4+ ♔h8 30.♕d7±]
27...♕xf5+ 28.♘xf5 ♖e5 29.♖xe5! fxe5 30.♖d1± ♖d8 31.g4

[31.♔c2 ♗c5 32.c4 d4 33.♔d3±]
31...f6 32.♘e3 d4 33.♘f5 ♗c5
[33...d3 34.♔c1 ♔f7 35.♔d2 ♔g6 36.b4±]
34.♔c2 ♖c8 35.cxd4 ♗xd4+ 36.♔d3 ♖c7 37.♘xd4 exd4 38.♔e4
[38.♖d2!± mit der Idee Kxd4, und Weiß kann noch auf Gewinn spielen, auch wenn Turmendspiele meistens remis sind]
38...♖c2 39.♖xd4 ♖xb2 40.♖d7 ♖xa2 41.♖xb7
½-½

C44
□ **Fabig,Holger 2053**
■ **MBR**
Stadtliga Hamburg 29.03.1995
[GJ; RG]

1.e4 e5 2.d4 exd4 3.c3 d5 4.exd5 ♕xd5 5.cxd4 ♘c6 6.♘f3 ♗f5!?
[Die Hauptvariante ist 6...♗g4 7.♗e2 ♗b4+ *(7...0-0-0!?)* 8.♘c3]
7.♘c3 ♗b4 8.♗e2 ♘f6 9.0-0 ♗xc3 10.bxc3 0-0 11.c4 ♕e4 12.♗b2 ♖fe8N 13.♖e1 ♘b4 14.♗f1 ♕c2 15.♕xc2 ♘xc2 16.♖xe8+ ♖xe8 17.♖c1 h6
[17...h5! 18.♘e5 ♘g4!?=]
18.♘e5 ♖d8 19.d5 ♘b4 20.a3 ♘a6 21.f3 ♘c5 22.g4 ♗h7 23.♗d4?
[⌓23.♖e1±]
23...♘b3 24.♗b2
[24.♖d1? ♗c2−+]
24...♘xc1 25.♗xc1 ♘d7 26.f4 f6
[⌓26...♘c5 27.♗e3 ♘e4−+]
[26...♗e4∓]
27.♘xd7 ♖xd7 28.♗e3 b6 29.♔f2
[⌓29.f5]
29...♗e4 30.h4 f5
[30...c6!]
31.gxf5 ♗xf5−+ 32.♔f3 ♖f7 33.c5?! ♔f8
[33...♖e7 34.♗c4□ ♗e4+ 35.♔f2 ♔f8−+]
34.c6?! g5
[⌓34...♔e7 35.♗d2 a5−+]
35.hxg5 hxg5 36.♗d4? Diagramm

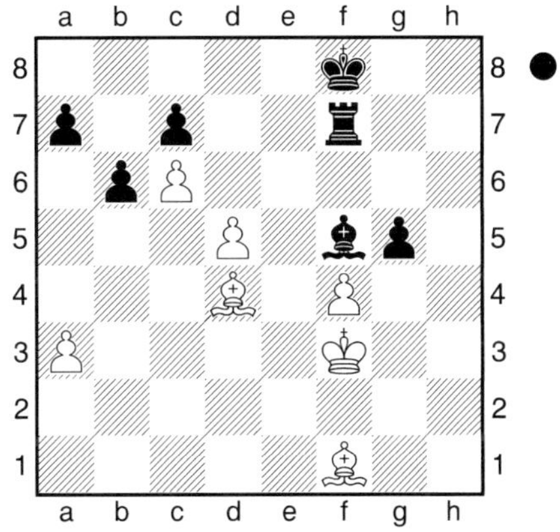

; Kurz vor der Zeitkontrolle übersehen beide Gegner eine taktische Finesse
g4+?
[36...♗e6! 37.dxe6 *(37.♗e5 ♗xd5+ 38.♔g4 gxf4 39.♗xf4 ♗xc6−+)* 37...♖xf4+−+]
[36...♗g4+!?−+]
37.♔g3 ♖h7 38.♗g2 ♔e8 39.♗e5
Jetzt hat Weiß eine Festung errichtet
♔d8
[Ein letzter Versuch wäre 39...b5!? gewesen. Nach 40.d6!? *(40.♗c3 ♗e4! 41.♗xe4 ♖h3+−+)* 40...cxd6 41.♗xd6 ♔d8 42.♗e5∓ ist es unklar, ob Weiß die Stellung halten kann]
40.♗f6+ ♔e8
[40...♔c8 41.♗e5 b5 42.♗c3 a6]
41.♗e5 ♔d8
½-½

B50

□ **MBR**

■ **Gazmaga,Stefan** **2235**

Wichern-Open 1995

[MBR; RG]

1.e4 c5 2.♘f3 d6 3.c3 ♘f6 4.♗d3 g6

[4...c4 5.♗xc4 ♘xe4 6.♕a4+ ♗d7 7.♗xf7+]

5.0-0 ♗g7 6.♗c2 0-0 7.h3 ♘c6 8.d4 ♘d7 9.d5 ♘a5

[9...♘ce5 10.♘xe5 ♘xe5 11.f4 ♘d7 12.a4!±]

10.a4! c4 11.♗e3 ♘b6 12.♘a3 ♗d7 13.♘b5⩲

[oder 13.♕e2⩲]

13...a6 14.♘bd4 ♗e8 15.♘d2

[oder 15.♕d2⩲]

15...♘d7 16.f4! ♕c7 17.♘2f3 ♖d8 18.♕d2 ♘c5 19.♖a3 e6

[19...♘ab3 20.♘xb3 ♘xb3 21.♗xb3 cxb3 22.♕f2]

20.f5 e5 21.fxg6! hxg6

[21...exd4 22.gxh7+ ♔xh7 23.cxd4+− Δ♘cb3 24.♘g5+ ♔g8 25.♕f2]

22.♘e2 f6 23.g4 ♗h8 24.♘g3 ♕h7 25.♔g2 ♗d7 26.♖h1 ♘ab3 27.♗xb3 ♘xb3 28.♕e2 ♖c8 29.♘d2 ♘xd2 30.♗xd2 ♗g7

[Hier verpasst Schwarz das rettende ⌓30...f5!?]

31.♕e3! ♖c5∞

[31...f5!? 32.gxf5 gxf5∓]

32.b4! cxb3 33.♖xb3 b5?!

[⌓33...f5!]

34.axb5 ♗xb5 Diagramm

(Diagramm)

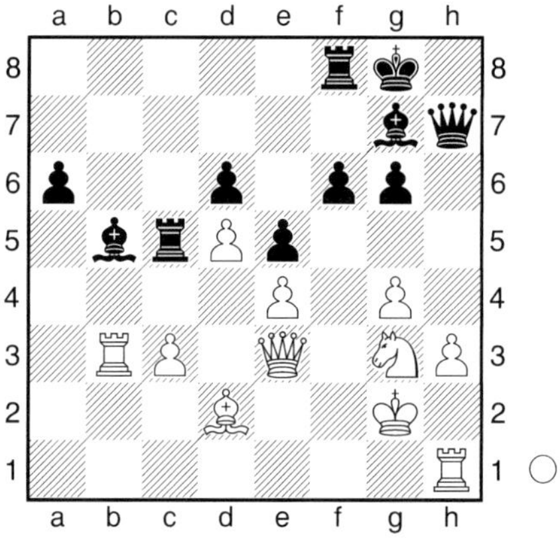

35.h4! ♖fc8 36.h5 g5 37.♘f5

[Oder 37.♕f3! mit der Drohung h6!]

37...♗f8 38.h6 ♖8c7 39.♖bb1 ♖c4 40.♖bf1 ♕g6 41.h7+! ♔h8□

[41...♖xh7 42.♖xh7 ♕xh7 43.♖h1 ♕c7 44.♕h3 ♗g7 45.♕h7+ ♔f8 46.♘h6!+− ♗xh6 47.♕h8+ ♔e7 48.♖xh6+−]

42.♖a1 Weiß kann sich jetzt Zeit lassen, Schwarz kann nur abwarten

[42.♖h5]

42...♖b7

[42...♖xh7?? 43.♖xh7+ ♕xh7 44.♖h1+−]

43.♖h5! ♖cc7 44.♖ah1 ♗a4 45.♗c1!?

[45.♕e2!

A) 45...a5 46.c4 ♖xh7 47.c5! dxc5 48.♕c4! ♗e8□ 49.d6 ♕g8 50.♘e7! ♖bxe7 51.dxe7 ♗xh5□ 52.exf8♕ ♕xf8 53.gxh5± ♕d8 *(53...♕a8 54.♔f2±)* 54.♗e3± ;

B) 45...♗b5 46.♕f3 ♗c4 *(46...♖xh7 47.♗c1 ♖xh5 48.♖xh5+ ♖h7 49.♗a3±)* 47.♖xg5!! fxg5 48.♘h4 gxh4 *(48...♕g7 49.♘g6+ ♕xg6 50.♕xf8+)* 49.♕xf8+ ♔xh7 50.♖xh4+]

45...♖b3 46.♗d2 ♖b2

[Nach 46...♖bb7 hätte Weiß noch keinen Fortschritt erzielt]

47.♔g3 ♕e8 48.♖1h2 ♕b5 49.♕f3 ♖xd2?+−

[⌓49...♖b1!? 50.♘xd6 ♕f1 51.♖f2

♕g1+ 52.♖g2 ♕f1 53.♘f5 ♕xf3+ 54.♔xf3 ♖xh7 55.♖xh7+ ♔xh7 56.♗e3 ♖b3 57.♖a2 ♗b5 58.♖c2 ♗c4 59.d6 ♖b7 60.♗c5 ♖d7 61.♖d2±]

50.♖xd2 ♕b6

[50...♖xh7?? 51.♕h1+− *(oder 51.♘xd6+−)*]

51.♖h1 ♕b3? Diagramm

[⌓51...♗e8+−]

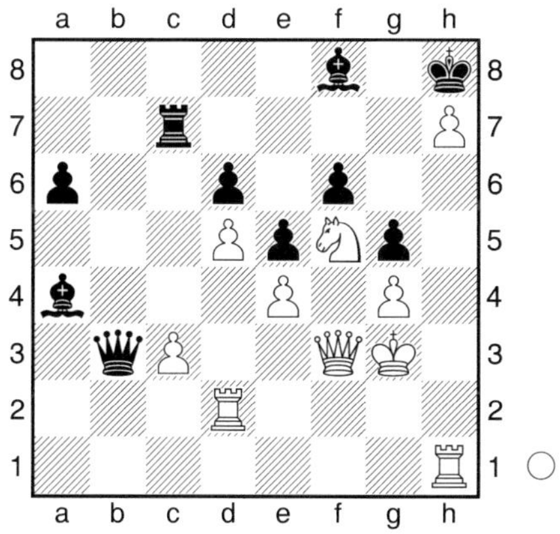

52.♖d3

[Hier findet die Engine natürlich sofort 52.♘d4!! ♕b8 *(52...♕xc3 53.♖d3+− ; 52...♕b7 53.♕xf6+ ♗g7 54.♕d8+* nebst Matt *)* 53.♘e6+− *(53.♕xf6+? ♗g7 54.♕xg5 exd4+)* 53...♗g7 54.♘xg7 ♖xg7 55.♕xf6+−]

52...♖xh7

[⌓52...♖f7]

53.♖xh7+ ♔xh7 54.♕h1+ ♔g8 55.♕h5 ♕b1

[55...♗g7 56.♕g6!+−]

56.♕g6+ ♔h8 57.♕xf6+ ♔g8 58.♕xg5+ ♔f7 59.♕h5+

[59.♘xd6+ ♗xd6 60.♖f3+ und Matt in sechs Zügen]

59...♔g8

[59...♔f6 60.g5#]

60.♕g6+ ♔h8 61.♖e3

[Es geht sogar 61.♕f6+ ♔g8 62.♕e6+ ♔h8 63.♕f7 ♕xd3+ 64.♔h4+− nebst Matt]

61...♕f1 Diagramm

[Auf 61...♕h1 gewinnt z.B. 62.♖e2 ♕g1+ 63.♔h4 ♕h1+ 64.♔g5+−]

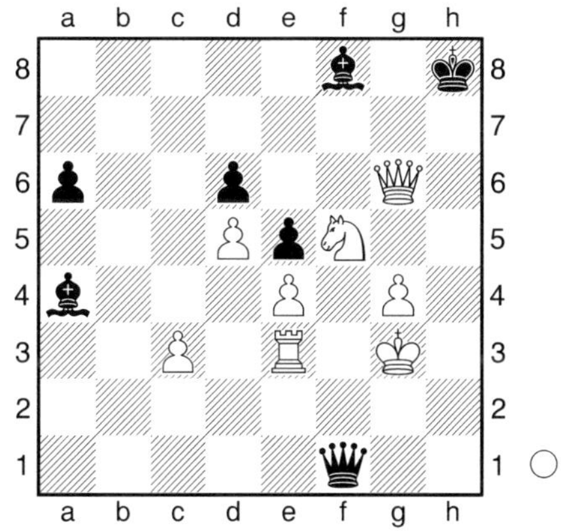

62.♕f6+ ♔g8 63.♘e7+

mit Damengewinn. Nach 4½ Stunden gegen den FM und Bundesligaspieler

1-0

A27

□ **Reuker,Matthias 2240**

■ **MBR**

Wichern-Open 02.10.1995

[RG]

1.c4 e5 2.♘c3 ♘c6 3.♘f3 f5 4.d4 e4 5.d5 Diagramm

(Diagramm)

♘b8?!

[5...exf3 6.dxc6 fxg2 7.cxd7+ ♕xd7 8.♕xd7+ ♗xd7 9.♗xg2 c6= *(9...0-0-0!?=)*]

6.♘d4 d6 7.f3!? Dieser Zug ist nicht energisch genug und erlaubt es

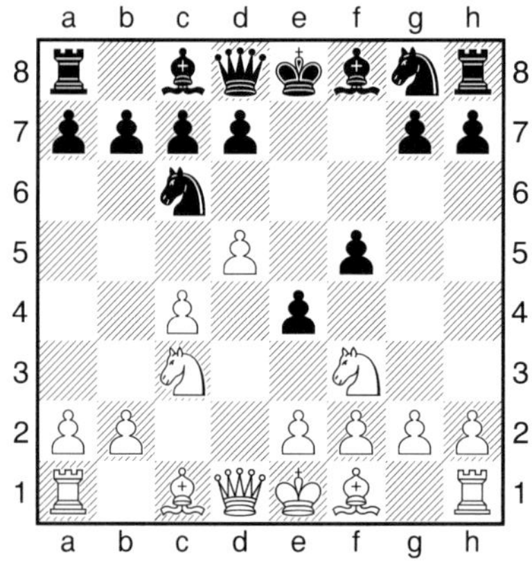

Schwarz, seine Stellung etwas zu konsolidieren

[7.g4!± fxg4□ 8.♘xe4 ♘f6 *(8...♗e7 9.♗g2 ♘f6 10.♘g5+−)* 9.♘g5 ♘a6 10.♗g2±]

7...♘f6 8.♗g5?! ♗e7 mit der Drohung ...Sxd5 **9.♗xf6 ♗xf6=** Danach hat Schwarz ausgeglichen **10.fxe4 fxe4**

[10...0-0!? 11.exf5 ♕e7⩱ ist unklar]

11.♘xe4 ♗e5! 12.♕d3 0-0 13.0-0-0 ♘a6 14.e3 b6?!

[14...♕e7 15.♗e2 ♘c5! 16.♘xc5 dxc5 17.♘f3 ♗f6= mit Ausgleich, da nach 18.e4 ♖e8 Weiß in die Defensive drängt]

15.♗e2 ♕e8 16.♖df1 g6?

[16...♖xf1+! 17.♖xf1 ♘b4 18.♕d2 ♘xa2+ 19.♔b1 ♘b4 20.♕xb4 ♗xd4 21.♗d3 ♗e5=]

17.♖xf8+ ♕xf8 18.♖f1± Diagramm

(Diagramm)

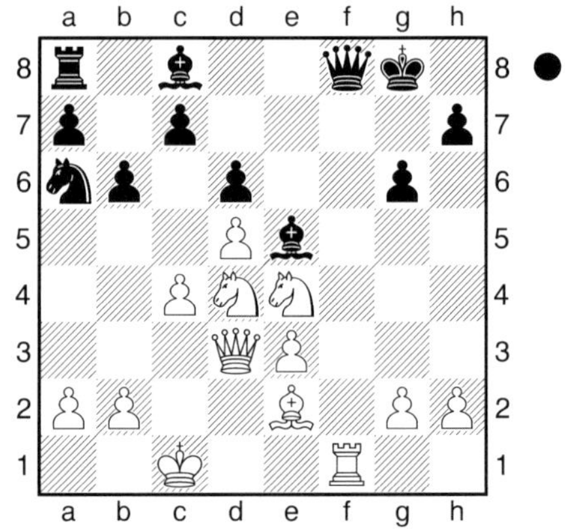

♕g7! 19.♘g5 ♗f6 20.h4

[20.♕e4!±]

20...♘c5 21.♕d2 ♗xg5 22.hxg5 ♘e4 23.♕d1

[23.♕e1!? ♗d7⩲ *(23...♘xg5?! 24.♕g3±)*]

23...♘xg5 24.♗g4 ♕e5= 25.♖e1 a5

26.♘c6 ♕e4 27.♗xc8 ♖xc8

[27...♕xc4+? 28.♔b1 ♕e4+ 29.♕c2!+−]

½-½

D02

□ **Kengis,Edvins 2565**

■ **MBR**

Wichern-Open (2) 1995

[RG]

1.♘f3 ♘c6 2.d4 d5 3.g3 ♗g4 4.♗g2 ♘f6?! Sieht natürlich aus, erlaubt Weiß aber, Se5 zu spielen, ohne daß Schwarz tauschen kann

[4...♕d7 ist der meistgespielte Zug, z. B. 5.h3 *(5.♘e5 ♘xe5 6.dxe5 c6=)* 5...♗f5= 6.♘c3!? ♘b4!? 7.e4! dxe4 8.♘h4∞]

5.♘e5 ♗f5 6.c4 ♘xe5

[6...e6 7.♕a4±]

7.dxe5 ♘g4 8.cxd5 ♘xe5 9.f4± Weiß hat die Eröffnung gewonnen, auch den Rest erledigt der Großmeister instruktiv

[9.♕b3 ♖b8 *(9...♕c8 10.♕c3 ♘g6 11.0-0± e6? 12.e4+−)* 10.♕a4+±]

9...♘g4 10.e4 ♗d7 11.h3 ♘h6

[11...♘f6 12.e5 ♘g8 13.♘c3+−]

12.♘c3 e6 13.♗e3 ♗e7 14.♕h5 c6 15.dxe6 ♗xe6 16.0-0 ♗b4 17.f5 ♕a5 18.♕g5 ♗xc3 19.bxc3 ♗c4 20.♕xg7 0-0-0 21.♖f2 ♖hg8 22.♕xh6 ♖xg3 23.♗d4 ♖dg8 24.♕d6 ♖d3 25.♔h2 ♕xc3 26.♗xc3 ♖xd6
1-0

C63

□ **Harasim,Michael**
■ **MBR**
Stadtliga Hamburg 20.03.1996
[RG]

1.e4 e5 2.♘f3 ♘c6 3.♗b5 f5 4.d3 fxe4 5.dxe4 ♘f6 6.♗g5 ♗e7 7.♘c3 d6 8.h3 0-0 9.0-0 ♗e6 10.♕d2 h6 11.♗e3 ♘h5 12.♗e2 ♘f4 13.♗xf4 ♖xf4 14.♖ad1 ♖c8 15.a3 ♕f8
[Oder 15...♕e8 nebst ...Dg6]
16.♕e3 g5 17.♘d5 ♕g7 18.♘h2
[18.♘xf4 gxf4 19.♕c3 ♗xh3 20.♘h4!± ♗d7 *(20...♗xh4? 21.♕xh3+−)* 21.♘f5 ♗xf5 22.exf5 ♔h8 23.♗f3 ♘d4 24.♖fe1 c6 25.♖xd4 exd4±]
18...♕g6 19.f3
[19.♗g4!]
19...♗f8 20.♗c4 ♔h8 21.♘xf4 gxf4 22.♕e2 ♗xh3⩱ 23.c3 ♗d7 24.♖fe1 ♗e7 25.♖d2 h5 26.♔h1 ♗h4 27.♖ed1 ♗g3 28.♘f1 h4 29.♕d3 ♔g7 30.♕d5 ♖h8 31.♔g1 Diagramm

(Diagramm)

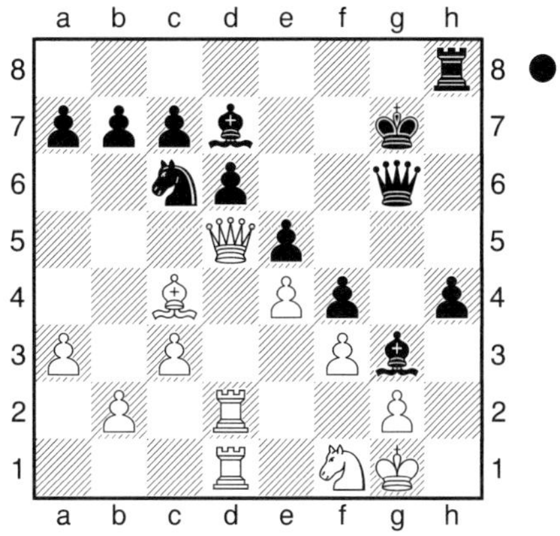

♘d8?
[31...h3! 32.♖c2 *(32.♘xg3? fxg3−+)* 32...hxg2 33.♖xg2 ♗h3 34.♕d2 ♘e7−+]
[31...♕h5∓ nebst ...h3 geht auch]
32.♕xe5+? Weiß findet kein Mittel gegen das drohende ...h3 und nimmt Zuflucht zu einer hübschen, aber verfehlten Kombination
[32.♕a5!+− ist ein Zug, der ohne Computer sehr schwer zu finden ist. Schwarz kann den Gegenangriff auf c7 nicht mehr parieren, z.B. ♘e6 33.♗xe6 ♕xe6 34.♕xc7+−]
32...dxe5 33.♖xd7+ ♔h6 34.♖xd8 ♖xd8 35.♖xd8 ♕b6+−+ 36.♔h1 ♕xb2 37.♖h8+ ♔g7 38.♖g8+ ♔f6 39.♖f8+ ♔e7 40.♖f7+ ♔d6 41.♖f8 ♔c5 42.♗d3 ♕xa3 43.♖d8 c6 44.c4 ♕c3 45.♗e2 a5 46.♖d1 ♕c2 47.♖d2 ♕b3 48.♗d1 ♕c3 49.♔g1 ♗e1 50.♖d8 ♕b2 51.♘h2 ♔xc4
[51...♕f2+ 52.♔h1 ♗c3−+]
52.♘g4 ♕b6+ 53.♔f1 ♕xd8 54.♔xe1 ♕d4 55.♗e2+ ♔c3 56.♘f2 ♕d2+ 57.♔f1 a4 58.♘d1+ ♔c2 59.♘f2 a3 60.g4 hxg3
0-1

B22

□ **MBR**
■ **Dinckel**
Stadtliga Hamburg 17.04.1996
[RG]

1.e4 c5 2.c3 ♘f6 3.♗d3 e6 4.♗c2 d5 5.e5 ♘fd7 6.d4 ♘c6 7.♘f3 ♗e7

8.0-0 b6 9.a4 ♗b7 10.♖e1 ♕c7 11.♘a3 a6 Diagramm

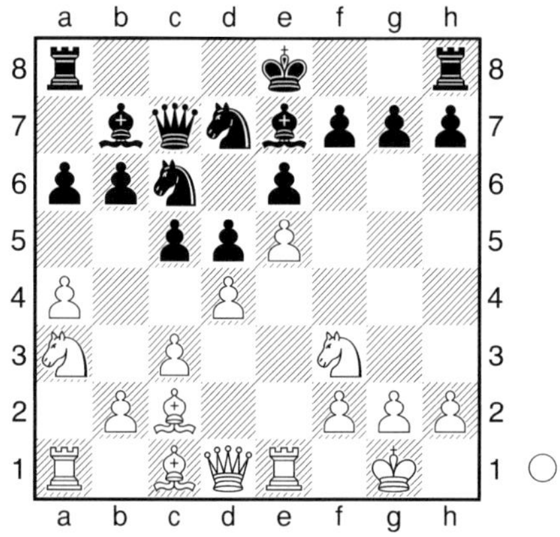

12.♘g5! ♗xg5?!
[12...h6!? 13.♘xe6 fxe6 14.♗g6+ ♔d8 mit unklarer Stellung. Weiß hat Kompensation für die Figur, aber reicht das? Schwarz wollte sich auf das Risiko aber nicht einlassen]
13.♗xg5 h6 14.♕h5!?
[14.♗e3±]
14...cxd4 15.cxd4 ♘xd4 16.♗g6?! 0-0
[⌓16...♘xe5∓]
17.♗d3 ♘xe5 18.♗xh6! ♘g6?
[18...f5!–+]
19.♗g5 ♘f5
[19...♘b3 20.♖e3! ♘xa1 21.♖h3 f5 22.♕h7+ ♔f7 23.♖h6 ♘f4! *(23...♘e5? 24.♖f6+!+–)* 24.♖f6+! ♔e8! 25.♗xf4 ♕xf4 26.♕g6+± Z.B. ♔e7 27.♕xg7+ ♔d6 28.♖xf8 ♖xf8 29.♕xf8+ ♔c7 30.♕e7+ ♔b8 31.♗f1 ♕xa4 32.♕xe6± Δ h4-h5 etc.]
20.♗xf5 exf5 21.♖e3!+– ♖fe8
[21...♘f4 22.♗xf4 ♕xf4 23.♖h3 ♕h6 24.♕xh6 gxh6 25.♖xh6 f6□ 26.♘c2 ♖ae8 27.♘d4±]
22.♖h3 f6□ Diagramm
23.♗xf6± Hier hatte Weiß mehrere

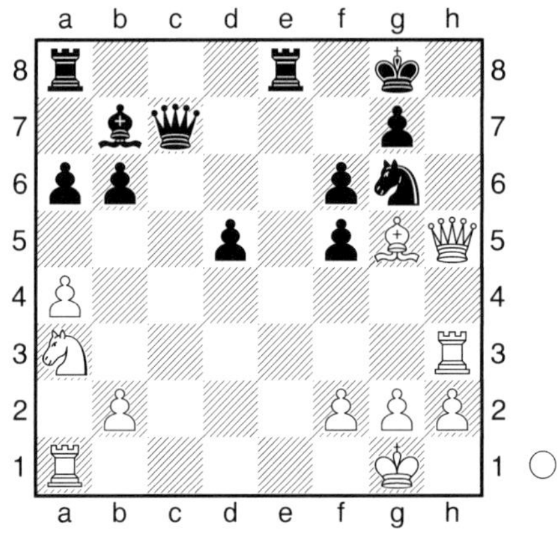

Gewinnfortsetzungen
[Einfacher war 23.♕h7+! ♔f7 24.♗h6 ♖g8 25.♖g3+–]
[Schwer zu rechnen war 23.♕xg6!? fxg5 24.♕h7+ ♔f8 25.♕xf5+ ♕f7 26.♖h8+ ♔e7 27.♖e1+ ♔d6□ 28.♘c4+!! ♔c5 *(28...dxc4 29.♖d1++–)* 29.b4+! ♔xc4 30.♖c1+ ♔xb4 31.♕xf7+–]
23...gxf6
[23...♕f7 24.♕h7+ ♔f8 25.♗c3! a5 26.♖h5!]
24.♕xg6+
[24.♖g3!±]
24...♕g7 25.♕xf5!?
[25.♕xg7+ ♔xg7 26.♖b3±]
25...♖e5?!
[⌓25...♗c8 26.♕xd5+ ♗e6!⇄ 27.♕f3 ♗xh3 28.♕xh3 ♖e2=]
26.♕d3 ♖ae8 27.f4
[⌓27.♘c2]
27...♖e1+ 28.♖xe1 ♖xe1+ 29.♔f2 ♕e7?
[Schwarz findet nicht den einzigen Zug 29...♖e4□ 30.♕xe4! *(30.♖g3? ♖xf4+! 31.♔g1 ♖g4=)* 30...dxe4 31.♖g3± mit dem deutlich besseren Endspiel für Weiß]
30.♕g6+ ♔f8 31.♖h8#
1-0

B01

□ **MBR**
■ **Gipslis,Aivars** **2470**
Weilburg NBG op (1) 1996
[RG]

1.e4 d5 2.exd5 ♘f6 3.d4 ♘xd5 4.♘f3 ♗g4 5.♗e2 ♘c6 6.c4 ♘b6 7.d5 ♗xf3 8.♗xf3
[8.gxf3 ♘e5 9.f4± sieht auch interessant aus]
8...♘e5 9.b3 c6 10.0-0!
[10.dxc6!?∞ ist völlig unklar, z.B. ♕xd1+ 11.♗xd1 ♘d3+ 12.♔d2 ♖d8 13.cxb7 ♘xf2+ 14.♔c2 ♘xh1 15.♗f3 e6 16.♗c6+ ♔e7 17.♗e3±]
10...g6 11.♗b2!?
[11.dxc6 ♕xd1 *(11...♘xf3+ 12.♕xf3 ♗g7)* 12.♗xd1± und Weiß steht etwas besser, z.B. bxc6 13.♗b2 ♗g7 14.f4 ♘f3+ 15.♗xf3 ♗xb2 16.♗xc6+±]
11...♗g7! 12.♗c3?!
[12.♗xe5! ♗xe5 13.dxc6 ♗xa1 14.cxb7 ♖b8 15.♗c6+ ♔f8 16.♕xd8+ ♖xd8 17.c5±]
12...0-0 Jetzt hat Schwarz ausgeglichen **13.dxc6 ♕xd1 14.♗xd1 ♘xc6 15.♗xg7 ♔xg7 16.♘a3?!**
[16.♘c3=]
16...♖ad8 Diagramm

(Diagramm)

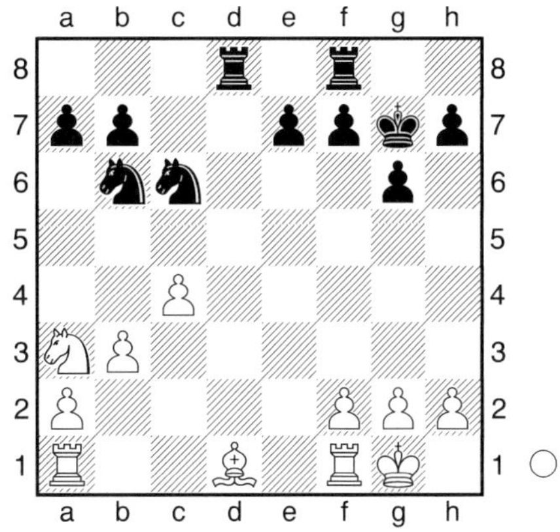

17.c5? Weiß ist gegen den lettischen Großmeister gut aus der Eröffnung herausgekommen. Jetzt will er zu viel und verschlechtert ohne Not seine Bauernstruktur und überläßt Schwarz das Feld d5
[17.♗f3=]
17...♘d5∓ 18.♘c4 ♘d4 19.♖c1?!
Danach wird die weiße Stellung schon schwierig
[⌓19.♖e1∓]

19...♘b4 20.♗f3?
[20.♘b2 ♘xa2 21.♖a1 ♘c3 22.♖xa7∓ wäre gerade noch gegangen]
20...♘d3−+ 21.♘e3
[21.♖c3 ♘xf3+ 22.gxf3 ♘xc5−+ ist auch hoffnungslos]
[21.♖cd1 ♘xc5∓]
21...♘xc1 22.♖xc1 ♘xf3+ 23.gxf3 ♖d2 24.b4 ♖xa2
0-1

E36

□ **Drechsel,Dieter**
■ **MBR**
Weilburg NBG op (2) 1996
[RG]

1.d4 ♘f6 2.c4 e6 3.♘c3 ♗b4 4.♕c2 d5 5.cxd5 exd5 6.a3 ♗e7 7.♗g5 h6 8.♗f4N
[8.♗h4 wird normalerweise gespielt]
8...c6 9.♘f3 ♘bd7 10.e3 ♘f8!?
Eine interessante Idee **11.♗e5 ♘g6 12.♗d3 ♘xe5 13.♘xe5 ♗d6 14.♘f3 0-0 15.h3 ♖e8 16.♖c1**
[16.0-0]
16...♕e7 17.♘a4 ♘e4 18.♘c3 f5 19.0-0 ♖f8 20.♖ce1 ♗d7 21.♕b3

♗e8 22.♗xe4 fxe4 23.♘d2 ♗g6 24.♖c1 ♔h8 25.♕d1 ♖ae8 26.♕e1 ♗h5 27.♔h1 ♕g5 28.b4 a6 29.♖c2 Diagramm

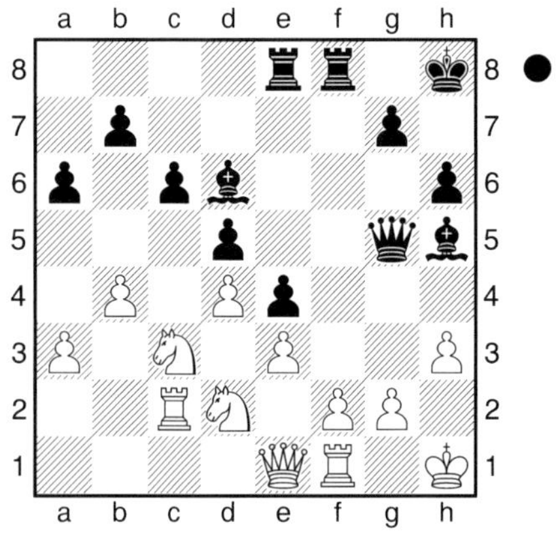

♗f3! Ein wunderschönes Opfer auf f3, das sofort entscheidet! **30.♖g1**

[30.♘xf3 exf3 31.♖g1 ♕f5 32.♕d1 fxg2+ 33.♖xg2 ♕xh3+ 34.♔g1 ♖f3−+ nebst ...Te8-f8-f5-h5, wogegen Weiß machtlos ist *(oder sogar 34...♖xe3!?−+)*]

30...♕f5! 31.♕f1?

[Zäher war 31.♘xf3 exf3 32.♕d1 aber auch dann gewinnt Schwarz mit fxg2+ 33.♖xg2 ♕xh3+ 34.♔g1 ♖f3−+ (oder sogar *34...♖xe3!?−+)*]

31...♕xh3#

0-1

A27

□ **Loehr,Holger**

■ **MBR**

Weilburg NBG op (6) 1996

[RG]

1.c4 e5 2.♘c3 ♘c6 3.♘f3 f5 4.d4 e4 5.♗g5 ♘f6 6.♘g1 ♗e7 7.e3 0-0 8.♘h3 ♘g4!?

[8...h6 9.♗xf6 ♗xf6 10.♘f4 d6 11.h4 ♘e7 12.♘h5 c6=]

9.♗xe7 ♘xe7 10.♗e2 ♘f6 11.♘f4

[11.0-0 d6 12.b4 h6 13.d5 g5 14.♕d4 ♘g6∓ Solonar-Eberhard, Hessenliga 1999 (0-1, 31) - mit etwas besserem Spiel für Schwarz]

11...c6

[11...g5!? 12.♘h5 *(12.♘h3 h6)* 12...♘xh5 13.♗xh5 d5!⇄ mit beiderseitigen Chancen]

12.♕b3 d6 13.c5+!? d5 14.h4! ♘g6!? 15.♘xg6 hxg6 16.g3 ♕e7

[16...b5!? 17.h5 a5 18.hxg6 ♕e8⇄]

17.♕c2 ♗d7 18.♗d1 ♔f7 19.♘e2 ♖h8 20.♖f1 g5 21.hxg5 ♘g4 22.g6+ ♔xg6 23.♘f4+ ♔f7 24.♗xg4 fxg4 25.♔d2 g5! 26.♘e2 ♖h2 27.♖h1 ♖ah8 28.♖xh2 ♖xh2 29.♖f1 ♕f6 30.♔e1

[30.♕a4!?∞ a6 31.♕b3 ♗c8 32.♕b6 ♕e7=]

30...♕d8 31.b4 a5 32.♕a4 axb4 33.♕xb4 ♕a8 34.a4 ♕a6 35.♘c3 ♖h8 36.♘d1 ♔g6 37.♘b2 ♖b8 38.♕b6?! Ein zu riskanter Gewinnversuch von Weiß

[38.♖h1=]

38...♕xb6 39.cxb6 ♖a8∓ 40.♔d2 ♖a6 41.♖b1?

[Nach 41.♔c3 ♖xb6 42.♖h1 ♖a6 43.♖h8!= kann Weiß die Stellung gerade noch halten]

41...♖xb6 42.♔c2 c5!∓

[Oder 42...♖a6!∓]

43.dxc5 ♖c6 44.♔c3 ♖xc5+ 45.♔d4 ♖c2! 46.♘d1 Diagramm

(Diagramm)

♗c6?!

[46...♗xa4!∓ 47.♘e3 *(47.♖xb7? ♖d2+−+)* 47...♖d2+ 48.♔e5 ♗c6∓]

47.♖b2?

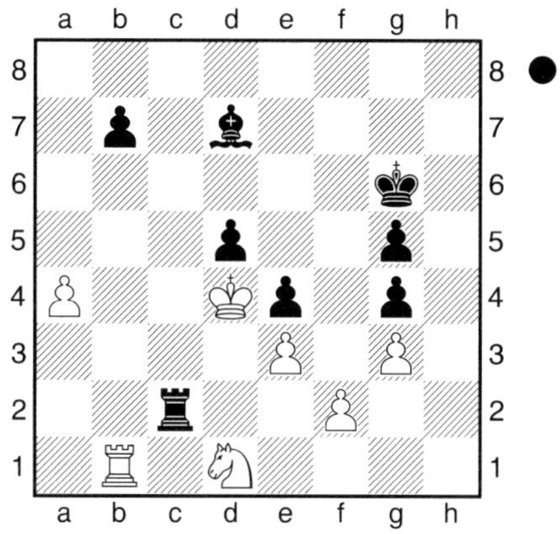

[Nach 47.♔e5!∓ kann schwarz seine Stellung nicht mehr verstärken]

47...♖c4+ 48.♔e5 ♖xa4?!

[Forciert gewinnt 48...♖c1! 49.♖d2□ ♗xa4 50.♘b2□ ♗c6−+ und der b-Bauer entscheidet]

49.♘c3 ♖a8 50.♖b6 ♖e8+ 51.♔d4 ♔f5 52.♔c5 ♔e5 53.♖b2 ♖a8 54.♘e2 ♖a4 55.♘d4 ♖c4+ 56.♔b6 ♔d6 57.♘f5+ ♔d7 58.♘d4 ♖a4 59.♔c5 ♖c4+ 60.♔b6 ♔d6 61.♘f5+ ♔e5 62.♘d4 Diagramm

(Diagramm)

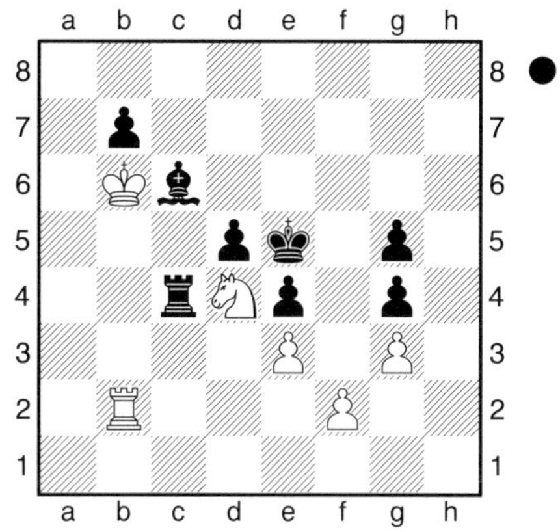

♖xd4! 63.exd4+ ♔xd4 64.♖b4+ ♔c3?

[64...♔d3 65.♔c5 d4 66.♖xd4+ ♔e2−+]

65.♔c5 d4 66.♖c4+ ♔d3 67.♖b4! Diagramm

(Diagramm)

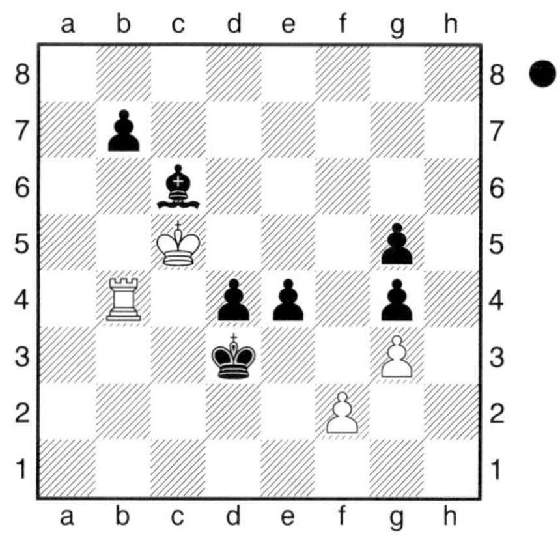

e3? Schade. Hier hätte Schwarz noch mit einem wunderschönen Opfer gewinnen können:

[67...b6+!! 68.♔xc6 *(68.♖xb6 e3−+)* 68...e3! 69.♖b3+ *(69.fxe3 dxe3 70.♖b3+ ♔d2 71.♖b2+ ♔d1 72.♖b1+ ♔c2−+)* 69...♔e4 70.fxe3 dxe3 71.♖xb6 e2 72.♖b8 ♔f3 73.♖f8+ ♔xg3−+]

68.♖xd4+ ♔e2 69.fxe3 ♔xe3 70.♖xg4 ♔f3 71.♖xg5

1-0

C16

□ **MBR**
■ **Weiss,Siegfried**
Adventsschnellturnier rapid 30.11.1997
[RG; GJ]

1.e4 e6 2.d4 d5 3.♘c3 ♗b4 4.e5 b6 5.g3 ♕d7 6.♘ge2 ♗a6 7.♗g2 c5 8.a3 ♗xc3+ 9.bxc3
[9.♘xc3]
9...♕a4 10.♗e3 ♘d7 11.0-0 ♘e7 12.♗h3 ♖c8 13.♖e1 ♘c6 14.♘f4 ♘a5 Diagramm

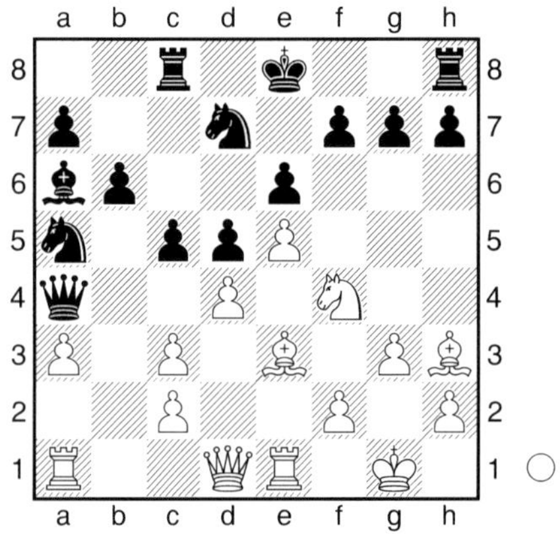

15.♗xe6! fxe6 16.♘xe6 g6 17.♘g7+
[17.♕f3 ♖g8 *(17...♕c6 18.♘g7+ ♔d8 19.e6+−)* 18.♘g5 ♖f8 19.♗f4±]
17...♔d8 18.♘e6+
[18.e6! ♘f6 *(18...♘b8 19.dxc5+− bxc5? 20.♕xd5+)* 19.♗g5 ♔e7 20.♕g4 ♖hf8 21.♕h4+−]
18...♔e7 Diagramm

(Diagramm)

19.♗g5+! ♔f7
[19...♔xe6 20.♕g4+ ♔f7 21.e6+−]
20.♕f3+ ♔g8 21.♗h6 ♕c6 22.♘g5 1-0

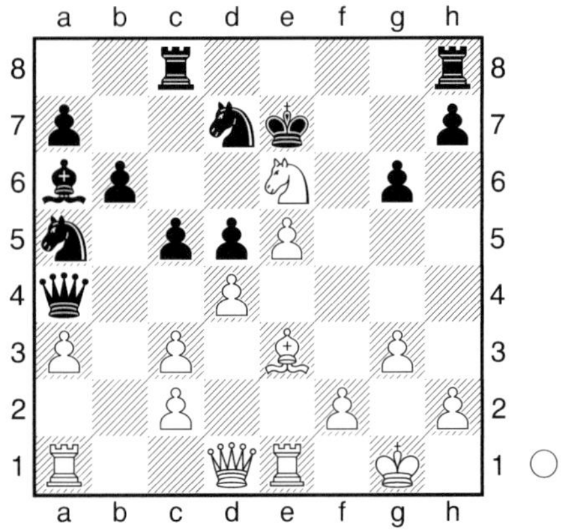

C50

□ **Abraham,Martin**
■ **MBR**
Wichern op 4th (1) 1997
[RG]

1.e4 e5 2.♘f3 ♘c6 3.♘c3 ♘f6 4.♗c4 ♗c5 5.d3 d6 6.♗g5 h6 7.♗h4 ♗e6 8.♗b3 g5 9.♗g3 a6 10.♕d2 ♗xb3 11.axb3 ♗b4 12.h3 ♘d4 13.♘g1 ♘h5 14.♘ge2 ♘f4!∓
Schwarz hat die Eröffnung gewonnen
15.♗xf4□ gxf4 16.f3 ♕h4+ 17.♔d1
Diagramm
[Auch nach 17.♔f1! kommt Schwarz in Vorteil: ♖g8 18.♕d1 ♘e6 19.♘d5 ♗c5 20.♕e1 ♕g5 21.♖h2 c6 22.♘dc3 0-0-0−+ mit Angriff auf der d- und g-Linie]

(Diagramm)

17...♖g8! 18.♕e1
[18.♖g1 0-0-0 19.♖a4 Diagramm ♖xg2!! 20.♖xg2 ♘xf3! −+ 21.♕e1 ♕e1#]
18...♕xe1+ 19.♖xe1 ♖xg2 20.♖g1

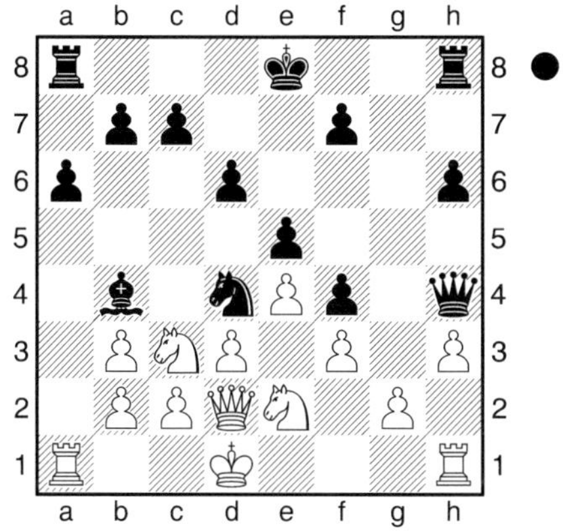

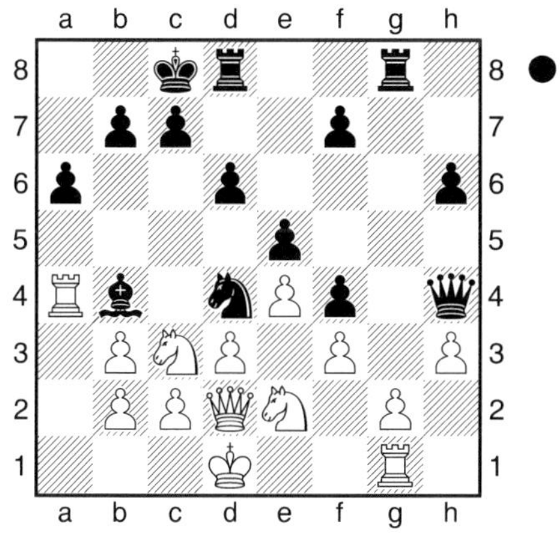

[Besser 20.♘xd4 exd4 21.♘d5 ♗xe1 22.♘xc7+ ♔d8 23.♘xa8 ♗b4 24.♖a4□ ♖g1+ 25.♔e2 a5 26.♘b6 ♖c1∓]

20...♖xg1+ 21.♘xg1 c6 22.♘ce2 ♗c5 23.♔d2 ♔e7 24.♘xd4 ♗xd4 25.c3 ♗e3+−+ nebst ...Tg8, und Weiß kann sich nicht mehr verteidigen. Einfach gut

0-1

A90

□ **Fraas,Henning 2165**

■ **MBR**

Wichern op 4th (3) 1997

[GJ; RG]

1.d4 e6 2.c4 f5 3.g3 ♘f6 4.♗g2 d5 5.♘h3 c6 6.0-0 ♗d6

[⌓6...♗e7]

7.♗f4! Weiß will bei der schwarzen Bauernstruktur die schwarzfeldrigen Läufer tauschen **♗xf4?!**

[7...0-0 8.♗xd6 ♕xd6 9.♘d2 ♘bd7]

8.♘xf4 0-0 9.♘d2 ♕e8 10.♘f3 ♘bd7 11.♕c2 ♘e4 12.♘d3 g5! 13.♘fe5 ♕h5 14.f3

[14.c5!? mit der Idee b4-b5]

14...♘d6 15.♘xd7 ♗xd7 16.♘e5 ♗e8 17.♕b3 ♖b8 18.cxd5

[18.♕a3!?]

[18.c5!?]

18...cxd5 19.♖ac1 ♗c6!?

[19...♗b5!?]

20.♕a3 ♘c4 21.♘xc4 dxc4 22.♖xc4± Diagramm

(Diagramm)

f4! 23.g4

[⌓23.♖fc1 ♖f6?! 24.♕xa7+− ♖bf8 25.g4+−]

23...♕f7 24.e4?! ♗b5! 25.♖c5 ♗xf1 26.♖xg5+ ♔h8 27.♗xf1∞ ♕f6!?

[27...a6]

[27...♖bc8!?]

28.♖e5 a6?! Zu passiv. Schwarz sollte lieber angreifen!

[⌓28...♖bc8!? 29.♕b3! ♖c5!?∞ mit komplizierten Verwicklungen. Z.B. 30.♖xc5 ♕xd4+=]

29.♕b4! b5?! 30.♖h5 a5 31.♕d2 ♖fd8 32.d5?!

[32.e5!?±]

32...exd5 33.exd5 ♕b6+

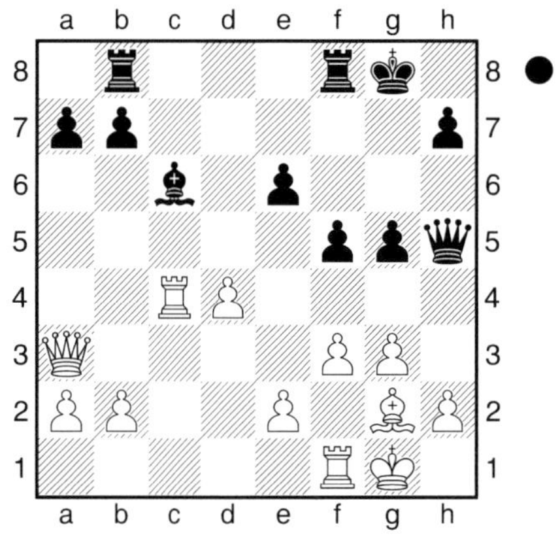

[33...b4!?]
34.♔g2 ♕e3 35.♕xe3?
[35.♕c2! ♕e7□ *(35...♖b7? 36.♗d3)* 36.♗d3 ♖bc8 37.♕b1 ♕e3 38.♗xh7 ♖xd5 39.♖xd5 ♕e2+=]
35...fxe3 36.♗d3 ♖b7 37.f4
[37.♔f1+−]
37...♖bd7 38.♗e4
[38.♔f3!? ♖xd5=]
38...♖f8!= In Zeitnot hat Weiß seine Chancen in der hochkomplizierten Stellung nicht nutzen können. Das Spiel ist schon ausgeglichen **39.♖f5?** Einen Zug vor der Zeitkontrolle der entscheidende Fehler.
[Weiß will sich nicht mit dem Remis nach 39.♗f5 ♖xd5= abfinden]
39...♖xf5 40.gxf5 Diagramm
[40.♗xf5 ♖xd5−+]

(Diagramm)

40...♖e7! Grausam schön
[40...♖e7! 41.♔f3 *(41.d6 ♖xe4 42.d7 ♖d4−+)* 41...♖xe4!−+ *(*oder *41...e2−+)*]
0-1

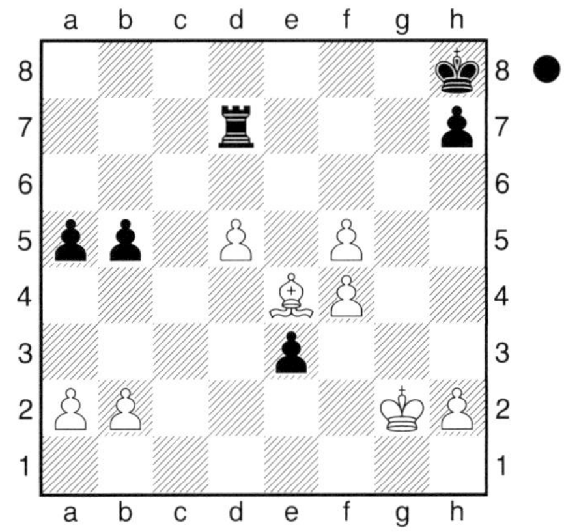

C11

□ **MBR**
■ **Buchholz,Robert**
Wichern op 4th (8) 1997
[RG]

1.e4 e6 2.d4 d5 3.♘c3 ♘f6 4.e5 ♘fd7 5.f4 c5 6.♘f3 ♘c6 7.♘e2 cxd4 8.♘exd4 ♕b6 9.c3 ♗c5 10.♗e2 0-0 11.0-0 f6 12.♔h1 ♗xd4 13.cxd4 ♘e7 14.b3!± Weiß hat die Eröffnung gewonnen **♘b8 15.♗a3 ♘bc6 16.exf6**
[16.♗c5 ♕d8 17.♖c1± wäre die positionelle Lösung gewesen]
16...♖xf6 17.♗d3 Eine Falle, die Schwarz aber erkennt
[17.♕d2 ♘f5 18.♗c5 ♕c7 19.♖ac1±]
17...♘f5
[17...♖xf4? 18.♗xh7+!+−]
18.♗xf5
[18.♗c5 ♕d8 19.♕e2 b6 20.♗a3 ♘cxd4 21.♘xd4 ♘xd4 22.♕e5 ♘c6=]
18...♖xf5 Diagramm
19.♗c5?! Dieser Zug vergibt den weißen Vorteil. Stattdessen hätte Weiß

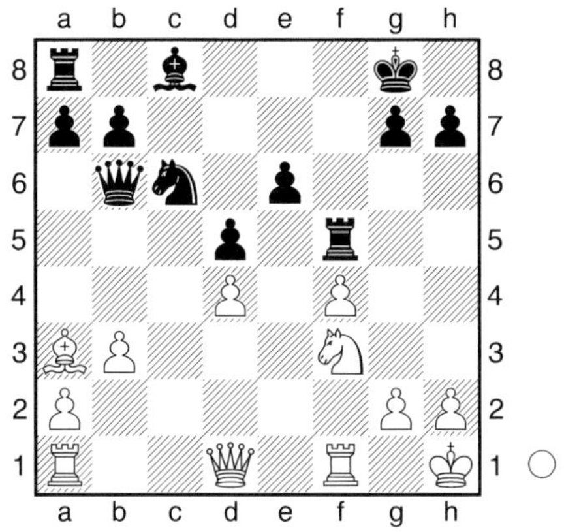

eine wunderschöne Gewinnfortsetzung gehabt:

[19.g4!

A) 19...♖f7 20.♘g5± ♖f6 21.♘xh7! ♔xh7 *(21...♖h6 22.♗c5 ♕d8 23.♘g5±)* 22.g5! ♕xd4! 23.♕xd4 ♘xd4 24.gxf6 gxf6 25.♗b2± ;

B) 19...♖xf4 20.♘g5!+− mit Gewinnstellung, z.B. ♖xf1+ 21.♕xf1 ♗d7 *(21...♕d8 22.♕f7+ ♔h8 23.♕h5 h6 24.♘f7++−)* 22.♕f7+ ♔h8 23.♖f1 ♕d8 24.♕h5 h6 25.♘f7++−]

19...♕d8?!

[19...♕c7!=]

20.♘e5 ♗d7 21.g4 ♖f6 22.f5!?

[22.♖c1±]

22...exf5 23.g5 ♖e6 24.♖xf5?! ♘xe5?!

[24...♖xe5 25.♖xe5 ♘xe5 26.dxe5 d4!∓]

25.♖f8+! ♕xf8 26.♗xf8 ♖xf8 27.dxe5 ♖xe5 Diagramm

(Diagramm)

28.♕d4?!

[28.♕d2! d4 29.♖c1 ♗c6+ 30.♖xc6 bxc6 31.♕xd4 ♖xg5 32.h4=]

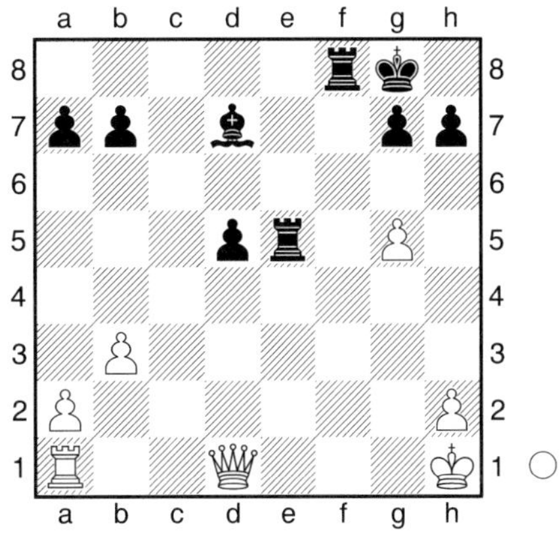

28...♖xg5 29.♖g1?

[29.♕d2 h6 30.h4 ♖g4 31.♕xd5+ ♖f7 32.♖c1 ♖xh4+ 33.♔g1 ♖g4+ 34.♔h2 ♗c6 35.♖xc6 bxc6 36.♕xc6∞ mit guten Remischancen]

29...♖xg1+ 30.♔xg1 ♗h3 31.♕xd5+ ♔h8 32.♕d3 ♖f1+ 33.♕xf1 ♗xf1 34.♔xf1 g5 35.♔e2 ♔g7 36.♔d3 ♔f6 37.♔e4 ♔e6

0-1

A04

□ **Oelrichs,Manfred**

■ **MBR**

Wichern op 4th (9) 1997

[RG]

1.♘f3 b6 2.g3 ♗b7 3.♗g2 e5 4.0-0 e4 5.♘e1 d5 6.c4 d4 Matthias hat die Eröffnung wieder sehr riskant gespielt, wobei er die Entwicklung und Königsssicherheit etwas vernachlässigt

7.d3 f5 8.dxe4

[Nach 8.♘c2! c5 9.e3 ist die weiße Stellung vorzuziehen]

8...fxe4 9.♕c2?!

[Nach 9.e3!± ist Weiß im Vorteil: c5 *(9...d3? 10.♕h5++−)* 10.♕h5++−]

9...♕e7 10.♘d2 ♘f6 11.♘b3 c5

Die Stellung ist jetzt ausgeglichen **12.♗g5 ♘bd7 13.♗h3 ♗c6 14.♘d2 0-0-0 15.a4 a5 16.♘g2 ♔b7 17.♘f4 ♕e5 18.♘e6 ♖e8 19.♗f4?** Diagramm

[⌓19.♖ae1 ♖xe6 20.♗f4 ♕h5 21.♗xe6=]

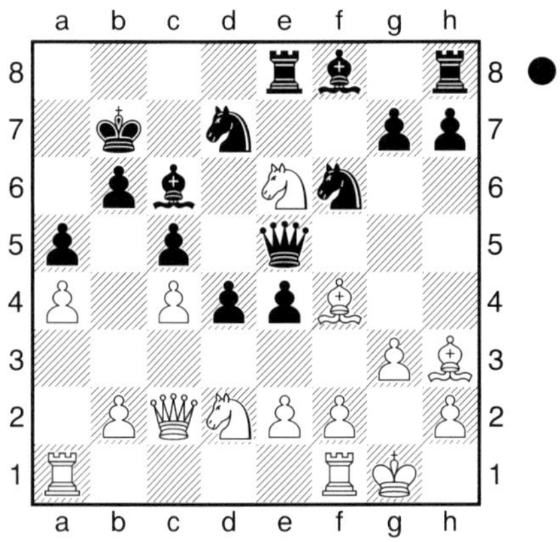

19...♕h5 20.♘g5

[Auch 20.♘xf8 hilft nicht mehr wegen ♕xh3!−+ mit der Drohung ...Sg4]

[20.♔g2 ♕xe2 21.♕d1 e3+−+]

20...h6 21.♗xd7 hxg5!

[21...hxg5 22.♗xc6+ ♔xc6 23.h4 gxf4−+]

0-1

C63

□ **Hallier,Karl Heinz**

■ **MBR**

Stadtliga Hamburg 1998

[AS; RG]

1.e4 e5 2.♘f3 ♘c6 3.♗b5 f5!? Das Jänisch-Gambit ist eine Spezialität von Matthias **4.♘c3 fxe4 5.♘xe4 d5 6.♘xe5 dxe4 7.♘xc6 ♕g5** Diagramm

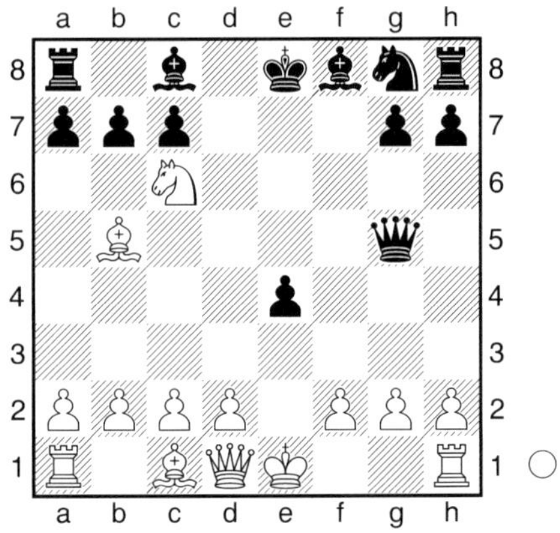

8.♘e5+? Verliert eine Figur. Aber in dieser komplizierten Eröffnung verirrt man sich leicht, wenn man sich nicht auskennt

[Besser 8.♕e2 ♘f6 und jetzt führt 9.♘xa7+ zu haarsträubenden Verwicklungen (Besser *9.f4 ♕xf4 10.♘e5+ c6 11.d4 ♕h4+ 12.g3 ♕h3 13.♗c4 ♗e6∞* mit unklarer Stellung. Meistens wird *14.♗g5* gespielt) 9...♗d7 10.♗xd7+ ♘xd7 11.♕xe4+ ♔d8 12.♕xb7 ♖xa7!∓ Weiß darf jetzt nicht 13.♕xa7? spielen (sondern muß *13.♕e4□* versuchen. Nach *♗d6 14.0-0∓* ist die Lage noch nicht klar) 13...♕xg2∓ 14.♖f1? ♗c5 15.♕a6 ♖e8+−+ Thomas-Boskovic, USA 1975 (0-1, 23)]

8...c6−+ 9.d4

[9.♘xc6 ♕xb5−+]

9...♕xg2 10.♗f1!?

[10.♖f1 cxb5−+]

10...♕xh1 11.♕h5+ g6 12.♘xg6 Diagramm

(Diagramm)

hxg6!

[12...♘f6? 13.♕e5++−]

13.♕xh8 ♘c7 Hier hat Schwarz schon die Wahl

[Oder 13...♗e6−+]

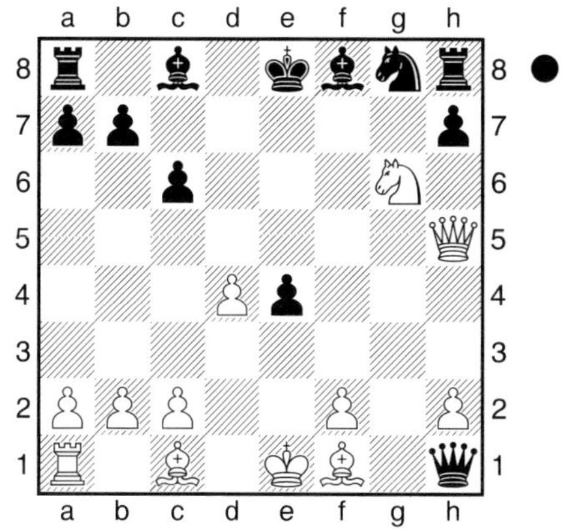

[bzw. 13...♔f7–+]
14.♗h6 ♕f3 15.♗c4
[15.♗g2 ♕xg2 16.♕xf8+ ♔d7 17.0-0-0 b6–+]
15...♗d7 16.♗xf8 0-0-0! 17.♕e5 ♖xf8
Eine starke Leistung gegen den ehemaligen Bundesligaspieler der Hamburger Schachgesellschaft
0-1

B23

□ **MBR**
■ **Möller,Horst**
Wettkampf Rondeel 29.07.1998
[RG]

1.e4 c5 2.♘c3 d6 3.♗c4 e6 4.d3 ♘f6 5.a4 ♘c6 6.f4 a6 7.♘f3 ♗e7 8.0-0 ♗d7 9.♕e1 ♕c7 10.♘g5
[10.e5]
10...♘a5 11.♗a2 c4 12.d4 0-0 13.♔h1 h6 14.♘f3 b5 15.e5 ♘d5 16.♘xd5 exd5 17.♗d2 ♘c6 18.c3 ♗f5 19.♗b1 ♕d7 20.exd6 ♗xd6 21.♘e5 ♗xe5 22.fxe5 ♗xb1 23.♕xb1 ♘a5 Diagramm

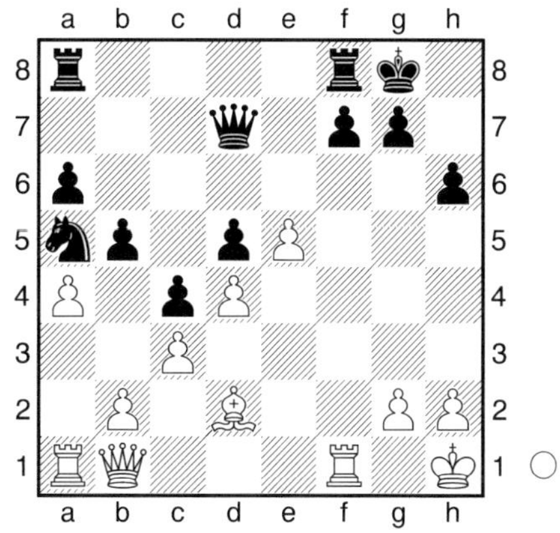

24.♗xh6!? ♘b3! Schwarz bringt seinen ♘ wieder ins Spiel
[Das Opfer darf er annehmen: 24...gxh6 25.♖f6± ♔g7 *(25...♕g4 26.♖xh6 ♕e4 27.♕f1 f6 28.exf6 ♖ae8 29.♕f2)* 26.♕c1 ♖h8 27.♕f4+– ♖af8 28.♕g3+ ♔h7
Diagramm

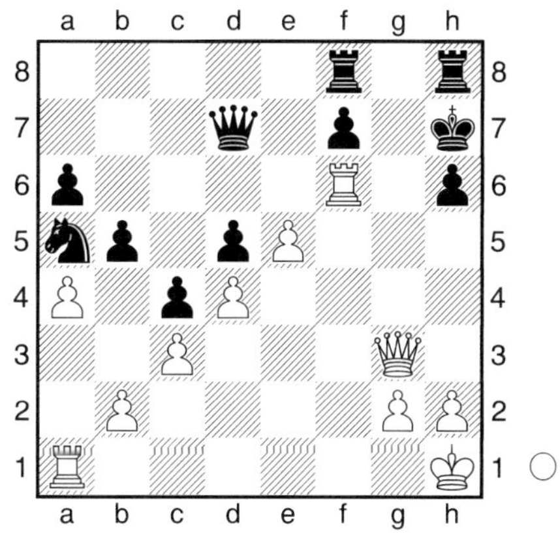

29.e6!! ♕e8 *(29...fxe6 30.♕g6#)* 30.♖af1+–]
25.♖a2?! Matthias hätte ohne Rücksicht auf Verluste weiter angreifen sollen:
[25.♕e1! ♕g4 *(25...♘xa1? 26.♗xg7! ♔xg7 27.♕g3+ ♔h8 28.♖f6± ♕e6□ 29.♕h4+ ♔g7 30.♕g5+ ♔h7 31.♕h6+ ♔g8 32.♖xe6 fxe6 33.♕xe6+ ♔g7*

34.h4± ♖ad8 35.h5 ♘b3 36.♕g6+ ♔h8 37.e6+−) 26.♗xg7 ♔xg7 27.♖f3 ♘xa1 (*27...♕e4 28.♖g3+ ♔h7 29.♖h3+ ♔g7 30.♕f2+−*) 28.♖g3 ♕xg3 29.♕xg3+ ♔h7 30.♕h4+= mit Dauerschach]
[oder sofort 25.♗xg7! ♔xg7 26.♕e1= ♖g8 27.♕h4 ♘xa1 28.♕f6+ ♔h7 (*28...♔f8 29.e6 ♕e7 30.♕h6+ ♖g7 31.exf7 ♕g5 32.♕d6+ ♕e7 33.♕xd5 ♖a7 34.♕h5 ♕xf7 35.♕h8+ ♖g8 36.♕h6+ ♖g7 37.♕h8+=* mit Zugwiederholung) 29.♕h4+=]

25...♕g4?
[Jetzt hätte Schwarz das Opfer annehmen können: 25...gxh6∓ , z.B. 26.♖f6 ♘d2! 27.♕c1 ♘e4! 28.♕xh6 ♕g4∓ und Weiß kann den Angriff nicht mehr rechtzeitig verstärken, ♖a2 steht abseits (*28...♘xf6 29.♕g5+ ♔h7 30.exf6+−*)]

26.♖f3!± Jetzt ist Weiß wieder im Vorteil **♕e6 27.♗xg7! ♔xg7**
[27...♘d2 28.♕c1 ♘xf3 29.♗xf8± ♘xe5 30.dxe5 ♖xf8 31.axb5 axb5 32.♕f4±]

28.♖g3++− ♔h8 29.♖h3+ ♕xh3□ 30.gxh3 ♖g8 31.♕f5 ♖g6 32.axb5 a5! 33.♕f3?! Dieser Zug leistet nichts
[Besser 33.♕xf7 ♖ag8 34.♕f2+− und Weiß hat im Vergleich zur Partieendstellung einen ♙ mehr]

33...♖ag8 34.♕f2+− Diagramm
[34.♕f2 ♔g7 (*34...♖8g7? 35.b6!! ♖xb6? 36.♕h4++−* nebst ♕d8+ mit ♖-Gewinn ; *34...♘d2 35.♖a1 ♘e4 36.♕xf7+−*) 35.h4 ♖h8 36.♖a4! nebst b6, z.B. ♔f8 37.b6! ♖xb6 38.♕f3!+− mit der Drohung ♕xd5, wonach der ♖ wieder zum Leben erwacht, denn Schwaz darf nicht ♖b5 spielen wegen 39.♕f6 ♖g8 (*39...♔g8 40.e6 fxe6 41.♕xe6+ ♔f8 42.♕c8+ ♔g7 43.♕d7++−* und Weiß gewinnt den ♖) 40.♕h6+ ♖g7 41.♕c6+−]

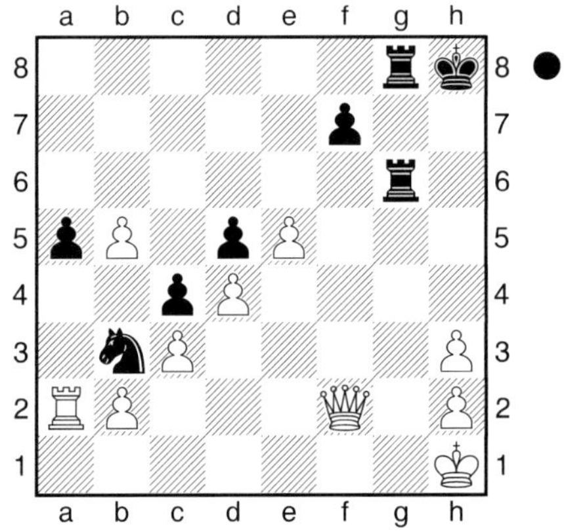

In Gewinnstellung gibt Weiß auf.
0-1

C65

Möller,Horst
MBR
Wettkampf Rondeel 30.07.1998
[RG; MBR]

1.e4 e5 2.♘f3 ♘c6 3.♗b5 ♗c5!?
Die Cordel-Verteidigung **4.c3 ♗b6 5.0-0 ♘f6 6.♖e1 d6 7.d4 0-0 8.d5**
[Meistens wird 8.h3 gespielt]

8...♘e7 9.♗g5 ♘g6
[9...♘g4!? 10.♖f1 f6 11.♗c1 f5∓]

10.h3 h6 11.♗h4?
[Besser 11.♗e3 ♗xe3 12.♖xe3 ♘f4∓]

11...♘xh4 12.♘xh4 ♘g4!−+
Diagramm
[Oder 12...♘xd5−+]

13.hxg4 ♕xh4 14.♖f1 ♗xg4 15.♗e2 h5
[Oder sofort 15...f5! 16.♘d2 fxe4 17.♗xg4 ♖xf2 18.♖xf2 ♗xf2+ 19.♔f1

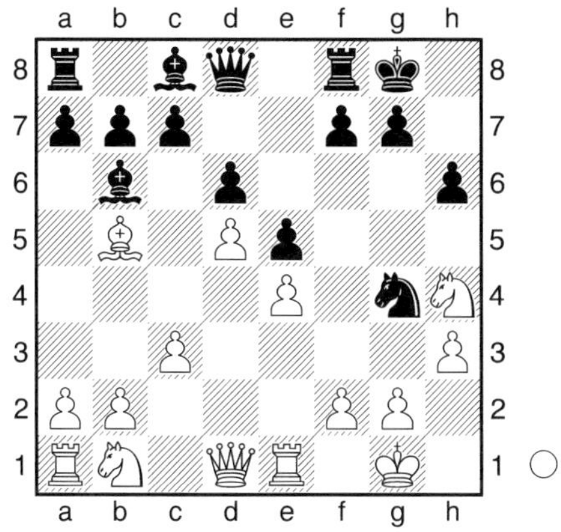

♗c5 20.♘xe4 ♖f8+−+]

16.♘d2 f5 17.♘f3

[Zäher 17.♘c4 fxe4 18.♘xb6 axb6 19.♗xg4 hxg4 20.♕e2 aber nach ♖f6−+ kann Weiß sich auch nicht mehr verteidigen]

17...♗xf3 18.♗xf3 fxe4 19.♗xe4 ♖xf2!−+ Diagramm Dieser schöne Zug für die Galerie entscheidet sofort, Weiß kann das Matt nicht mehr verhindern. Der schweigende Riese auf b6 war der Match-Winner.

[19...♖xf2 20.♖xf2 ♕xf2+ 21.♔h2 ♕h4#]

0-1

A00

□ **Weigel,Hans Juergen**
■ **MBR**
HH-Seniors Hamburg 23.10.2000
[GJ; RG]

1.b4 ♘f6 2.♗b2 d5 3.e3 e6 4.b5 b6 5.♘f3 ♘bd7 6.c4 ♗b7 7.♘c3 dxc4 8.♗xc4 ♗d6 9.0-0 0-0 10.d4 e5! 11.♕e2 ♘g4!? Sehr aggressiv und riskant **12.h3** Diagramm

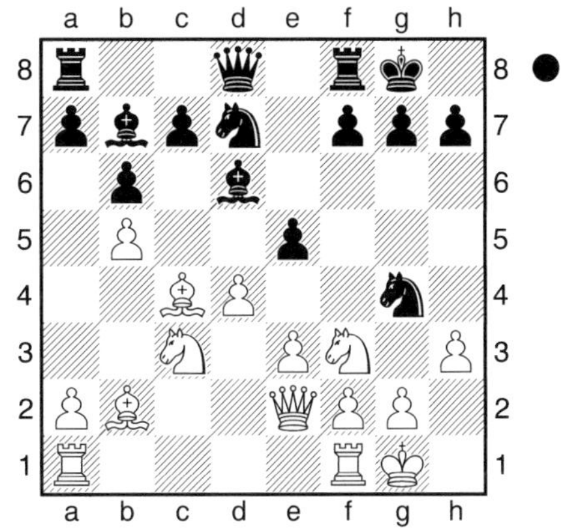

e4!? Eine kleine Teufelei, kostet aber bei bestem Gegenspiel einen Bauern

[Oder 12...♗xf3!? 13.gxf3! *(13.♕xf3 ♘h2! 14.♕h5 ♘xf1 15.♖xf1∞* und Weiß hat Kompensation, aber es ist unklar, ob das reicht *)* 13...♘h6∞ mit unklarer Stellung ist objektiv vielleicht das beste]

13.hxg4? Weiß erkennt die Gefahr nicht!

[13.♘xe4! ♗xe4 14.hxg4±]

13...exf3 14.gxf3 Diagramm

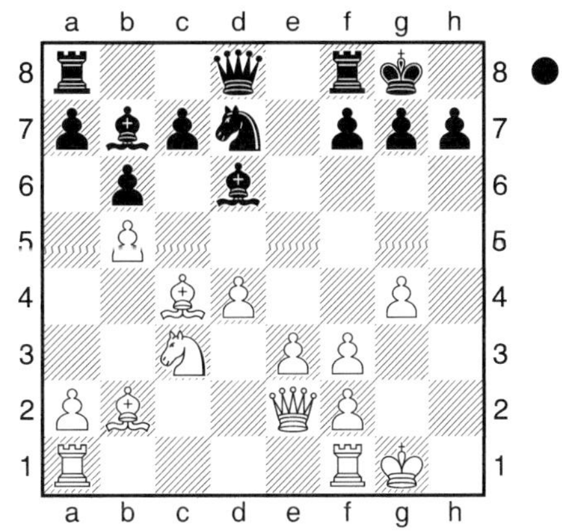

♕h4! nebst Matt.

[14...♕h4 Hier zeigt sich sehr schön die Stärke des Läuferpaars. Wenn Weiß den einen mit 15.f4 abblockt.

kommt der andere zum Zuge: ♕h1#]
0-1

C57

□ **Rädisch,Peter**
■ **MBR**
HH-Seniors Hamburg 27.10.2000
[RG]

1.e4 e5 2.♘f3 ♘c6 3.♗c4 ♘f6 4.♘g5 d5 5.exd5 b5 6.♗xb5
Peter Rädisch kennt die Eröffnungstheorie nicht, ist aber ein gefährlicher Taktiker, der völlig unterbewertet ist, weil er viele Turniere mit Jugendlichen spielt
[Die Theoriefortsetzung ist 6.♗f1 ♘d4 7.c3 ♘xd5 8.cxd4 *(* In der berühmten Fernpartie Estrin-Berliner 1965 geschah *8.♘e4 ♕h4 9.♘g3 ♗g4 10.f3 e4!?* Diagramm

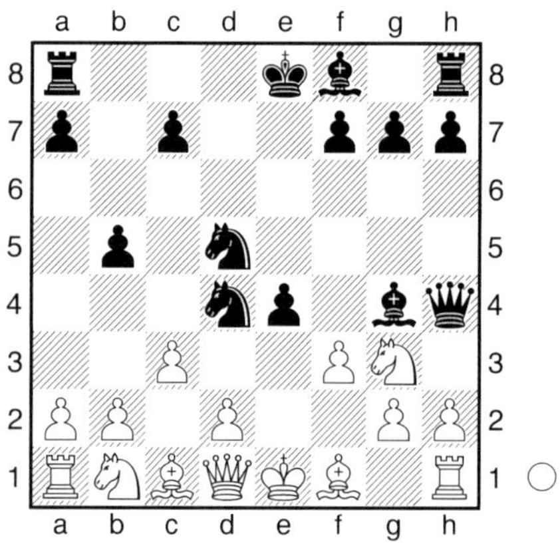

mit völlig unklarer Stellung *)* 8...♕xg5 9.♗xb5+ ♔d8 10.0-0± *(*oder *10.♕f3±)*]
6...♕xd5 7.♗xc6+
[7.♗f1!? ♗c5! 8.♘c3!? ♗xf2+! 9.♔xf2 ♕d4+ 10.♔e1 ♕h4+ 11.g3 ♕xg5= und die Stellung ist im Gleichgewicht]
7...♕xc6 8.0-0 h6 9.♘f3
[9.♕f3 ♕b7! *(9...e4!? 10.♘xe4! ♕xe4 11.♕xe4+ ♘xe4 12.♖e1±* mit gesundem Mehrbauern für Weiß *)* 10.♕xb7 ♗xb7 11.♘f3=]
9...♗b7 10.d3 ♗d6 11.♘c3 0-0-0!?
Diagramm
[Nach 11...0-0 ist die Stellung im Gleichgewicht]

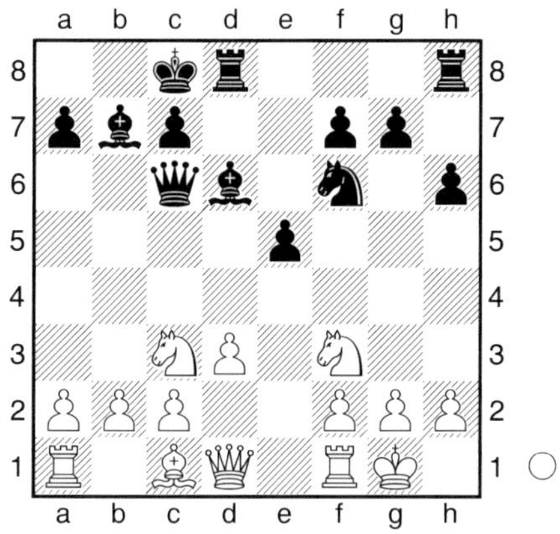

Eine riskante Entscheidung **12.♕e2**
[Die kritische Fortsetzung ist 12.♗e3! ♔b8 *(12...e4? 13.♘d4 ♕d7 14.♘db5± ; 12...♘g4?! 13.♘e4±)* 13.a4 z.B. a6 14.a5 g5 mit beiderseitigen Chancen]
12...♖he8! 13.♗e3 ♔b8 14.♖fe1
Macht das Feld f1 frei für die ♕, aber bei heterogenen Rochaden sollte Weiß vielleicht lieber selbst angreifen (14. a4!?) oder ...♘g4 verhindern (14.h3!?)
[14.a4 ♘g4]
[14.h3 g5 *(14...♘h5* nebst ...f5 *)*]
14...♘g4! 15.a3?! Diagramm
Weiß erkennt die Drohung nicht
[Besser 15.h3 ♘xe3 16.fxe3 f5∓]
15...♘xh2! 16.♔xh2
[Natürlich nicht 16.♘xh2?? ♕xg2#]
16...e4+ 17.♔g1 exf3 18.♕xf3 ♕xf3 19.gxf3 ♗xf3∓ Schwarz hat im

Endspiel das Läuferpaar in einer offenen Stellung und einen gedeckten Freibauern (auf der h-Linie) **20.♘b5 ♔b7!?** Verhindert ♗xa7 mit Schach

[20...a6 21.♘xd6 cxd6 *(21...♖xd6? 22.♗a7+ ♔xa7 23.♖xe8±)* 22.♗d4 bietet für Schwarz keine Gewinnperspektive]

21.♗xa7

[Auf 21.♘xa7? folgt nicht ...♖xe3, was auch gewinnt, sondern viel stärker ♖e5!−+ nebst Matt]

[21.♘xd6+ ♖xd6 22.♔h2 ♖de6∓]

21...♗f4 Diagramm

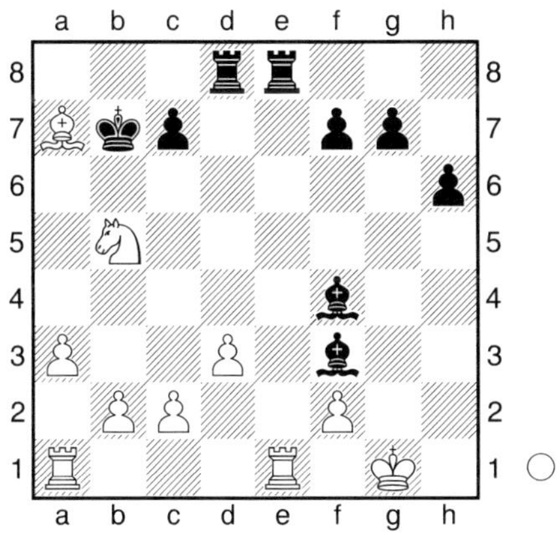

Jetzt droht ...♖d5! mit Figurengewinn

22.♗e3? Danach gerät Weiß in große Schwierigkeiten

[Besser 22.♘d4!? ♗h5 23.♗c5 ♖e5 24.♖xe5 ♗xe5 25.c3 ♖d5 26.b4 ♗g6 27.♖d1 ♗f6 28.a4 ♖g5+ 29.♔f1 ♖h5 30.♔e2 ♖h3= und Schwarz gewinnt den ♙ zurück]

[oder 22.♖xe8 ♖xe8 23.♗e3!? ♗xe3 24.fxe3 ♖xe3 25.♔f2 ♖e5 26.♔xf3 ♖xb5= und das Turmendspiel ist wahrscheinlich remis]

22...♗e5 23.a4? Weiß stellt eine Falle und lädt Schwarz zum Schlagen auf b2 ein

[23.♗d4!= hält die Stellung]

23...♖e6! Darauf hat Weiß keine ausreichende Parade mehr

[Matthias fällt natürlich nicht auf 23...♗xb2? 24.♖ab1 ♗f6 25.♘d4++− herein, wonach Weiß eine Figur gewinnt]

24.d4

[Auf 24.♘d4 folgt ♖xd4!−+ und die Mattdrohungen bleiben bestehen]

24...♖g6+ 25.♔f1 ♗h2 nebst Matt. Eine gute Leistung gegen den gefährlichen Taktiker Peter Rädisch, der immerhin Gegner mit wesentlich besser Wertungszahl wie Jürgen Dümmke, Werner Schirmer, Sreten Ristic und 2003 sogar den jungen Niclas Huschenbeth (Deutscher Meister 2010) geschlagen hat

0-1

C50

□ **MBR**

■ **Woitas,Günter**

Stadtliga Hamburg 29.03.2000

[RG]

1.e4 e5 2.♘f3 ♘c6 3.d4 exd4 4.♗c4 h6 5.0-0 ♗c5 6.c3 dxc3 7.♗xf7+ ♔f8

[Zäher ist 7...♔xf7 8.♕d5+ ♔f8 9.♕xc5+ d6 10.♕xc3 ♘f6±]

8.♘xc3 d6 9.♗b3 ♘ge7 10.h3

[10.♗e3 kam auch sofort in Betracht]

10...♗d7 11.♗e3! ♗b4

[11...♗xe3? 12.fxe3 ♔e8 13.e5! dxe5 14.♘h4+−]

12.♘d4 ♘e5 13.f4 ♘5c6 14.f5! ♘g8 15.♘e6+ ♗xe6 16.fxe6+ ♘f6 17.♘d5 ♗c5 18.♗xc5 dxc5 Diagramm

19.♘xf6 Hier gewinnen schon alle Züge

[Am einfachsten war 19.e5!+−

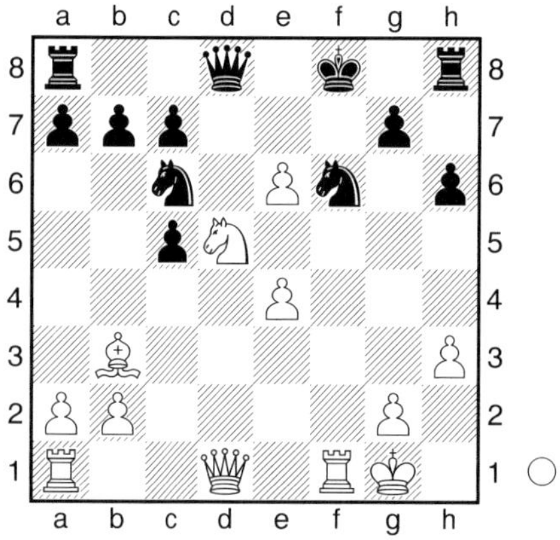

mit Figurengewinn, denn auf ♘xe5 hat Weiß 20.e7++− *(oder sogar 20.♕h5!+−)*]

19...gxf6 20.♕xd8+ ♘xd8 21.e5 b5 22.exf6+− ♔e8 23.♖ae1 a5 24.♗c2 ♘c6 25.♗g6+ ♔d8 26.♗e4 ♖a6 27.♗xc6 ♖xc6 28.e7+
1-0

B31

□ **MBR**
■ **Wendt**
Stadtliga Hamburg 14.04.2000
[RG]

1.e4 c5 2.♘f3 ♘c6 3.♗b5 g6 4.0-0 ♗g7 5.♖e1 e6 6.c3 ♘ge7 7.d4 cxd4 8.cxd4 ♕b6 Diagramm

(Diagramm)

9.♘a3! mit der Drohung ♘c4 nebst d5! **♗xd4**

[9...d5 10.exd5 ♘xd5 11.♘c4 ♕c7 12.♗g5 0-0 13.♖c1±]
[9...0-0 10.d5 ♘d4 11.♗e3 ♘xf3+ 12.♕xf3 ♕a5 *(⌓12...♕d8)* 13.♗c5 ♖e8 14.♘c4+− Kersten-Kuhn, Weilburg 1995 (1-0, 20)]

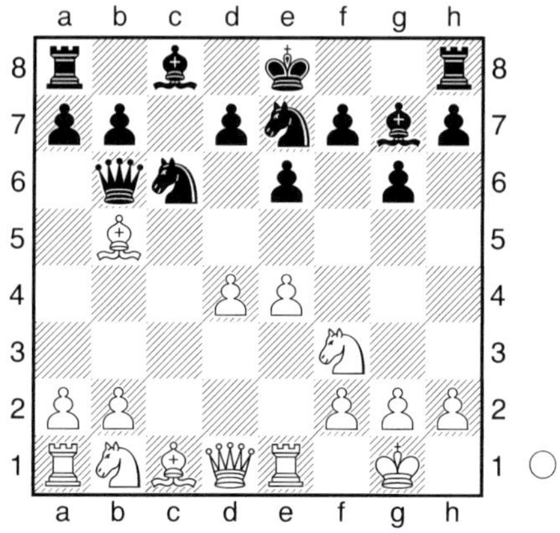

[9...a6 10.♘c4 ♕c7 11.♗xc6 bxc6 12.e5]

10.♘xd4! ♕xd4 11.♕xd4

[11.♗h6!? ♕xd1 12.♖axd1±]

11...♘xd4 12.♗h6 a6 13.♗g7 ♖g8 14.♗xd4 axb5 15.♘xb5 ♔f8 16.♗f6 b6 17.♘d6 ♗a6 18.b4 b5 Diagramm

[⌓18...♘c8 19.♖ed1+−]

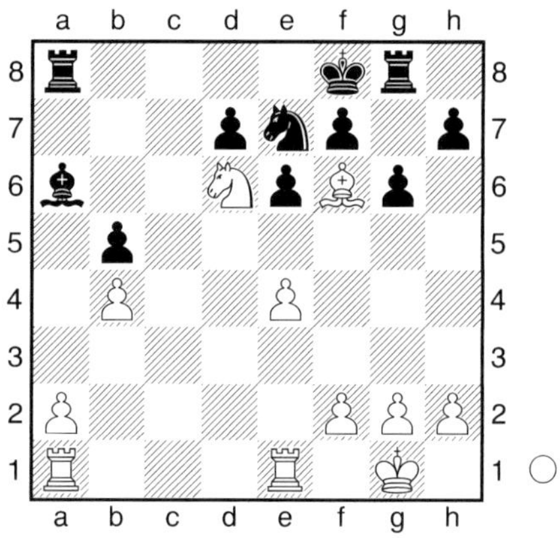

19.a4!+− ♘c8 20.axb5! ♘xd6 21.♖xa6! ♖xa6 22.bxa6
1-0

C11

□ **MBR**
■ **Koss**
Stadtliga Hamburg 26.01.2001
[RG]

1.e4 ♘f6 2.♘c3 d5 3.e5 ♘fd7 4.d4 c5 5.♘f3 e6 6.dxc5 ♗xc5 7.♗d3 ♘c6 8.♗f4 ♕b6
[8...f6 9.exf6 ♘xf6 ist die Hauptvariante]
[8...0-0? 9.♗xh7+!±]
9.0-0 ♕xb2 10.♘b5 0-0 Diagramm
[10...♗b6 11.♗d2! ♘dxe5 *(11...d4 12.♖b1 ♕xa2 13.♗c4 ♕a4 14.♖a1)* 12.♗c3 ♘xd3 13.♕xd3+−]

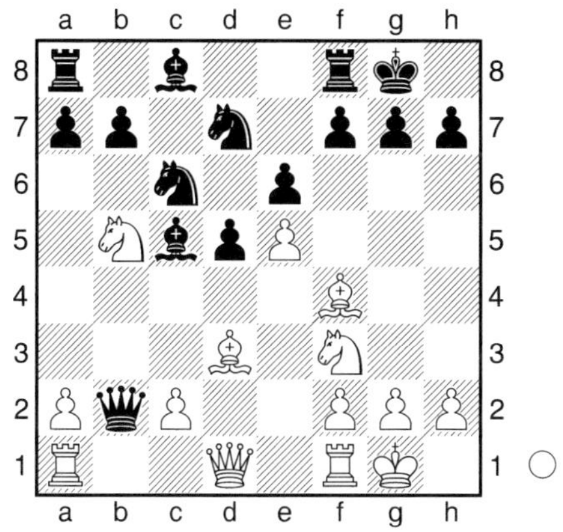

11.♕e2?! Weiß versäumt das Läuferopfer auf h7, das hier gewinnt
[11.♗xh7+! ♔xh7 *(11...♔h8 12.♗d3 ♔g8 13.♗d2 a6 14.♗c3± mit Damengewinn)* 12.♘g5+ ♔g6 13.♕d3+ f5 14.exf6+ ♔xf6 und jetzt gewinnt 15.♖fb1 die Dame, z.B. ♘de5 *(15...♘b4 16.♕h3)* 16.♕e2!+− ♘d4 *(16...♗xf2+ 17.♕xf2 ♘d3 18.♘h7+ ♔f7 19.♕f3)* 17.♕xe5+]
[11.♗d2!? mit der Drohung Lc3 wurde mehrfach mit Erfolg gespielt]

11...♕b4 12.♗d2?!
[12.c4!± dxc4 13.♗xh7+! ♔xh7 *(13...♔h8 14.♖fb1 ♕a5 15.♗c2 a6 16.♘g5 g6 17.♕g4±)* 14.♘g5+ ♔g6 15.♕e4+ f5 16.exf6+ ♔xf6 17.♕xe6#]
12...♕a4 13.♗xh7+? ♔xh7 14.♘g5+ ♔g6?
[Nach 14...♔g8! 15.♕h5 ♕xc2−+ ist das Feld h7 gedeckt]
15.♕d3+ f5 16.♘xe6 ♖f7? Diagramm
[16...♘cxe5! 17.♕g3+ ♕g4∓ und Schwarz bleibt im Vorteil]

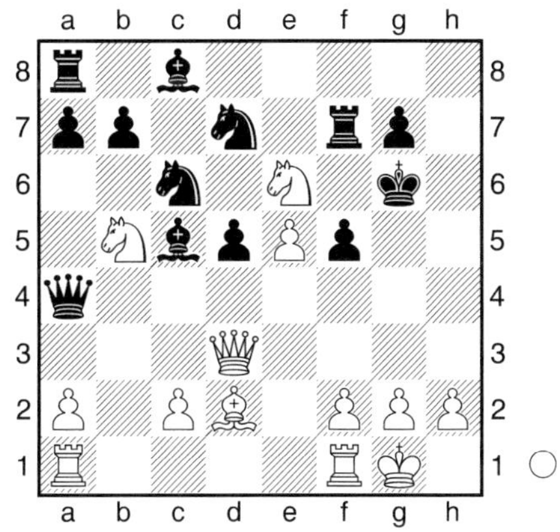

17.♘f4+ ♔h7 18.♕h3+ ♔g8 19.♘g6 ♖f8
[19...♖f6 20.exf6 ♘xf6 21.♘c7 ♖b8 22.♗g5+−]
20.e6! nebst Matt
1-0

C02

□ **MBR**
■ **Mandelbaum,René**
Stadtliga Hamburg 04.04.2001
[RG]

1.e4 e6 2.d4 d5 3.e5 c5 4.c3 ♕b6 5.♘f3 ♗d7 6.♗e2 ♗b5 7.0-0

[Interessant ist auch 7.c4!? z.B. ♗xc4 8.♗xc4 ♕b4+ 9.♘bd2 dxc4 10.a3 ♕b5 11.♕e2 cxd4 12.♘xd4 ♕d5 13.♘4f3∞ mit unklarer Stellung]

7...♘c6 8.♗xb5 ♕xb5 Diagramm

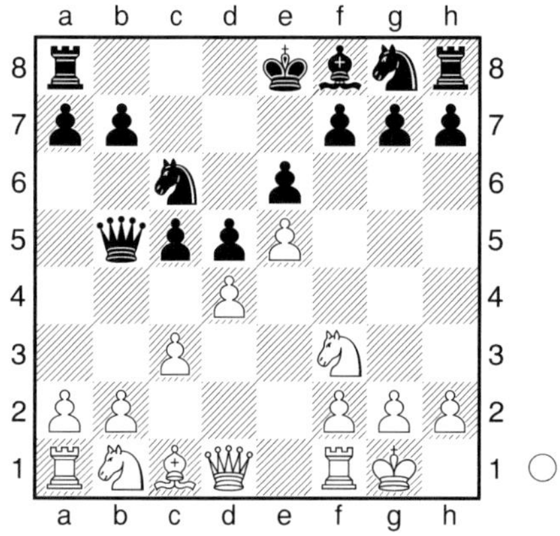

9.♘a3 ♕b6 10.dxc5 ♗xc5 11.b4 ♗e7 12.♗e3 ♕a6!?

[12...♕d8]

13.♘c2

[13.♕b3!?]

13...♘h6

[⌓13...♕c4 14.♘cd4! a5 *(14...♕xc3? 15.♘b5+−)* 15.bxa5 ♖xa5 16.♕b3±]

14.a4 b5? Diagramm

[14...♕c4 15.♘cd4 0-0 *(15...♕xc3 16.♘b5)* 16.♗xh6 gxh6 17.♘xc6 ♕xc6 18.♕d2 ♔g7 19.♘d4±]

(Diagramm)

15.♕e2+− Aus dieser schrecklichen Fesselung gibt es kein Entkommen mehr **♖b8 16.♘cd4! ♘xd4 17.♘xd4 0-0**

[17...♘f5 18.♘xf5 exf5 19.axb5 ♕xb5 20.♕xb5+ ♖xb5 21.♖xa7+−]

18.axb5 ♕b7 19.♘c6 ♖a8 20.♘xe7+ ♕xe7 21.♗c5+− ♕c7 22.♗xf8 ♖xf8

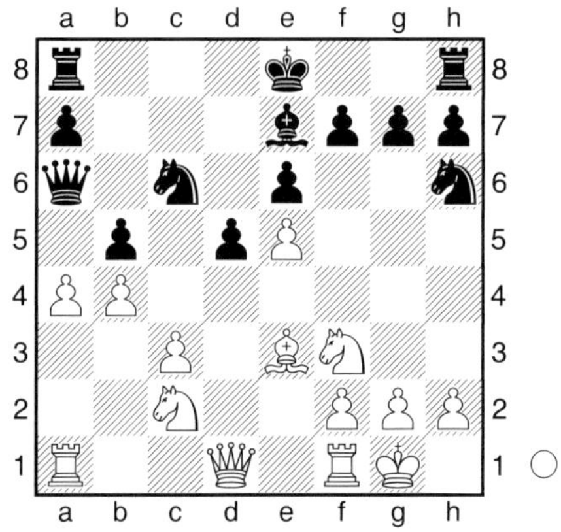

23.♕e3 ♘f5 24.♕c5! ♕xe5 25.♖xa7 ♘h4 26.♕e3

[26.♖fa1 ♕g5 27.g3+−]

26...♕f6 27.b6 ♘f5 28.♕c5 ♕g5 29.b7 ♘h4 Diagramm

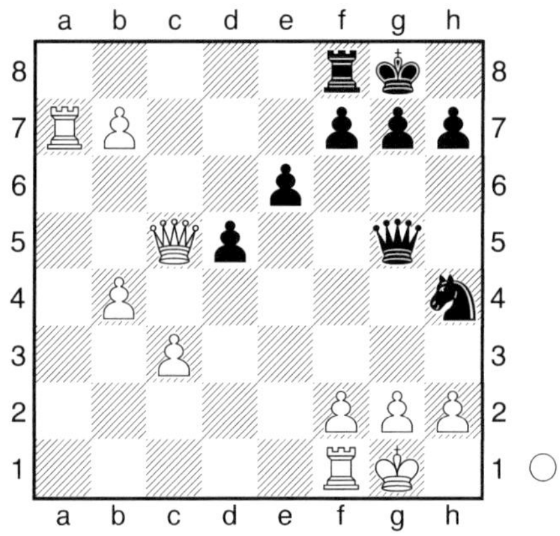

Schwarz droht Matt **30.♕xf8+!** Aber Weiß kommt zuerst! Eine Glanzpartie gegen René Mandelbaum (ELO 2190)

[30.♕xf8+ ♔xf8 31.b8♕++−]

[Schwarz hatte wohl noch auf 30.♖a8?? ♕xg2# gehofft]

1-0

E43

□ **Kreusch,Waldemar**
■ **MBR**
GER-ch Seniors 13th (1) 2001
[RG]

1.d4 ♘f6 2.c4 e6 3.e3 b6 4.♘c3 ♗b4 5.♗d2 ♗b7 6.a3 ♗xc3 7.♗xc3 0-0 8.♘f3 ♘e4 9.♖c1 d6 10.♗d3 f5 11.0-0 ♘d7 12.♘d2?! ♕g5
13.♕e2?? Diagramm
[Nach 13.♘xe4 fxe4 14.♗e2 e5∓ kann Schwarz aussichtsreich am Königsflügel angreifen]

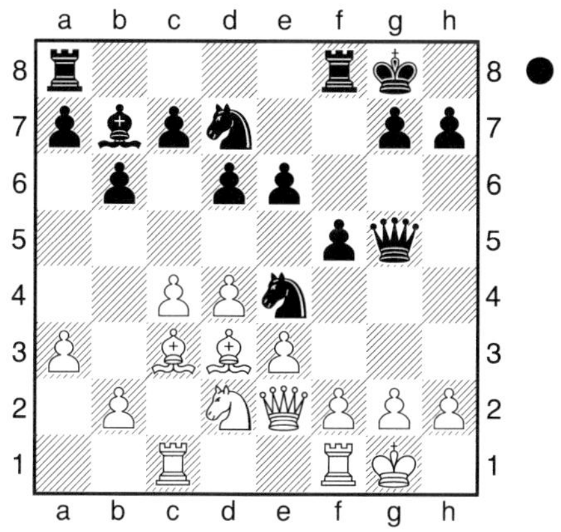

13...♘xc3! Wegen des drohenden Matts auf g2 verliert Weiß jetzt sogar die Dame
0-1

C55

□ **MBR**
■ **Fischer,Johann Stefan** **2312**
GER-ch Seniors 13th (2) 2001
[RG]

1.e4 e5 2.♘f3 ♘c6 3.♗c4 ♘f6 4.♘c3 ♘xe4!? 5.♕e2 ♘xc3 6.dxc3 ♕e7
[6...d6]
7.♘g5!?N ♘d8 8.0-0 c6 9.h3?! Etwas leichtsinnig, der Zug leistet wenig und nimmt dem Sg5 noch ein Fluchtfeld
[9.♗b3 h6 (*9...d5 10.c4=∞*) 10.♘f3 d6]
9...d5 10.♗b3 e4!? Nach dem etwas unglücklichen 9.h3 nimmt Schwarz die Gelegenheit wahr, den Springer zu zernieren **11.f3! h6?!** Sehr riskant, eine Einladung zu dem folgenden Opfer, das Schwarz wohl völlig unterschätzt hat
[11...f6∓]
12.♘xf7!? Diagramm
[Mutig gespielt, aber Weiß hat keine Wahl, denn nach 12.♘xe4 dxe4 13.fxe4 ♕c7∓ hat Weiß keine Kompensation]

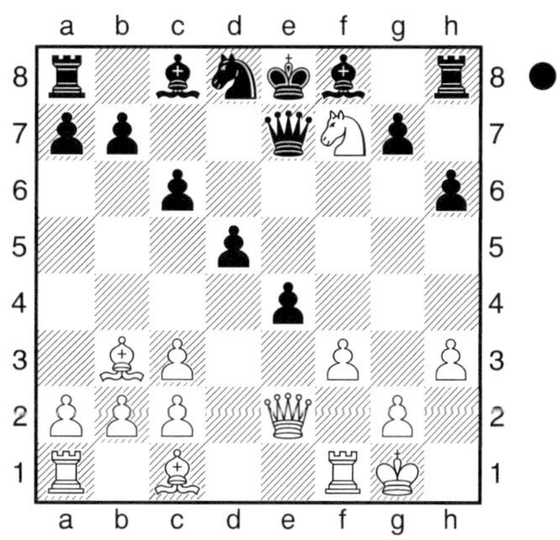

12...♘xf7 13.fxe4 g6?!
[13...♗e6! 14.exd5 ♗xd5∓ nimmt die Luft aus der Stellung, z.B. 15.♗e3 ♗xb3 16.axb3 ♕e6 17.♖ae1 ♗e7 18.♗d4 ♕xe2 19.♖xe2= mit Ausgleich]
14.♕f2!=∞ Jetzt hat Weiß volles Spiel und dank seines Entwicklungsvorsprungs die besseren

praktischen Chancen **♗g7 15.exd5 0-0**

[Besser 15...cxd5 16.♗e3! 0-0 *(16...♗e6?! 17.♗a4+! ♗d7? 18.♗c5!+-)* 17.♗xd5⩱ mit aussichtsreichem Angriff]

16.d6! Diagramm

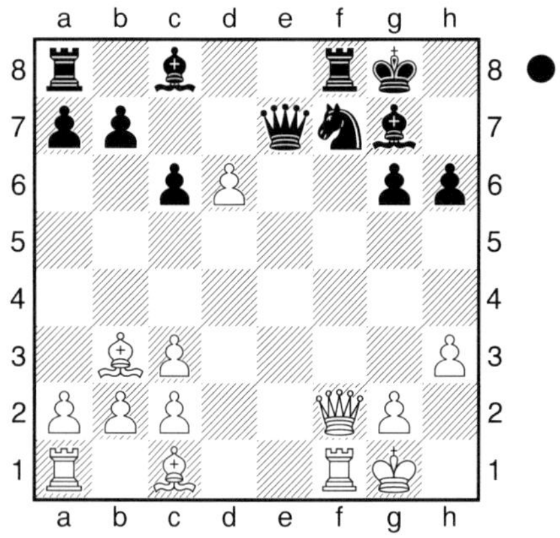

♕xd6

[16...♕d7 17.♗xh6!+- ♗xh6 18.♕f6 ♗g7 19.♕xg6+- nebst Tae1]

17.♗e3!

[Oder 17.♗xf7+! ♔h8 18.♗f4! ♕f6 19.♗b3±]

17...♗e6?!

[17...♕c7! 18.♗c5 ♗f5 19.g4 ♗e4 20.♖ae1 ♔h7! 21.♕f4 *(21.♖xe4? ♘g5!∓)* 21...♕xf4 22.♖xf4 ♘g5 23.♖fxe4 ♘f3+ 24.♔f2 ♘xe1+ 25.♗xf8 ♖xf8+ 26.♔xe1±]

18.♗c5 ♕d7 19.♖ad1 ♕e8

[⌓19...♕c8 20.♗xf8 ♗xf8 21.♖d8! ♕xd8 22.♗xe6± ♕b6 23.♕xb6 axb6 24.♖xf7 ♗c5+ 25.♔h1 ♔h8 26.♖xb7±]

20.♖de1

[20.♗xf8 ♗xb3 21.♗xg7+-]

20...♗xb3? Schwarz findet keine zufriedenstellende Verteidigung mehr

[Zäher war 20...♗e5 21.♖xe5 ♘xe5 22.♗xe6+ (oder *22.♕xf8+ ♕xf8 23.♗xe6+±)* 22...♕xe6 23.♗xf8±]

[20...♘d8 21.♗xe6+ ♘xe6 22.♗xf8 ♗xf8 23.♕f6+-]

21.♖xe8+- ♖fxe8 22.axb3 ♘e5

23.♗d6! Schwarz kann das Eindringen der Dame auf f7 nicht mehr verhindern. Eine starke Leistung gegen den FIDE-Meister, der mit einer besten Elozahl von 2420 zu Buche steht!

[23.♗d6 ♔h7 24.♗xe5 ♖xe5 25.♕f7 b5 26.♖f6+-]

1-0

B21

□ **MBR**

■ **Wollsdorf,Friedrich**

GER-ch Seniors 13th (4) 22.07.2001

[GJ; RG]

1.e4 c5 2.♘f3 a6 3.d4 cxd4 4.c3 dxc3 5.♘xc3 e6 6.♗c4 ♕c7 7.♕e2 ♘c6 8.0-0 ♗d6 Eine sehr interessante Bekämpfung des Morra-Gambits. Schwarz sucht die Herrschaft über die schwarzen Felder **9.g3**

[9.♖d1 ♘e5!? *(9...♘ge7)* 10.♖xd6!? ♕xd6 11.♗f4 ♘xf3+ 12.♕xf3∞ mit unklarer Stellung]

9...♘ge7 10.♖d1 b6?!

[Besser 10...0-0 mit der Idee ...f5]

11.a3

[11.♗e3! ♗c5□ 12.♗xc5 bxc5 13.♕e3±]

11...♗b7 12.♗a2 0-0 13.♗e3 b5

14.b4

[14.♖ac1 b4 15.axb4 ♗xb4 16.♗b1]

14...♘e5

[14...♘xb4!? 15.axb4 ♕xc3 16.♖ac1 ♕xb4 17.♖d4 ♕a3 18.♖d3∞ mit unklarer Stellung, wenn Schwarz der Zugwiederholung ausweicht, z.B. ♕a4!? 19.♖xd6 ♕xe4 20.♖xd7 ♘f5 21.♖xb7 ♕xb7 22.♗f4∞]

15.♘xe5 ♗xe5 16.♖ac1 ♗xc3 17.♗d4 ♕c6 18.♗b1? Sieht sehr plausibel aus

[18.♗xc3 ♕xe4 19.♕xe4 ♗xe4 20.♖xd7∓ und Schwarz behält den Mehrbauern]

18...♘d5?

[Nach 18...♗xd4! 19.♖xc6 ♘xc6−+ hätte Schwarz reichlich Material für die Dame]

19.♕h5

[19.♗c5!±]

19...f5 Diagramm

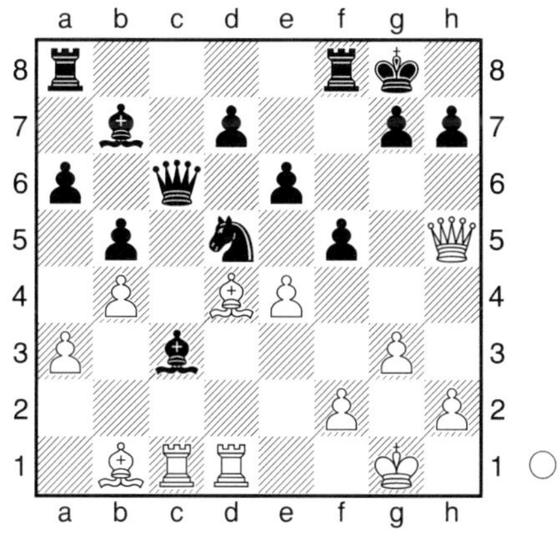

20.♗xg7!? Ein verwegenes Opfer, das sicher nicht korrekt ist, aber für beide Seiten schwer zu spielen **♔xg7 21.exd5 exd5−+ 22.♖d4 ♗xd4**

[22...♕e6 23.♖h4 h6 war Schwarz offensichtlich zu riskant, aber nach 24.♖xc3 ♕e1+ 25.♔g2 gewinnt d4+ 26.♖f3 ♗xf3+−+ , z.B. 27.♔xf3 ♕h1+ 28.♔f4 ♕c1+ 29.♔f3 ♕c6+ 30.♔f4 ♖ae8−+]

23.♖xc6 ♗xc6−+ 24.♗xf5 ♗xf2+! 25.♔f1 ♖xf5!? Schwarz will kein Risiko eingehen

[Auf 25...♗e3 26.♕xh7+ ♔f6−+ wollte Schwarz sich nicht einlassen, aber Weiß hat zu wenig Material für einen Angriff]

26.♕xf5 ♖f8 27.♕e5+!? Weiß macht sich das Leben noch schwer

[Sofort Remis macht 27.♕g5+! ♔h8 28.♕e5+ ♔g8 29.♕g5+=]

27...♔g6 28.♔e2 d4 29.g4 ♗g2? mit der Drohung ...Lf1+!, aber erst kommt Weiß!

[Besser 29...♗e3−+]

30.♕h5+ ♔g7 31.♕g5+ ♔h8 32.♕e5+

½-½

C63

Boeckenhaupt,Rudi 2170

MBR

GER-ch Seniors 13th (5) 2001

[RG]

1.e4 e5 2.♘f3 ♘c6 3.♗b5 f5 4.d3 fxe4 5.dxe4 ♘f6 6.♗g5 d6 7.c3 Soll der Dame den Weg nach b3 oder a4 öffnen

[7.0-0 ist der Theoriezug]

7...♗e6 8.♘bd2 ♗e7 9.♕a4 0-0! 10.♖d1

[10.♗xc6 bxc6 11.♕xc6 gewinnt zwar einen Bauern, aber nach ♖b8 bleibt die Stellung im Gleichgewicht, z.B. 12.b3 ♖b6 13.♕a4 ♕a8 14.0-0 ♕b7=]

10...♕e8 11.♗c4 ♕f7 12.♗xe6 ♕xe6 13.♕b3 Weiß wickelt ins Endspiel ab, um dort seine vermeintlich bessere Endspieltechnik auszuspielen (ELO 2170) **♕xb3 14.axb3 ♘h5 15.♗xe7 ♘xe7 16.g3 ♖f6 17.0-0 h6 18.♘h4 g5! 19.♘g2?! ♖af8 20.♘c4 ♘g7 21.♘ce3 ♖6f7 22.g4 ♘e6 23.♘f5 ♘xf5 24.exf5 ♘f4 25.♘xf4 gxf4 26.f3 h5 27.h3 ♖h7 28.♔g2 ♔g7 29.♖h1 ♔f6 30.c4** Diagramm **b6?!**

[30...a5!∓ 31.c5? dxc5 32.♖d5 ♖fh8 33.♖e1 hxg4 34.fxg4 ♖xh3

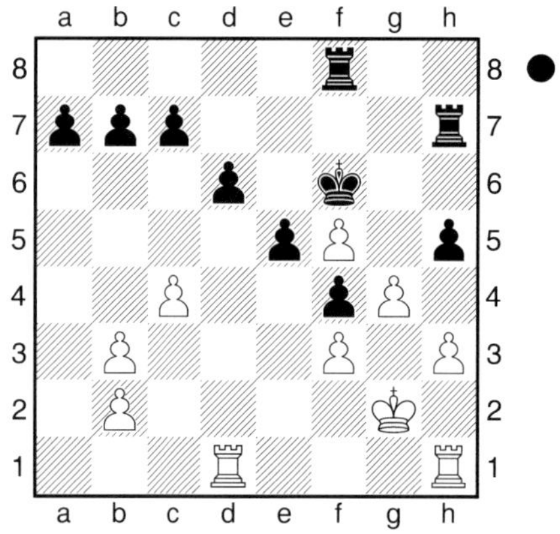

35.♖exe5 ♖g3+ 36.♔f1 ♖h1+ 37.♔f2 c6]
[oder 30...a6∓ 31.b4 ♖d8 32.c5 ♖hd7∓]

31.b4! ♖b8?
[31...a5! 32.bxa5 bxa5 33.♖a1 ♖b8 34.♖hb1 hxg4 35.hxg4! *(35.fxg4 ♖b3−+)* 35...a4 *(35...♖bh8 36.♖h1=)* 36.♖xa4 ♖bh8∓]
[31...a6!?∓ 32.♖a1 ♖a8 33.b5 a5∓ 34.b4? a4∓]

32.b5! ♖bh8 33.b4 hxg4?
Nach der Schwächung am Damenflügel darf Schwarz die Stellung nicht mehr öffnen
[Z.B. 33...♖g8=]

34.hxg4 ♔g5 35.♖xh7 ♖xh7 36.♖h1 ♖g7 37.♖h5+ ♔f6 38.♖h6+
[38.♔h3!± nebst Kh4 mit guten Gewinnchancen für Weiß]

38...♔f7
[Etwas besser 38...♔g5 39.♖e6 ♖g8□ 40.♖e7 ♖c8 41.♖g7+ ♔f6 42.♖g6+ ♔f7 43.g5+−]

39.♖e6?
[39.♔h3!+− nebst Kh4]

39...♖g8
[39...♔f8?]

40.c5?
[40.♔f2! ♖h8? 41.g5!+−]

40...bxc5? Die letzten Züge vor der Zeitkontrolle sind von beiden sehr unpräzise gespielt worden
[⌓40...♖d8±]

41.bxc5 ♖b8 42.cxd6 cxd6
Diagramm

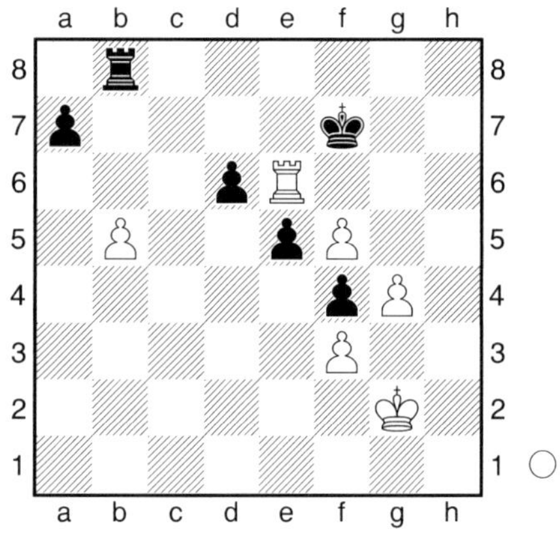

43.♖xd6
[Oder 43.g5+− , z.B. ♖xb5 *(43...d5 44.g6+ ♔g7 45.♖xe5 ♔f6 46.♖xd5+−)* 44.g6+ ♔f8 45.f6+−]

43...♖xb5 44.♖d7+
[Hier oder im folgenden hätte Weiß wieder stark 44.g5! spielen können, z.B. ♖b7 45.♔h3+− *(45.♖a6+−)*]

44...♔f6 45.♖d6+?!
[45.♖xa7 ♔g5 46.♖a6 *(46.♔h3? ♖b3=)* 46...♖b3 47.♖e6+−]

45...♔f7 46.♖d7+ ♔f6 47.♖xa7 ♖b2+ 48.♔h3 ♖b3 49.♖a6+ ♔f7 50.♔h4 ♖xf3 51.♔g5?
[Hier war die letzte Gelegenheit für 51.g5!+− , z.B. ♖g3 *(51...e4 52.g6+ ♔g7 53.♔g5+−)* 52.g6+ ♔f8 53.♖a7 e4 54.♔h5 e3 55.f6+−]

51...♖g3! 52.♖a7+ ♔g8! Jetzt ist die Stellung remis

½-½

C56

□ **Schneider,Ludwig**
■ **MBR**
GER-ch Seniors 13th (7) 2001
[RG]

1.e4 e5 2.♘f3 ♘c6 3.d4 exd4 4.♗c4 ♘f6 5.0-0 ♘xe4 6.♖e1 d5 7.♗xd5 ♕xd5 8.♘c3 ♕f5 9.♘xe4 ♗e6 10.♘xd4 ♘xd4 11.♕xd4 ♗e7 12.♘g3

[12.♗g5! ♗xg5□ *(12...f6? 13.♘g3+− ♕xg5 14.♖xe6 ♔f8 15.♕d7 ♗d6 16.♘e4 ♕h5 17.♘xd6 cxd6 18.♖ae1 h6 19.♕xb7 ♖d8* 1-0 Reich-Dobosz, Oberliga Bayern 1997 *20.♕e7++−)* 13.♕xg7 0-0-0 14.♕xg5± und Weiß hat einen Bauern gewonnen]

12...♕g6 13.♗e3 0-0 Schwarz hat seine Stellung konsolidiert **14.♘e2?!**

[⌓14.♖ad1]

14...♖fd8

[Besser 14...♗f6 15.♕a4 ♗xb2 16.♖ab1 ♗e5∓ und Schwarz hat einen gesunden Mehrbauern, z.B. 17.♘f4! ♗xf4 18.♗xf4 ♗d5 19.♗g3 ♗c6∓]

15.♕c3 ♗d6 16.♗f4 ♗d5 17.♕g3?

[Besser 17.f3=]

17...♕xc2 18.♖ad1 ♗xf4

[⌓18...♗xa2 19.♗xd6 cxd6 20.♘d4 *(20.♖xd6? ♕xb2−+)* 20...♕c5∓]

19.♕xf4 ♕g6

[19...c5!? 20.♘c3 ♗c6∓]

[19...c6!? 20.♘c3 ♕xb2 21.♘xd5 ♖xd5 22.♖xd5 cxd5∓]

20.♘g3 c6 21.h4 h5

[21...h6 22.h5 ♕c2 23.♖d2 ♕c4∓]

22.b3 ♖e8 23.♕f5∓ Mit einem Mehrbauern und dem unangreifbaren Läufer auf d5 hätte Schwarz noch ohne Risiko auf Gewinn spielen können

½-½

C30

□ **Jacoby,Gisbert**
■ **MBR**
Freie Partie blitz 02.02.2002
[RG; GJ]

1.e4 e5 2.f4 ♗c5 3.♘f3 d6 4.♗c4 ♘c6 5.♘c3 ♘f6 6.d3 ♗g4 7.h3 ♗xf3 8.♕xf3 ♘d4 9.♕g3 0-0!?

[Nach 9...♘xc2+?! 10.♔d1 ♘xa1 11.♕xg7 ♔d7 12.fxe5 dxe5 13.♖f1 ♖g8 14.♕xf7+ ist die Stellung unklar, hier muß noch genauer analysiert werden, z.B. ♕e7! 15.♖xf6 ♖xg2 16.♗e6+! ♔d8 17.♗h6! ♖g1+ 18.♔d2 ♖g2+ 19.♘e2 ♗b4+ 20.♔d1 a5!]

10.fxe5 dxe5

[10...♘xc2+ 11.♔d1 ♘xa1 12.exf6 ♕xf6 13.♗g5∞]

11.♗g5 Diagramm

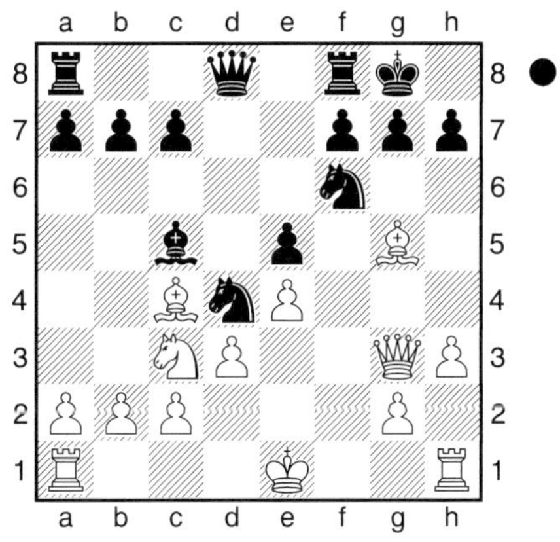

c6!N Eine interessante Neuerung von Matthias. Schwarz geht den unübersichtlichen Verwicklungen aus dem Weg und bereitet einen Bauernsturm mit b5 nebst a5 vor (GJ).

[Interessant, aber kompliziert sind die Verwicklungen nach 11...♘xc2+!? Tschigorin-Burille, Newport 1899 12.♔d1 ♘xa1 13.♘d5 ♗e7

14.♘xe7+ ♕xe7 15.♖f1 Veber-Doric, Lucija 2006, und jetzt sieht Rybka Schwarz nach ♔h8! im Vorteil, z.B. 16.♕h4 b5! 17.♖xf6 *(17.♗xb5? ♖ab8−+)* 17...♕c5!−+]

12.♖f1

[12.0-0-0?! b5 13.♗b3 b4 14.♕xe5 ♘xb3+ *(14...bxc3 15.♕xc5±)* 15.axb3 ♗d6 16.♗xf6 gxf6!∓]

12...♗e7 13.♕f2

[13.♗h6!? ♘xc2+ 14.♔d2 ♘h5∓ , z.B. 15.♕xe5 ♘xa1 16.♕xh5 gxh6 17.♖xa1 b5 18.♗b3 ♗g5+]

13...b5 14.♗b3 a5∓ Die schwarze Stellung ist vorzuziehen

B21

□ **MBR**

■ **Gollasch,Theo Heinz**

HH-Seniors Hamburg 06.11.2002

[RG]

1.e4 c5 2.f4 e6 3.♘f3 d5 4.♗b5+ ♗d7 5.♗xd7+ ♕xd7 6.exd5

[6.♘e5 ♕c7 7.exd5 exd5 8.0-0±]

6...♕xd5

[6...exd5 7.♘e5±]

7.♘c3 ♕c6 8.♕e2! Δ f5 **♘d7 9.d4!?**

[9.f5!± 0-0-0?! 10.♘g5]

9...0-0-0?!

[⌓9...cxd4 10.♘xd4 ♕b6]

10.♗e3 ♘gf6

[⌓10...♘h6]

11.♘e5?!

[⌓11.♘g5± cxd4? 12.♗xd4+−]

11...♘xe5 12.dxe5 ♘d5 13.♗d2 ♗e7 14.0-0-0 ♘xc3 15.♗xc3 g6

[15...♖d5!?]

16.♔b1 h5 17.♕f3

[17.b3]

17...♕xf3 18.gxf3 ♔c7 19.b3 ♔c6 20.a4 a6 21.♔b2 ♖xd1 22.♖xd1 ♖d8 23.♖d3? Weiß sollte seinen Turm behalten

[23.♖g1]

23...b5?

[23...♖xd3 24.cxd3 ♔d5!−+ Δ ... g5 25.♗d2? ♔d4 26.♔c2 ♗h4−+]

24.axb5+ axb5 25.♗d2! verhindert ... g5 **♖xd3 26.cxd3 ♔d5 27.♗e3 f6 28.exf6 ♗xf6+ 29.♔c2 ♗d4 30.♗d2 b4?!**

[30...♗g1! 31.h3 b4!−+ nebst ... Kd4]

31.♔d1?

[⌓31.♗e1]

31...♔d6?

[31...♗g1−+]

32.♔e2 ♔e7 33.♗e1 ♔f6 34.h3= Diagramm

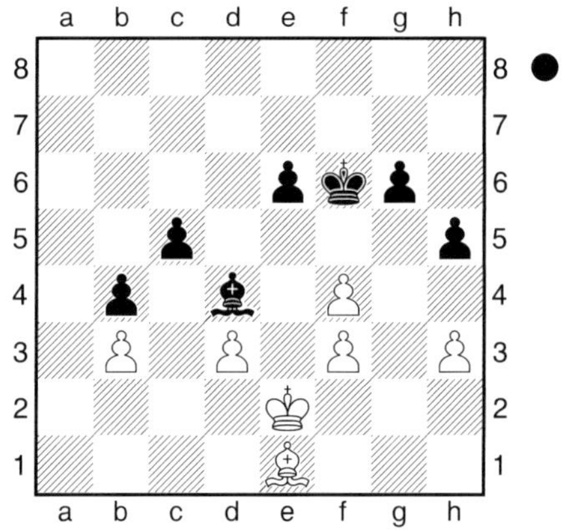

Jetzt hat Weiß eine Festung. Schwarz kann nicht mehr gewinnen **♔e7 35.♗f2 ♔d6 36.♗e1 ♔d5 37.♗d2 ♗g1 38.♗e3 ♗h2 39.♗c1 ♗g3 40.♔e3 ♗e1 41.♔e2 ♗c3 42.♗e3 ♗g7 43.♗c1 ♗h6 44.♗e3 e5 45.fxe5 ♗xe3 46.♔xe3 ♔xe5 47.f4+!=** Das Bauernendspiel ist remis **♔f5 48.♔f3 g5**

[48...h4 49.♔e3= ändert auch nichts]

49.fxg5 ♔xg5 50.♔g3=

[Oder 50.♔e4=]

50...h4+ 51.♔f3 ♔f5 52.♔e3 ♔e5

53.♔e2! Einziger Zug, hier mußte Weiß noch einmal aufpassen **♔d5 54.♔e3 ½-½**

C02

□ **MBR**
■ **Link**
HH-Seniors Hamburg 08.11.2002
[RG]

1.e4 e6 2.d4 d5 3.e5 c5 4.c3 ♘c6 5.♘f3 cxd4 6.cxd4 ♗b4+ 7.♘c3 ♘ge7 8.a3 ♗a5 9.♗d3 h6 10.b4 ♗b6 11.♗e3 ♘f5 12.♗xf5!?
[12.0-0 0-0 *(12...♘fxd4? 13.♘xd4 ♗xd4 14.♗xd4 ♘xd4 15.♕g4!+−)* 13.♗c2±]
12...exf5 13.0-0 ♗e6 14.h4 0-0 15.♕d2 ♔h7?! Gegen ein gelegentliches Opfer auf h6
[⌓15...a6]
16.g3 ♘e7 17.♘e2 ♘g8 18.♔g2 f6?! 19.♘f4! ♕e8 20.h5± fxe5?!
[⌓20...♗f7]
21.♘xe5
[21.dxe5 ♗xe3 22.♕xe3 ♗f7 23.♖h1+−]
21...♘f6 22.f3 ♘xh5? Diagramm
[⌓22...♔g8 23.♘fg6±]

(Diagramm)

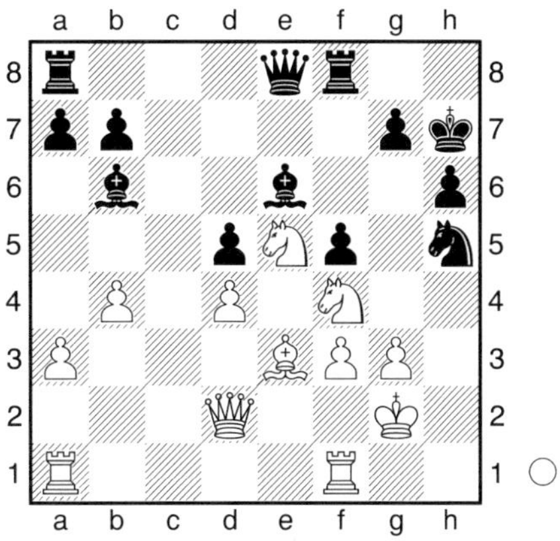

23.♘xh5 ♕xh5 24.♖h1 ♕e8 25.♗xh6!+− ♔g8
[25...f4 26.♗xf4+ ♔g8 27.♖h2+−]
26.♗xg7!
1-0

C63

□ **Simon**
■ **MBR**
Stadtliga Hamburg 07.03.2003
[RG]

1.e4 e5 2.♘f3 ♘c6 3.♗b5 f5 4.exf5 e4 5.♘g1?!
[Besser 5.♕e2 ♕e7 6.♗xc6 bxc6 7.♘d4]
5...♘f6 6.♘e2 d5!? 7.♘d4 ♗d7 8.♘xc6?!
[Etwas besser 8.♗xc6 bxc6 mit unklarer Stellung]
8...bxc6 Dadurch übernimmt Schwarz die Initiative, der weiße Läufer hat keine Perspektive **9.♗a4 c5!?** Raumgewinn, aber der La4 erwacht wieder zum Leben
[9...♗d6 mit besserem Spiel für Schwarz]
10.c3?!
[Mit 10.c4! kann Weiß gerade noch das Gleichgewicht wiederherstellen, z. B. ♗d6 *(10...c6?! 11.d3±)* 11.cxd5 0-0 12.♗c6!=]
10...♗d6 11.0-0 0-0 12.♗xd7 ♘xd7! Schwarz bereitet schon das

Läuferopfer auf h2 vor!
[Oder 12...♕xd7∓]
13.d3 Erzwungen wegen der Drohung ... Se5, und Weiß ist gelähmt **♖xf5**
14.dxe4 Diagramm

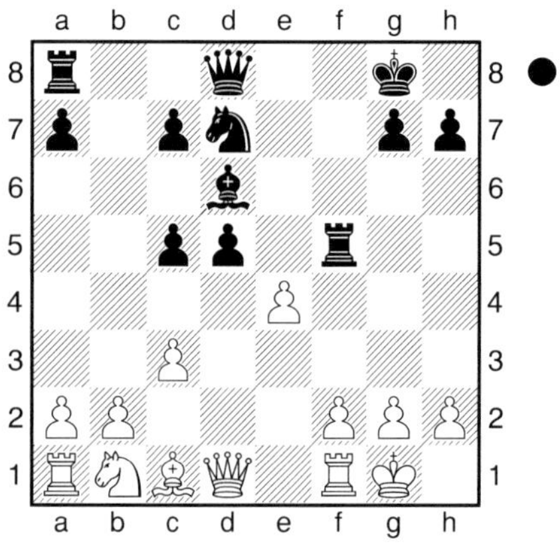

♗xh2+! 15.♔xh2 ♕h4+ 16.♔g1 ♖h5 17.f3
[Nach 17.f4 ist die Sache noch nicht klar, z.B. ♖e8 18.♕f3 ♕h2+ 19.♔f2 dxe4 20.♕g3 e3+ 21.♗xe3 ♕xg3+ 22.♔xg3 ♖xe3+ 23.♔f2 ♖d3∓ mit dem besserem Endspiel für Schwarz]
17...♘f6
[Oder 17...♖f8!−+ z.B. 18.exd5 ♘e5−+ mit der Drohung ...Sg4 nebst Matt]
[Rybka schlägt 17...♖d8! vor mit der Drohung ...Se5, z.B. 18.c4 ♘e5 19.cxd5 ♖f8−+]
18.exd5?
[Am zähesten ist 18.♘d2! ♖f8! 19.♕e1! ♕h2+ 20.♔f2 dxe4! *(nach 20...♘g4+?! 21.♔e2 ♕xg2+ 22.♔d1∞* geht es nicht recht weiter *)* 21.♘xe4 ♘g4+ 22.♔e2 ♕xg2+ 23.♖f2 ♘xf2 24.♕xf2 ♕h1!∓ 25.♕f1 ♖h2+ 26.♔e1 ♖xf3 27.♕xh1 ♖xh1+ 28.♔d2 g5!−+ mit leichtem Gewinn, da 29.♘xg5 nicht geht wegen ♖h2+ 30.♔e1 ♖g3−+ und Schwarz erobert den Springer]
18...♖f8! Es funktioniert auch anders herum:
[18...♕h1+ 19.♔f2 ♘g4+ 20.fxg4 ♖f8+ 21.♔e2 ♕xg2+−+ usw.]
[oder 18...♘g4 19.fxg4 ♕h1+ 20.♔f2 ♖f8+−+ mit derselben Stellung]
19.d6 Diagramm
[Oder 19.♕e2 ♕h2+ 20.♔f2 ♘g4+ 21.♔e1 ♖e5−+]

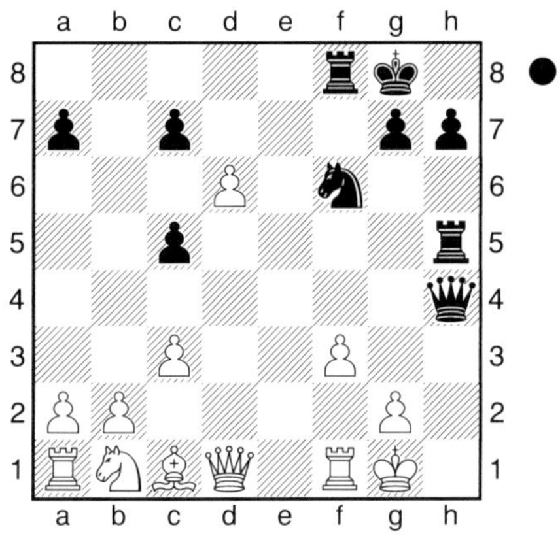

19...♘g4! nebst Matt
0-1

D34

□ **Jaeger,T**
■ **MBR**
Stadtliga Hamburg 08.05.2003
[RG]

1.d4 d5 2.♘f3 e6 3.c4 c5 4.cxd5 exd5 5.g3 ♘c6 6.♘c3 ♘f6 7.♗g2 c4!? 8.0-0 ♗e7 9.b3
[9.♘e5 0-0 10.♘xc6 bxc6 11.e4!? ♗e6 12.♕c2]
9...cxb3 10.♕xb3 0-0 11.♗g5 ♘a5 12.♕d1 ♗e6

[12...♗f5 13.♘h4 ♗e6=]
13.♘e5 ♖c8 14.♕d3 h6 15.♗f4 ♗b4 16.♖ac1
[16.♘b5 a6 17.♖ab1 ♗e7 18.♘c3 b5]
16...♕e7 17.♘b5 a6 18.a3 axb5 19.axb4 ♘c4 20.♖a1 ♖a8
[20...♕xb4!?]
21.♗d2 ♖fd8 22.e3 ♘e4∓ 23.♘xc4? bxc4 24.♕c2 ♘xd2?! So bleibt Schwarz auf dem schlechten Läufer sitzen, wodurch Weiß Kompensation für den gedeckten schwarzen Freibauern erhält
[Besser 24...♗f5∓]
25.♕xd2 f5!? 26.♖a5 ♖xa5 27.bxa5 ♕a3 28.♖b1 ♖d7 29.♕c2?
[29.♕b4=]
29...♕xa5 30.♗h3 ♖f7−+ 31.♗g2 Diagramm

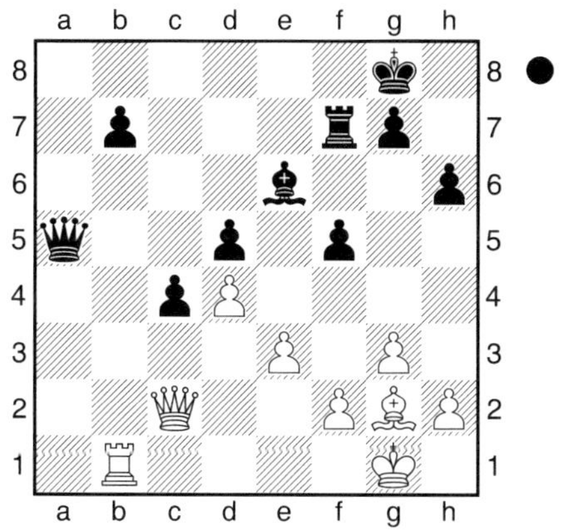

b5 32.g4
[32.♕b2 ♖a7!∓ 33.♕xb5? ♕xb5 34.♖xb5 ♖a1+ 35.♗f1 f4!−+ nebst ... Lh3]
32...b4 33.♕b2 ♖a7! 34.gxf5
[34.♕xb4 ♕xb4 35.♖xb4 ♖a1+ 36.♗f1 c3!−+]
34...♗xf5 35.♕xb4 ♗xb1 36.♕xb1 ♕a1 37.♗xd5+ ♔f8 38.♕xa1 ♖xa1+ 39.♔g2 c3 40.♗b3 ♖b1 41.♗a4 ♖b2 42.♔g3 c2 43.♗xc2 ♖xc2 44.h4 ♔e7 45.f3 ♖d2 46.♔g4 g6 0-1

C20

□	**Baumann,Siegfried**	**1646**
■	**MBR**	**1854**

Hamburg-ch (Qualifikation) (5)
[RG]

1.e4 e5 2.♗b5 ♘c6 3.c3 ♘f6 4.d3 d5 5.♕e2 dxe4 6.dxe4 ♗d6 7.♘d2 0-0 8.♘f1 ♗d7 9.♗d3 a6 10.♘e3 ♘e7 11.♘f3 ♘g6 12.♘c4 b5 13.♘xd6 cxd6 14.♗g5 ♗c6 15.h4 h6 Diagramm

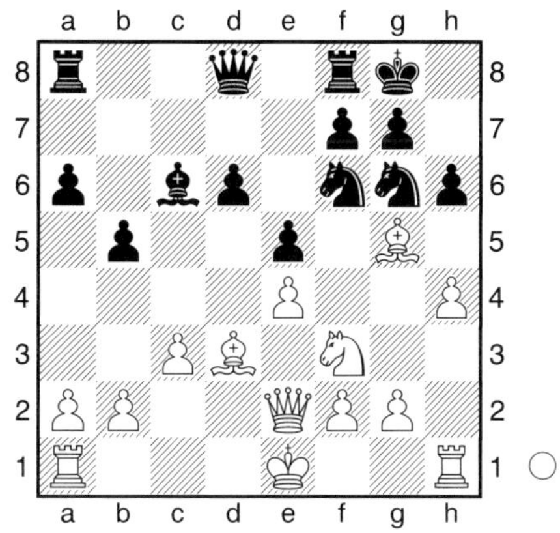

16.♘d2?? Bei diesem Opfer hat Weiß sich völlig verrechnet
[16.h5!? wäre noch interessant gewesen: ♘f4 17.♗xf4 exf4∓]
16...hxg5 17.hxg5 ♘f4!−+
[Weiß hatte wohl nur mit 17...♘d7 18.♕h5 gerechnet, aber auch dann dringt der weiße Angriff nicht durch: ♖e8 19.♕h7+ ♔f8−+]
18.♕f3 ♘h7 19.♗c2 ♘xg5 20.♕g4 ♗d7 21.♕h4
[21.♕g3−+ ist natürlich auch völlig hoffnungslos]

21...♘xg2+
0-1

B09

□ **MBR** **1854**
■ **Behling,Harald** **2002**
Hamburg-ch (Qualifikation) (7)
[RG]

1.e4 d6 2.d4 g6 3.f4 ♗g7 4.♘f3 ♘f6 5.♘c3 0-0 6.♗e2 c6 7.0-0 ♘bd7 8.e5 ♘e8 9.♕e1
[9.♗e3 ist der am häufigsten gespielte Zug]
9...e6 10.♔h1 ♘b6 11.♘e4 f6
12.♕h4!± Weiß steht besser **d5**
13.♘f2
[13.♘c5! ♘c7 14.♘d3± sieht auch gut aus für Weiß]
13...♗d7 14.♘g4 f5 15.♘h6+ ♗xh6□
[15...♔h8? 16.♘g5+− gewinnt sofort, z.B. ♗xh6 17.♕xh6 ♕e7 18.♘xh7 ♕g7 19.♕xg7+ ♘xg7 20.♘xf8+−]
16.♕xh6 ♕e7 17.b3! droht Sg5 nebst La3 **♕g7 18.♕h4 ♖f7?**
[Besser 18...h6 19.a4± nebst La3]
19.♘g5+− ♖f8 20.♗a3 h6 21.♗xf8 ♕xf8 22.♘h3 ♔g7 23.♖f3 ♘c7
24.♗d3!?
[Besser 24.♘f2]
24...♘b5 25.♗xb5 cxb5 26.g4!? ♖c8 27.♖f2 b4 28.♖g1! ♖c3 29.♖fg2 ♗e8 30.gxf5 exf5 31.♕h5
[31.♘f2 ♖xc2 32.♘d3 ♖xg2 33.♖xg2+− ♗d7 34.♘xb4!+−]
31...♖c6 Diagramm

(Diagramm)

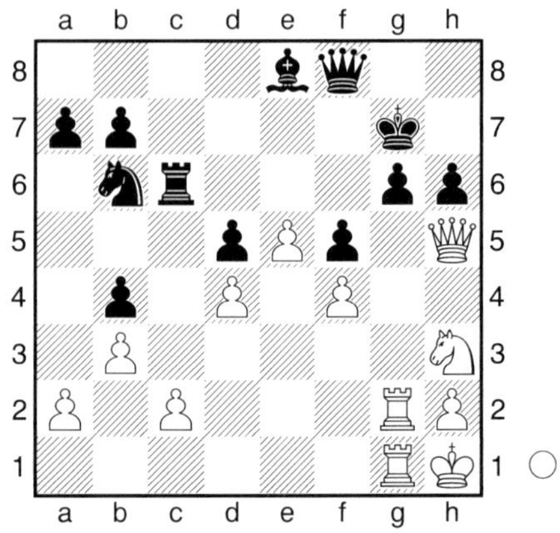

32.♕e2 Weiß nimmt das Remisangebot des Gegners an, obwohl er mit der Qualität mehr und dem gedeckten Freibauern auf Gewinn steht. Bis dahin von Matthias ausgezeichnet gespielt.
[Z.B. 32.♕e2 ♔h7 33.♘f2 ♕e7 34.♘d1 ♘a8 35.♕f3 ♘c7 36.c4! bxc3 (*36...dxc4 37.d5+−*) 37.♘xc3+−]
½-½

C63

□ **Behrwaldt,Matthias**
■ **MBR**
Stadtliga Hamburg 2004
[RG]

1.e4 e5 2.♘f3 ♘c6 3.♗b5 f5 4.d3 fxe4 5.dxe4 ♘f6 6.0-0 d6 7.♖e1 ♗e7 8.♘bd2 0-0 9.♗c4+ ♔h8 10.c3
[10.♘g5 ♕e8]
10...h6 11.♘f1 ♕e8 12.♘g3 ♘h5 13.♘xh5 ♕xh5 14.♘d2 ♕h4 15.f3 ♘d8 16.♘f1 ♘e6 17.♘e3 ♘g5 18.♘d5 ♗d8 19.♗e3 ♕h5 20.♗e2 ♕g6 21.♔h1 ♘e6 22.♗f2 c6 23.♘e3 ♘f4 24.♗f1 ♗e7 25.♕d2 ♗e6 26.c4 h5 27.b3 ♕h7 28.♘d1 ♖ad8 29.♗xa7 d5 30.cxd5 cxd5 31.♗b6 ♖d7 32.♗b5 d4 33.♗xd7 ♗xd7 34.♘b2 ♕g6 35.♗a5 Diagramm
b6! 36.g3□
[Nach 36.♗b4? ♗xb4−+

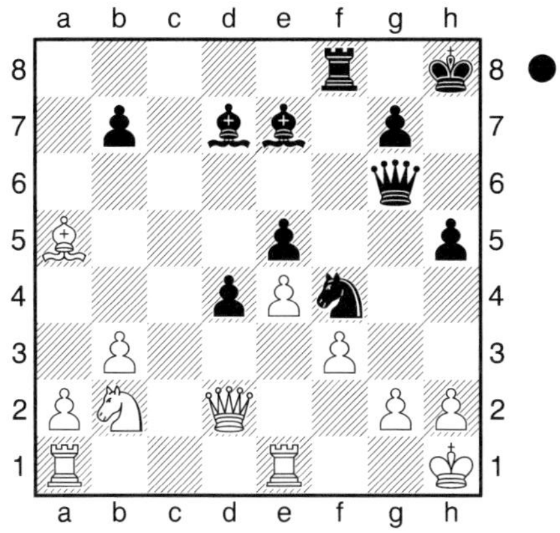

gewinnt Schwarz eine Figur, da die weiße Dame das Feld g2 bewachen muß: 37.♕xb4!? ♕xg2#]

36...♘h3 37.♗b4

[37.♘c4! ♕f6 (*37...bxa5 38.♘xe5 ♕d6 39.♕xa5∞*) 38.♗xb6 ♕xf3+ 39.♕g2 ♘f2+ 40.♔g1 ♘h3+ 41.♔h1 ♘f2+=]

37...♗xb4 38.♕xb4 ♖xf3−+ 39.♕d2

[39.♖ac1? ♖f1+!! 40.♖xf1 ♕xe4+ 41.♖f3 ♕xf3#]

[39.♖e2 ♘f2+ 40.♔g1 (*40.♔g2 ♗h3+! 41.♔xf3 ♕f6#*) 40...♖xg3+! 41.♔xf2 ♖g2+ 42.♔e1 ♖g1+ 43.♔d2 ♖xa1−+ Δ Dg1]

39...♖f2 40.♕c1 ♗c6

[40...♖f1+−+]

0-1

C24

□ **Zobel,Andrej**

■ **MBR**

Stadtliga Hamburg 23.01.2004

[RG]

1.e4 e5 2.♗c4 ♘f6 3.d3 c6 4.♘f3 d5 5.♗b3 ♗d6 6.0-0 ♗g4 7.♖e1

[7.h3 ♗h5 8.exd5 cxd5 9.♘c3]

7...dxe4! 8.dxe4 0-0 9.♘bd2 ♕e7 10.♘c4 ♗c7 11.♗g5 h6 12.♗h4 ♘bd7 13.c3 ♘c5 14.♗c2 ♖ad8∓ 15.♕e2 ♘e6! 16.♗g3 ♘g5! 17.♘e3? Diagramm

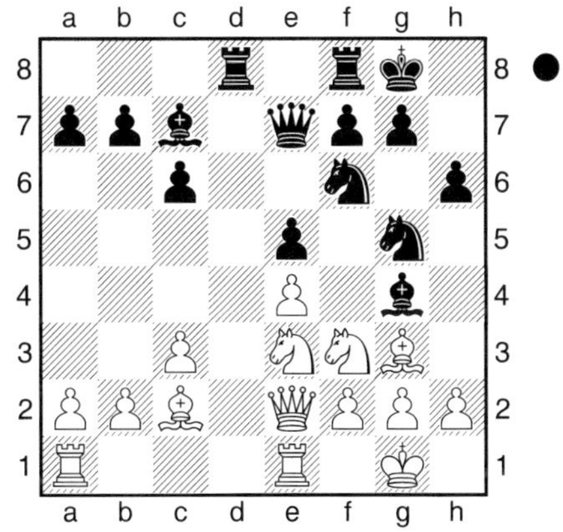

♗xf3! 18.gxf3 ♖d2!! Riesenstark gespielt gegen Andrej Zobel (ELO 2100)

[18...♖d2 19.♕f1 ♘xf3+ 20.♔h1 ♘xe1 21.♕xe1 ♖fd8−+ wollte Weiß nicht mehr sehen]

0-1

B26

□ **MBR 1845**

■ **Schirmer,Werner 2039**

HH-Seniors Hamburg 17.11.2004

[RG]

1.e4 In dieser Partie findet der erfahrene Werner Schirmer, der mittlerweile viele Seniorenturniere spielt, kein Konzept gegen den weißen Angriff **c5 2.♘c3 ♘c6 3.g3 g6 4.♗g2 ♗g7 5.d3 e6 6.♗e3 d6 7.♕d2 ♘ge7 8.♘ge2 ♘d4 9.♘d1 0-0 10.c3 ♘xe2 11.♕xe2 f5 12.h4 e5 13.♕d2 ♗e6 14.♗g5 ♖b8 15.h5 ♖f7 16.hxg6 hxg6 17.f4!?** Sehr scharf und riskant

[17.♘e3!?]

17...♕f8 Diagramm

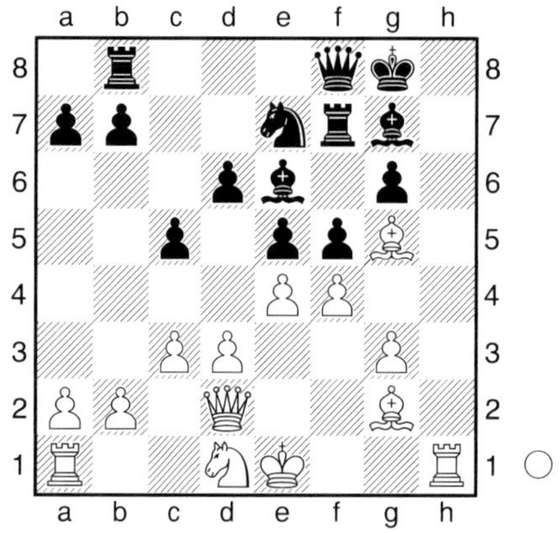

18.♗f3 Drohung Dh2 **♕c8 19.♘e3 b5 20.♖h4** Weiß bringt den Turm schulmäßig nach vorn, um auf der h-Linie eine TDT-Batterie aufzubauen **b4 21.c4 ♘c6 22.♕h2 ♘d4 23.♔f2 ♘xf3 24.♔xf3 fxe4+ 25.dxe4 exf4 26.gxf4** Diagramm

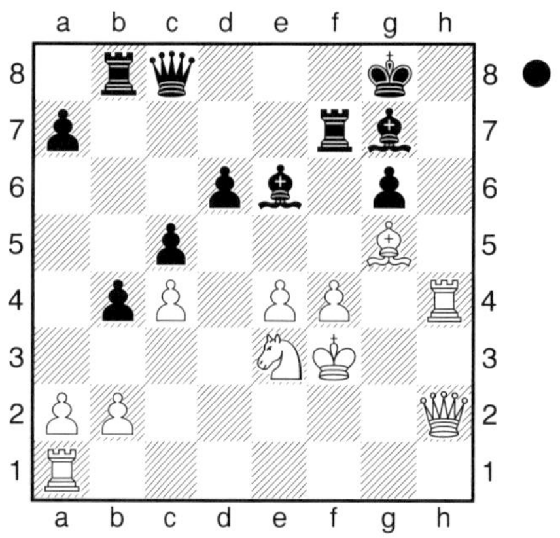

♔f8? Ein Fehler, aber es gibt keine befriedigende Verteidigung mehr gegen die Drohung Th1 nebst Th8+!

[26...♕d7 27.♖h1+− z.B. ♖ff8 28.f5! gxf5 29.♖h8+ ♗xh8 *(29...♔f7? 30.♕h5#)* 30.♕xh8+ ♔f7 31.♕h5+ ♔g8 32.♕g6+ ♕g7 33.♕xe6+ ♖f7 34.♘xf5 ♕xg5 35.♖h6+−]

[26...b3 27.♖h1 ♖f8 28.♖h8+! ♔f7□ 29.♖h7! ♖g8□ 30.f5!+−]

27.♖h8+ nebst Matt

1-0

C44

□	**MBR**	**1845**
■	**Holzweissig,Hans Joachim**	**1610**

HH-Seniors Hamburg (3) 13.11.2004

[RG]

1.e4 ♘c6 2.d4 e5 3.♘f3 exd4 4.♗c4 ♗c5 5.c3 d3 6.♕xd3 d6 7.b4! Normalerweise wird erst Lg5 eingeschaltet

[7.♗g5!? ♘f6 8.b4 ♗b6 9.a4±]

7...♗b6 8.a4± a5 9.b5 ♘ce7 10.0-0 h6 Diagramm

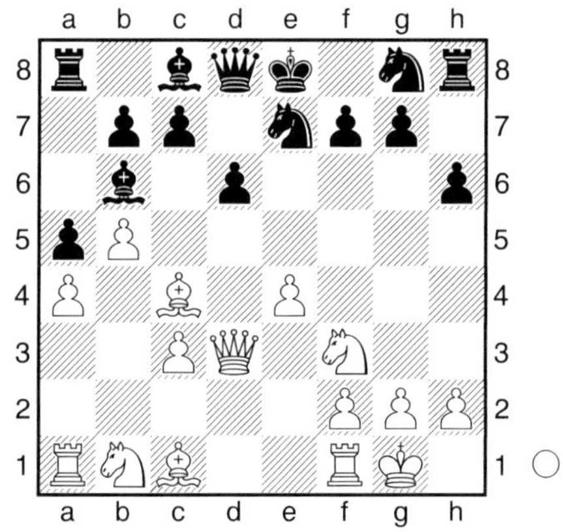

11.♖d1

[11.♘e5!? ♗e6 *(11...dxe5? 12.♗xf7++−)* 12.♗xe6 fxe6 13.♕g3!±]

11...♗e6?!

[⌓11...♘f6]

12.♗xe6 fxe6 13.♘d4!? Weiß ist schon deutlich im Vorteil

[Eine andere Möglichkeit ist 13.♖a2!? ♘f6 14.e5! dxe5 15.♕e2+−]

13...♕d7 14.♕g3 g5 15.♕h3 e5 16.♕h5+ Viele Damenzüge, aber es ist nichts Konkretes herausgekommen

[16.♘e6?! sieht zwar verlockend aus, bringt aber nach ♘f6 nichts]

16...♔d8 17.♘f3 ♘f6 18.♕f7 ♘xe4 19.♘xe5 ♕e8?

[19...♕f5! 20.♕xf5 ♘xf5 21.♖a2 *(21.♘f7+ ♔d7! 22.♘xh8 ♘xf2!−+)* 21...♖e8 22.♘c4 ♗c5 23.♖e2]

20.♗e3 ♗xe3 21.fxe3 ♖f8 22.♕c4 ♘f6 23.♘a3 ♘g6

[23...♘ed5!−+]

24.♘xg6 ♕xg6 Diagramm

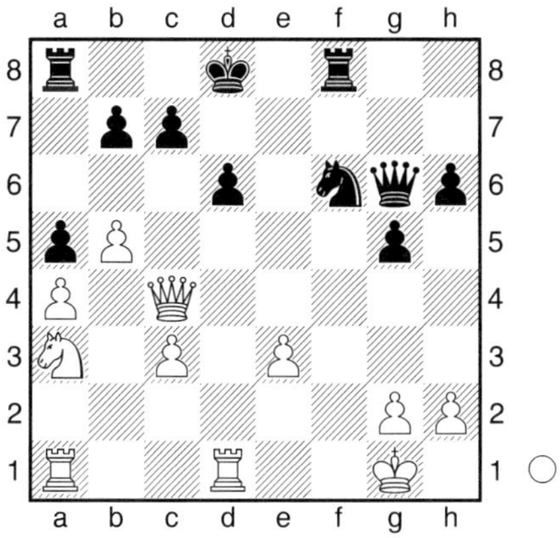

25.b6! ♕f7 26.bxc7+ ♕xc7 27.♕e6!?

[27.♕d4+ ♖a6 28.♖ab1 ♕e7 29.♘c4 ♘e4 30.♘e5±]

27...♘e8

[Besser 27...♖a6 28.♘b5 ♕d7±]

28.♘b5 ♕e7 29.♕xh6 ♖f6 30.♕h3! ♖e6 31.♖d3 ♖a6 Diagramm

(Diagramm)

32.c4 b6 Verhindert c5, reißt aber ein anderes Loch auf **33.♘d4!** Nimmt c6 sofort aufs Korn **♔d7 34.♖ad1!**

[Auch 34.♕f5 mit der Drohung Db5 kam in Betracht. Weiß hat schon so

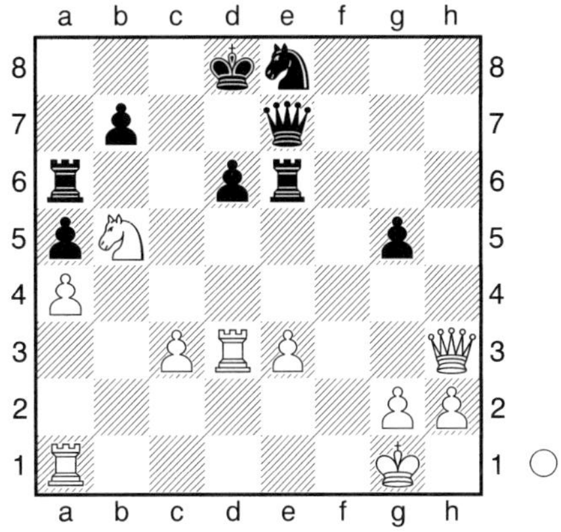

viele Gewinnfortsetzungen, daß die Wahl schwer fällt]

34...♖a8 35.e4 ♖c8 36.e5 ♖xc4 37.♘xe6 ♕xe6 38.♖xd6+ ♘xd6 39.♖xd6+ Eine sehr schöne Partie, in der allerdings auch Schwarz zweimal seine Chance hatte

1-0

B26

□ **MBR 1862**

■ **Dobrusina,Anna 1535**

Klaus-Junge-Open (4) 04.10.2005

[RG]

1.c4 c5 2.♘c3 ♘c6 3.g3 g6 4.♗g2 ♗g7 5.d3 e6 6.♗e3 d6 7.♕d2 ♘ge7 8.♘ge2 0-0 9.h4 f5!? Riskant

[Besser 9...b5!? 10.♘xb5 ♖b8=]

10.h5! fxe4 11.dxe4 ♘e5!? 12.b3! ♘f3+ 13.♗xf3 ♖xf3 14.hxg6 ♘xg6 15.0-0-0 ♕a5 16.♘a4 ♕xd2+ 17.♖xd2 b5 18.♘b2?! Hier steht der Springer etwas unglücklich

[Besser 18.♘ac3±]

18...♗f8 19.♘g1 ♘e5!? 20.♘d3

[20.♘xf3 ♘xf3 21.♖e2±]

20...♖xe3?! Das Qualitätsopfer ist etwas zuviel **21.fxe3 ♘g4 22.♘f4**

♘xe3 23.♘f3 e5 24.♘d5 ♘xd5 25.exd5 h6 26.♘h4 ♗g4 27.♖f2 h5 28.♖f6 e4 29.♔d2 ♗e7 Diagramm

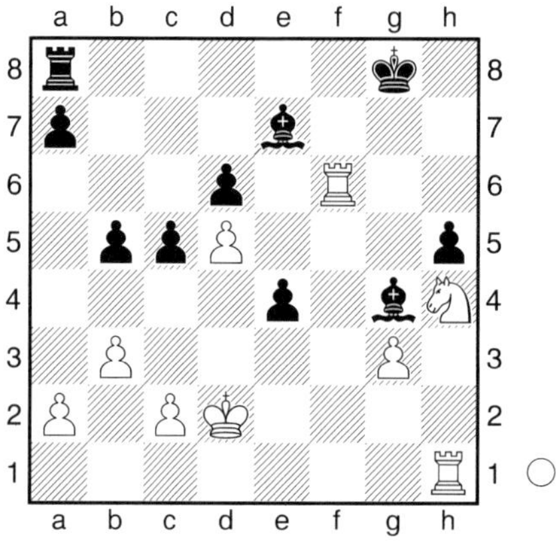

30.♖g6+ ♔h7

[Auch 30...♔f7 hilft nicht mehr wegen 31.♖f1+ ♗f3 32.♖e6+−]

31.♖xg4!+− hxg4 32.♘f5+

Durch diesen Abzug gewinnt Weiß eine Figur. Hier hätte Schwarz aufgeben können. Der Rest ist Technik **♔g6 33.♘xe7+ ♔g5 34.♖f1 ♖e8 35.♖f5+ ♔h6 36.♖f7 ♔h5 37.♔e3 ♖h8 38.♔xe4 ♔g5 39.♖f5+ ♔h6 40.♖f7 ♔g5 41.♖f5+ ♔h6 42.♔f4 ♔g7 43.♔xg4 ♖h2 44.c3 ♖xa2 45.♖f3 ♖d2 46.♘f5+ ♔h7 47.♘xd6 ♖xd5 48.♘xb5 a5 49.♖f5 ♖d7 50.♖xc5 ♖g7+ 51.♔h4 ♖d7 52.♖c7 ♖xc7 53.♘xc7 ♔g6 54.♘a6 ♔f5 55.g4+ ♔e5 56.c4 a4 57.bxa4**

1-0

D34

□ **Schmidt Brauns,Rainer 2053**

■ **MBR 1862**

Klaus-Junge-Open (5) 07.10.2005

[RG]

1.d4 d5 2.c4 e6 3.♘f3 c5 4.cxd5 exd5 5.♘c3 ♘c6 6.g3 ♘f6 7.♗g2 ♗e7 8.0-0 0-0 9.dxc5 d4 10.♘a4 ♗f5 11.♗d2 a5

[11...♘e4 12.♖c1 ♗f6=]

12.a3 ♗e4 13.♖c1 ♕d5?! 14.♘b6 ♕h5 15.♘xa8 ♖xa8 16.h3 ♖d8 17.b4 axb4 18.axb4 d3 19.e3?!±

[⌓19.♖e1+−]

19...♕d5! 20.♘e1 ♗xg2 21.♘xg2 ♘e4!⩱ Drohung ... Da2! **22.♔h2 ♘e5! 23.f3 ♘xd2 24.♕xd2 ♘xf3+ 25.♖xf3 ♕xf3 26.♘f4 ♗f6 27.♘xd3 ♖xd3?!**

Schwarz wählt eine Remisabwicklung

[Stattdessen kann Schwarz noch auf Gewinn spielen: 27...h5 28.♕f2 ♕e4 29.♘f4 ♕xb4∓]

28.♕xd3 ♕f2+ 29.♔h1 ♕f3+ 30.♔h2 ½-½

A26

□ **Stark,Thomas 2077**

■ **MBR 1862**

Klaus-Junge-Open (6) 06.10.2005

[RG]

1.c4 e5 2.g3 ♘c6 3.♗g2 g6 4.♘c3 ♗g7 5.d3 ♘ge7 6.♖b1 f5 7.e3 0-0 8.b4 d6 9.b5 ♘b8 10.♘ge2 ♘d7 11.0-0 f4!? Überscharf

[11...♘f6 12.f4=]

12.exf4 exf4 13.♗xf4 ♘f5 14.♕d2 ♘f6 15.♗g5 h6 16.♗xf6 ♗xf6 17.♘f4 ♗g5 18.h4? Diagramm

[18.♘cd5!+− c6 19.bxc6 bxc6 20.h4!+−]

18...♘xh4! Hier bietet Weiß im Schock

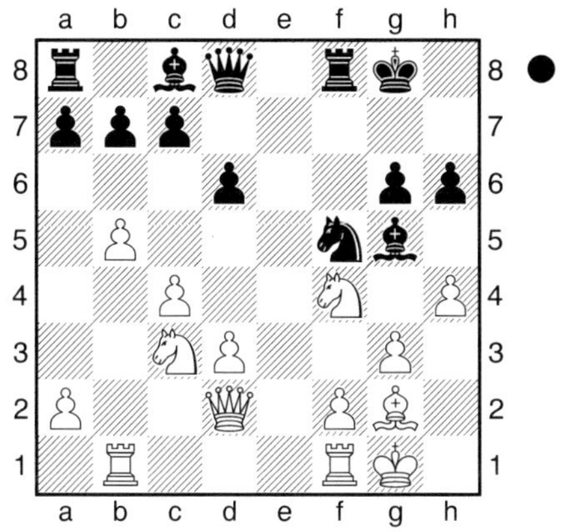

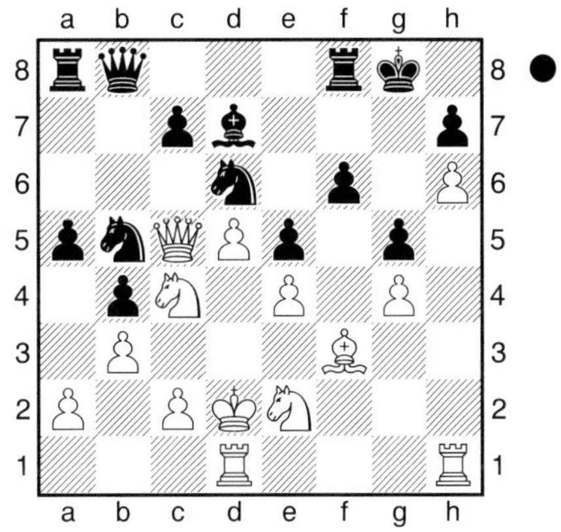

schnell Remis an. Da die Stellung noch im Gleichgewicht ist, nimmt Schwarz an.

½-½

B06

□ **MBR** **1862**

■ **Kaye,Ferdinand** **2060**

Klaus-Junge-Open (7) 07.10.2005

[RG]

1.e4 g6 2.d4 ♗g7 3.♘c3 d6 4.f4 ♘c6 5.♗e3 ♘f6 6.♗e2 e6 7.♗f3 0-0 8.♘ge2 e5 9.fxe5 dxe5 10.d5 ♘e7 11.♕d2 ♘e8 12.0-0-0 ♘d6 13.♗h6?!

[⌓13.♔b1]

13...♘c4! 14.♕g5 f6 15.♕h4 ♗d7?!

[15...g5! 16.♕h5 ♗xh6 17.♕xh6 g4∓]

16.♗xg7 Die Stellung ist wieder im Gleichgewicht **♔xg7 17.g4 b5 18.b3 ♘a3 19.♕f2 b4 20.♘b1 ♘b5 21.h4! ♘c8 22.♘d2**

[22.h5!]

22...♘cd6

[22...a5]

23.♘c4 a5 24.h5! g5 25.h6+ ♔g8 26.♕c5 ♕b8 27.♔d2? Diagramm

Eine interessante Idee. Weiß will seinen König in Sicherheit bringen, übersieht aber den möglichen taktischen Schlag **♘xc4+?**

[27...♗xg4!∓ 28.♔e3 *(28.♗xg4?? ♘xe4+−+)* 28...♗xf3 29.♔xf3 f5∓]

28.bxc4 ♘d6 29.♘g3 ♕b6 30.♕xb6 cxb6 31.♗e2 ♖fc8 32.♘h5 ♖f8 33.♖hf1 ♘e8? 34.♖f2 ♔f7 35.♖df1 ♔g6 36.♔e3 ♖c8 37.♔d2 ♖c7 38.♔e3 ♗c8 39.d6?! ♖d7?

Diagramm

[Besser 39...♖c6]

(Diagramm)

40.c5! bxc5 41.♗b5! Diagramm

(Diagramm)

Das bringt Schwarz in Zugzwang **♖xd6**

Auch andere Züge helfen nicht mehr:

[41...c4 42.♖f5! ♖ff7 43.♗a4 c3 44.♗b5]

[41...♖ff7 42.♖f5 c4 43.♗a4+− usw.]

[41...♖d8? 42.♗xe8+ ♖dxe8 43.♖xf6+ ♖xf6 44.♖xf6#]

42.♗xe8++− ♔xh6

[42...♖xe8?? 43.♖xf6+ ♖xf6

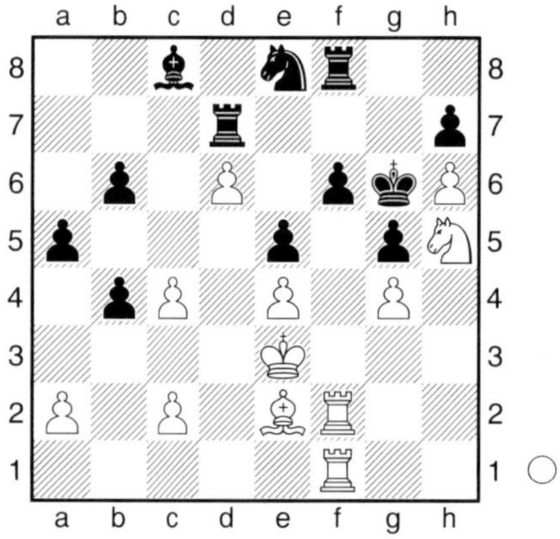

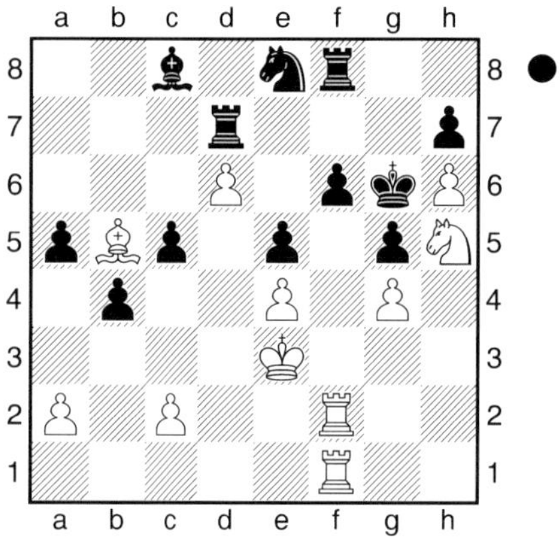

44.♖xf6#]

43.♘xf6 ♖h8 44.♘h5

1-0

B26

□ **MBR**

■ **Kuhle,Sven**

Stadtliga Hamburg 2006

[RG]

1.e4 c5 2.♘c3 d6 3.g3 g6 4.♗g2 ♗g7 5.d3 e6 6.♗e3 ♘c6 7.♕d2 ♖b8 8.h4 h5 9.♘h3 b5 10.0-0 ♘ge7

[10...b4 11.♘d1 ♘ge7]

11.f4 ♕c7 12.♖ae1 ♘d4 13.♘d1 ♗b7 14.c3 ♘dc6 15.♘g5 ♘d8 16.d4 cxd4 17.cxd4 d5?

[Richtig spannend hätte es nach 17...f6 werden können: 18.f5!? Diagramm

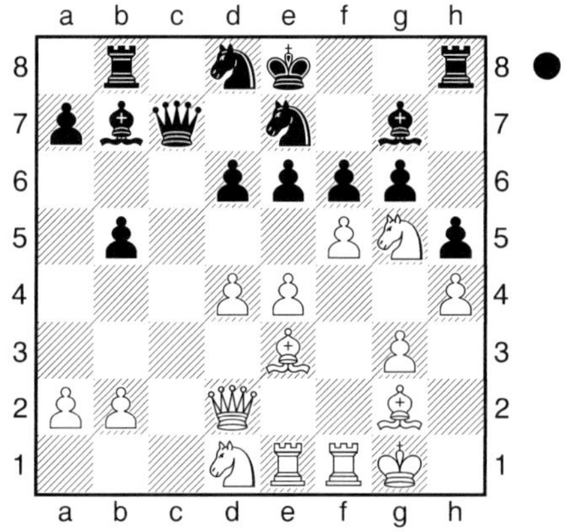

gxf5 *(18...fxg5 19.f6±)* 19.exf5 ♗xg2 20.♔xg2 fxg5 21.♗xg5± mit weißem Vorteil trotz Minusfigur]

18.f5! Diagramm

[18.f5! gxf5 *(18...♕xg3 19.♗f4+−)* 19.exf5!+−]

(Diagramm)

1-0

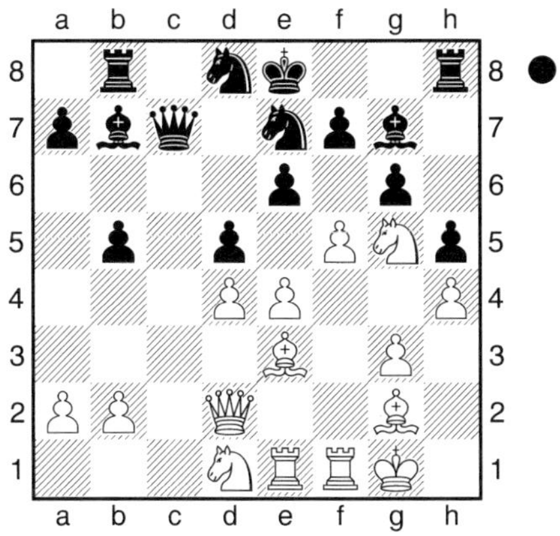

D30

Jablonowski,Christoph 1942

MBR

Stadtliga Hamburg 25.01.2007

[RG]

1.d4 d5 2.♘f3 e6 3.c4 c5 4.cxd5 exd5 5.dxc5 Christoph Jablonowski, der Schüler von Fritz Fegebank bei den Hamburger Schachfreunden, will gegen den Isolani spielen

[5.♗g5 ist die Hauptvariante]

5...♗xc5 6.g3 ♘f6 7.♗g2 0-0 8.0-0 h6!? Ein interessanter Zug, der Weiß wohl aus dem Konzept bringt

[8...♘c6 9.♗g5 wird fast ausschließlich gespielt]

9.♘c3 ♘c6 10.a3 a5 11.♕c2 ♕e7 12.b3?! Weiß will den Läufer jetzt fianchettieren

[Besser 12.♗f4]

12...♗e6∓ Schwarz steht etwas besser **13.♗b2 ♖ac8 14.♘a4 ♗a7 15.♕d3 ♘e4 16.♘d4 ♘xd4 17.♗xd4 ♗xd4 18.♕xd4 b5!? 19.♘b6** Diagramm **♕a7!**

[19...♖c2!? 20.♗xe4 dxe4 21.♕xe4 ♖d2∓]

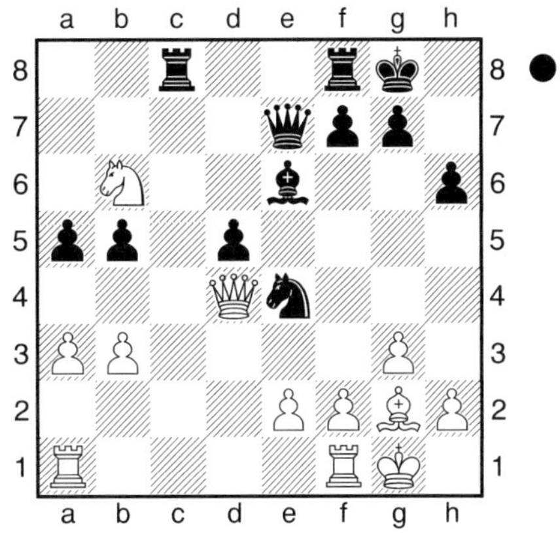

20.♖fd1?! Sieht ganz natürlich aus

[Auch nach 20.e3 ♖c7∓ steht Schwarz besser]

20...♘c3! Das musste bis zum 24. Zug genau berechnet werden **21.♘xc8 ♕xd4**

[21...♘xe2+]

22.♘e7+ ♔h8 23.♖xd4 ♘xe2+ 24.♔f1 ♘xd4∓ Schwarz ist aus der Abwicklung mit einem gesunden Mehrbauern herausgekommen **25.b4**

[25.♖d1 ♘xb3 26.♗xd5 ♗xd5 27.♖xd5 ♖b8∓]

25...axb4 26.axb4 ♘b3

[Besser 26...♘c2 27.♖d1 *(27.♖b1 d4∓)* 27...♘xb4∓]

27.♖d1?!

[Besser 27.♖a7 ♖d8∓]

27...d4 28.♗d5 ♖d8

[28...♗xd5 29.♘xd5 ♖d8∓]

29.♗xe6 fxe6 30.♘c6 ♖c8

[30...♖d6?! 31.♘e5 ♔h7 32.♖d3=]

31.♘a7? Diagramm

[Mit 31.♘a5!= kann Weiß ein reines Turmendspiel erzwingen, das auch mit einem Bauern weniger remis ist]

31...♖c4!∓ Jetzt läßt Schwarz sich den Gewinn nicht mehr entgehen **32.♘xb5 ♖xb4 33.♘c7** Der weiße Springer irrt

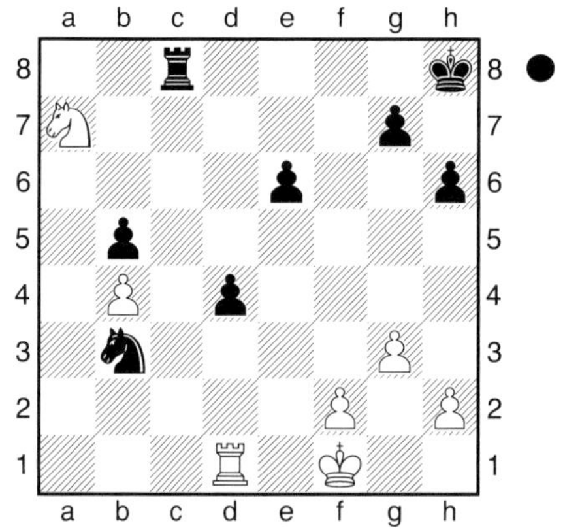

hilflos auf dem Brett umher **e5 34.♘d5 ♖c4 35.♘b6 ♖c2 36.♘d7 e4 37.♘e5 ♖c3?** Schwarz räumt dem Gegner noch eine kleine Remischance ein

[37...d3!−+ macht die Sache sofort klar, z.B. 38.♘f7+ *(38.♘xd3 ♘d2+!−+ 39.♔e1 ♘f3+ 40.♔f1 exd3 41.♖xd3 ♘xh2+−+)* 38...♔g8 39.♘d6 ♘d2+ 40.♔e1 *(40.♔g2? e3!−+)* 40...♘f3+ 41.♔f1 ♘xh2+ 42.♔g1 *(42.♔g2 ♘g4 43.♘xe4? ♘e3+−+)* 42...♘f3+ 43.♔f1 ♘g5−+]

38.♔e1?

[38.♘f7+ ♔h7 39.♘d6 e3 40.fxe3 dxe3 41.♘e4∓ ist noch mühsam]

38...d3 39.f3 d2+

[39...d2+ 40.♔e2 e3]

0-1

B59

□ **MBR**

■ **Eigenmann,Peter**

SH Sen-ch Eckernförde (2) 27.09.2007

[RG]

1.e4 c5 2.♘f3 d6 3.d4 cxd4 4.♘xd4 e5 5.♘b3 ♘f6 6.♘c3 ♗e7 7.♗e2 0-0 8.0-0 ♘c6 9.♗e3 ♗e6 10.f4 exf4 11.♗xf4 ♗xb3

[Nach 11...d5 12.exd5 ♘xd5 13.♘xd5 ♕xd5 ist die Stellung im Gleichgewicht, z.B. 14.♗f3 ♕c4 15.♗e2 ♕d5 16.♗f3]

12.axb3 ♕b6+ 13.♔h1 ♖fd8 14.♘d5 ♘xd5 15.♕xd5 ♗f6 16.c3 ♘e7 17.♕d1 ♘g6 18.♗c4 ♘xf4 19.♖xf4 ♖d7? Diagramm

[19...♕c7± 20.♗d5 *(20.♖xf6!? gxf6 21.♕g4+ ♔h8 22.♕h4 ♕e7 23.♖f1 ♔g7 24.♖f3±)*]

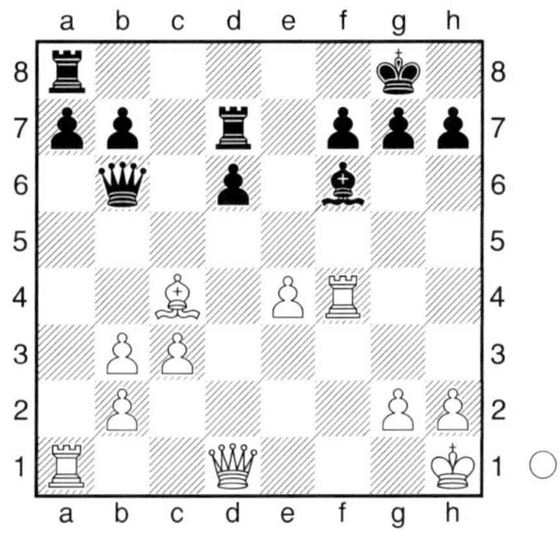

20.♖xf6! Ein schulmäßiges Opfer gegen die schwarze Rochadestellung **♖e8**

[20...gxf6 21.♕g4++− nebst Dxd7]

21.♕f3 ♖ee7 22.♖f5+−

Gesunde Mehrfigur und dominante Stellung. Hier hätte Schwarz aufgeben können **♕c7 23.♖xa7 g6 24.♖f4 ♕c5 25.♖a1 b5 26.♗d5 ♔g7 27.♖f1 ♕a7 28.♖h4 f5 29.♕f4 fxe4 30.♕f8#**

1-0

A14

□ **Zimmermann,Manfred 1944**
■ **MBR 1838**
SH Sen-ch Eckernförde (3) 28.09.2007
[RG]

1.♘f3 ♘f6 2.g3 d5 3.c4 e6 4.b3 c5 5.♗g2 ♘c6 6.0-0 ♗e7 7.e3 0-0 8.d3 ♕c7
[8...e5!? ist die ehrgeizigste Fortsetzung]
9.♗b2 ♖d8 10.♕e2 b6 11.♘e1 ♗b7 12.f4 d4 13.e4 e5
Es ist Könnigsindisch mit vertauschten Farben entstanden **14.f5 h6 15.♗c1 ♖d7 16.h4 ♕d8 17.♗h3 ♘b4 18.♘d2 a5 19.a3 ♘a6 20.♘g2 ♘b8 21.g4 ♘h7 22.♘f3 f6 23.♗d2 ♖d6 24.♖fb1 ♘c6 25.♘fe1 ♖d7**
Schwarz wartet ab **26.♘c2 ♗a6 27.♘ge1 ♖b7 28.♕d1 ♖ab8 29.♕c1**
Diagramm

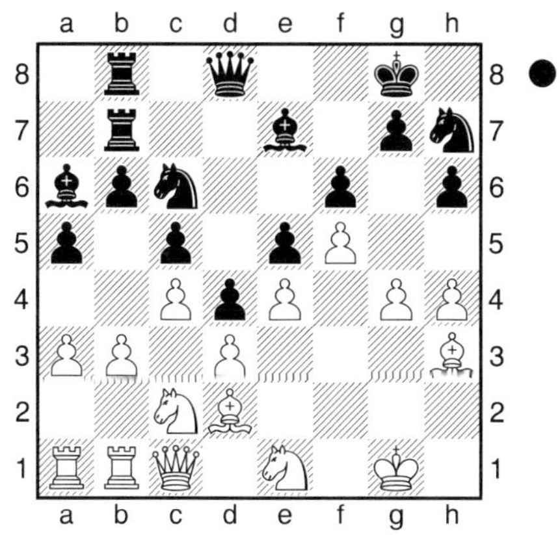

Auch Weiß wartet ab. Man hätte von ihm einen Angriff am Königsflügel erwartet, aber er baut am Damenflügel eine Verteidigungsstellung auf **b5!** Trotzdem! **30.♗f1 bxc4**
[30...a4!? 31.cxb5 ♗xb5 32.bxa4 ♗xa4∓]
31.bxc4 ♖b3 32.♖xb3 ♖xb3 33.♖b1 ♖b8
[33...♕b6!?∓]
34.♘f3 a4 35.♖b2 ♖xb2 36.♕xb2 ♕b8 37.♕xb8+ ♘xb8 38.♗a5 ♘c6!
Diagramm

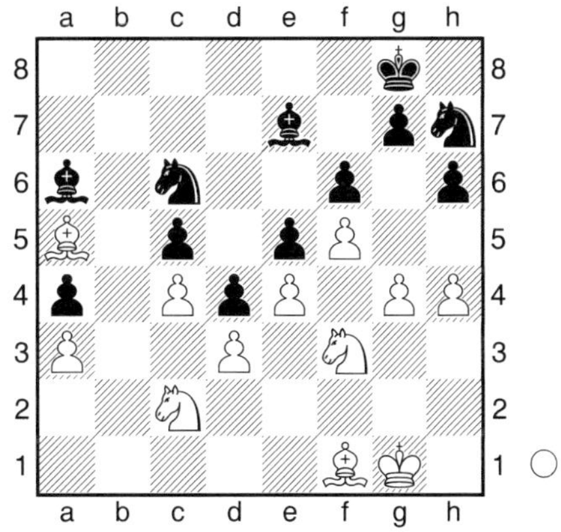

39.♗b6? Diagramm Ein tollkühner Gewinnversuch, aber der Läufer verirrt sich im gegnerischen Lager und wird dort zerniert!
[39.♗d2=]
39...♘f8 Diagramm
[39...♗d6 40.♗e2 ♘f8 41.♗d1 ♘d7 42.♘cxd4 exd4 43.♗xa4]

(Diagramm)

40.♗e2?
[Die einzige Chance von Weiß bestand in 40.♗c7! , z.B. ♔f7 41.g5 ♔e8 42.♗h3! und Schwarz darf nicht ♔d7? spielen wegen 43.♗xe5 fxe5 44.f6+−]
40...♗d6!−+ 41.♘cxd4!? Weiß muß das versuchen, sonst verliert er seinen Läufer b6 ohne Gegenchancen **exd4 42.♗d1 ♘d7 43.♗xa4 ♘xb6 44.♗xc6 ♗c8−+** Die Lage hat sich geklärt: Schwarz ist mit einer Figur gegen zwei Bauern aus der Situation

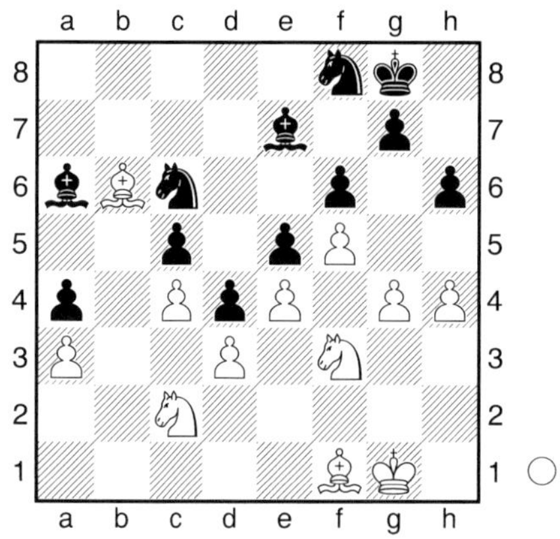

herausgekommen und steht auf Gewinn **45.a4 ♗d7 46.♗b5 ♗xb5 47.axb5 ♗c7 48.♔f2 ♔f8 49.g5 hxg5 50.hxg5 ♔e7 51.♔e2 ♘d7 52.gxf6+ ♔xf6 53.♘d2 ♔e5 54.♔f3 ♘f6 55.♘b3 ♗b6 56.♔e2 ♔f4 57.♘d2 ♘d7 58.♘b3 ♘e5 59.♘c1 ♘g4 60.♘b3 ♘e5 61.♘d2 ♘d7 62.♘f3 ♗a5 63.♘h4 ♘e5**
0-1

D30

□ **Falkowski,Wilfried** **1993**
■ **MBR** **1838**
SH Sen-ch Eckernförde (5) 30.09.2007
[RG]

1.c4 e6 2.g3 d5 3.d4 c5 4.♗g2 cxd4 5.cxd5 e5 6.e4 ♗d6 7.♘h3 ♘e7 8.0-0 ♘g6 9.f4 ♘d7 10.f5 ♘e7 11.♘d2 b5! 12.♘b3 a5 13.a4 b4 14.♗d2 ♗a6 15.♖e1 ♕b6 16.♗f1 0-0 17.♗xa6 ♕xa6 18.♕f3 ♖ac8 19.♖ec1 ♔h8 20.♕f1 d3 21.♗e3 ♘f6 22.♘f2 ♖c4?! 23.♘d2!
[Oder 23.♕xd3 ♖xc1+ 24.♘xc1+−]
23...♖xc1 24.♖xc1 ♖c8 25.♘xd3
Das räumt Schwarz Gegenchancen ein
[25.♖xc8+ ♘xc8 26.♕xd3+−]
25...♘g4! 26.♖xc8+ ♕xc8 27.♕e2 ♘xe3 28.♕xe3 ♕c2 29.b3 ♕c3 30.♔g2 ♘c8 31.♔f3 h6 32.♘f2?
Diagramm
[Nach 32.♔e2+− wird es schwer für Schwarz]

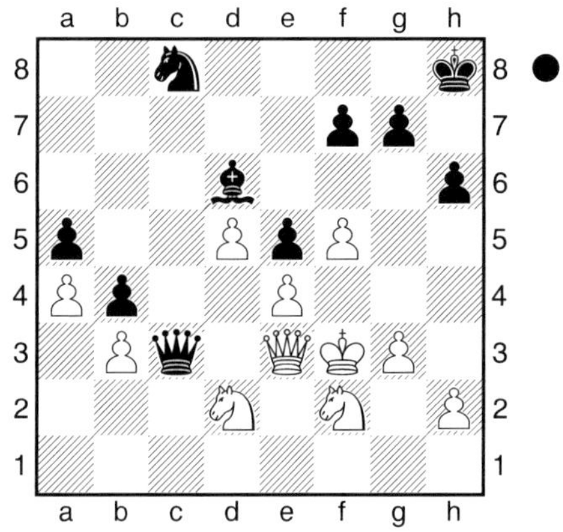

32...♗c5!−+ 33.♕xc3 bxc3 34.♘c4 ♗xf2 35.♔e2 ♗c5 36.♘xa5?
[Zäher war 36.♘xe5! ♘d6 37.♘c6 ♘xe4 (*37...♗b4? 38.♘xb4 axb4 39.a5 ♔g8 40.a6 ♘b5 41.e5 ♔f8 42.d6 ♔e8 43.e6 fxe6 44.fxe6=*) 38.♔d1 ♘f6 39.d6 ♗xd6 40.♘xa5 ♘d5 41.♔c2 ♗b4 42.♘c4 (*42.♘c6? ♘e3+−+*) 42...♔g8∓]
36...♗b4 37.♘c6 c2 38.♘xb4 c1♕
Ein schönes Ende ... für Schwarz!
0-1

B50

□ **MBR**
■ **Gehrmann,Rudolf Rainer** **2044**
SH Sen-ch Eckernförde (2) 27.09.2008
[RG]

1.e4 c5 2.♘f3 d6 3.c3 ♘f6 4.♗e2 ♘c6
[4...♘xe4? 5.♕a4++−]

5.d4 cxd4 6.cxd4 ♘xe4 7.0-0!
[7.d5!? ♕a5+ 8.♘c3 ♘xc3 9.bxc3 ♘e5 10.♘xe5 ♕xc3+ 11.♗d2 ♕xe5 12.0-0]
7...d5 8.♘c3 g6 9.♕b3 ♗g7 10.♕xd5 ♘d6
[10...♗f5]
11.♕b3 0-0 12.♖d1 b6 13.♗e3 ♗b7 14.a3 ♖c8 15.♖ac1 ♘f5 16.d5 ♘a5 17.♕a4 ♘xe3 18.fxe3 a6 19.♕h4 b5 20.♘g5 h6 21.♘ge4 ♕b6 22.♕xe7 ♖fe8 23.♕b4 ♕xe3+ 24.♔h1 ♗xd5? Diagramm
[24...♖xe4! 25.♕xe4 ♖xc3!−+ z.B. 26.♕xe3 ♖xe3 27.♖c2 ♗f8 28.d6 ♗e4! 29.d7 ♗xc2 30.d8♕ ♖xe2 31.♖g1 ♘c4−+]

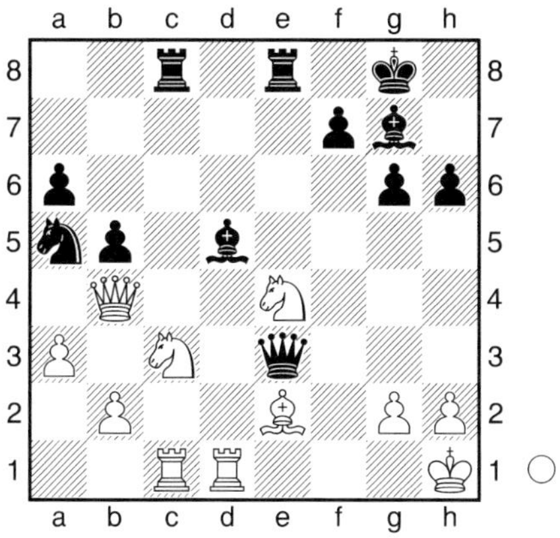

25.♘xd5 ♕xc1!? 26.♘ef6+ Diesen Konter hatte Schwarz unterschätzt!
[26.♖xc1? ♖xc1+−+]
26...♔h8 27.♘xe8! Das ist der Clou! **♕c2**
[27...♕xb2 28.♘xg7 ♕xe2 29.♖e1+− ist natürlich auch hoffnungslos]
28.♘xg7 ♕xe2 29.♖g1 ♘c6 30.♕f4?
[30.♕d6
A) 30...♕e5 31.♘f5! ♕xf5 *(31...gxf5? 32.♕xh6+ ♔g8 33.♘f6++−)* 32.♘b6!+− ;
B) 30...♔xg7 31.♘b6 ♘e7 32.♘xc8+−]
30...♔xg7 31.♕f6+ ♔g8 32.♕c3 ♕e5?
[32...♕e6 33.♘f6+ ♔h8 34.♘g4+ f6 35.♕h3 h5 36.♘xf6 ♕xh3 37.gxh3=]
33.♕xe5
[33.♕xe5 ♘xe5 34.♘e7++−]
1-0

C25

□	**Minz,Michael**	**2135**
■	**MBR**	

SH Sen-ch Eckernförde (3) 04.02.2008
[RG]

1.e4 e5 2.♘c3 ♘c6 3.g3 d6 4.♗g2 g6 5.d3 ♗g7 6.♘d5?! ♘ce7! 7.c4 c6 8.♘xe7
[8.♘c3 ♘f6 9.♘ge2 ♗e6]
8...♘xe7 Schwarz hat die Initiative und die bessere Bauernstruktur **9.♘e2 0-0 10.0-0 c5?!** Schwarz stellt die Symmetrie her, nimmt dafür die Schwächung von d5 in Kauf und vergibt die Initiative
[Ehrgeiziger war 10...f5!? z.B. 11.♕b3 ♕c7 12.c5?! ♔h8 13.cxd6 ♕xd6∓]
11.♖b1 ♘c6 12.a3 a5 13.♘c3 ♗e6 14.♗e3 ♕d7 15.♕d2
[15.♔h1 Delchev-Badea, Budeapest 2000]
15...♘d4 16.♗xd4? exd4 17.♘d5 ♗xd5 18.cxd5?! Erlaubt Schwarz die Bildung eines gedeckten Freibauern
[18.exd5 b5 19.b3]
18...b5! 19.b3 ♖fc8 20.♖fc1 a4! 21.b4 c4 22.♗f1 c3∓ Diagramm
Die letzten Züge, angefangen mit 18... b5, hat Matthias riesenstark gespielt!

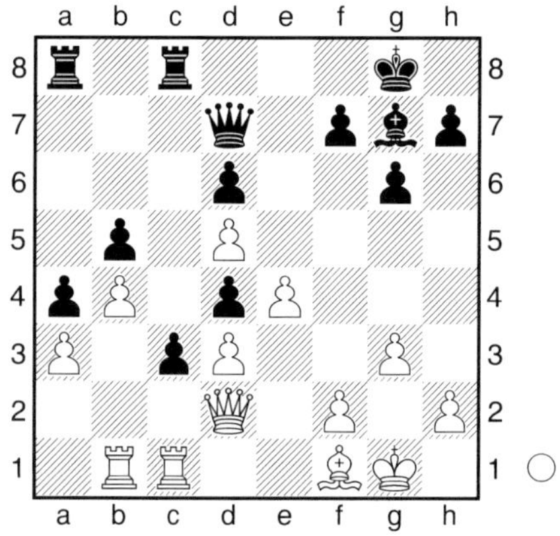

23.♕f4 Remis auf Vorschlag von Weiß. Gegen den nominell stärkeren Gegner nimmt man ein solches Angebot vorsichtshalber an. Mit dem gedeckten Freibauern hätte Schwarz allerdings ohne Risiko gut auf Gewinn spielen können:

[Z.B. 23.♕f4 ♖f8 24.♖c2 ♖ae8 25.♖cc1 f5 26.♗h3 ♕f7 mit der Drohung ...Le5 nebst ...f4 27.exf5 *(27.♕xd6? fxe4−+)* 27...♕xd5!∓]

½-½

C53

□ **MBR**

■ **Gergs,Wolfgang**

Freie Partie 31.05.2010

[RG]

1.e4 e5 2.♘f3 ♘c6 3.♗c4 ♗c5 4.c3 d6 5.h3 ♘f6 6.d4 exd4 7.0-0!? 0-0

[7...dxc3]

[7...h6 8.cxd4 ♗b6 9.♘c3 0-0 10.♖e1±]

8.cxd4 ♗b6 9.♗g5 h6 10.♗h4 g5?! Diagramm

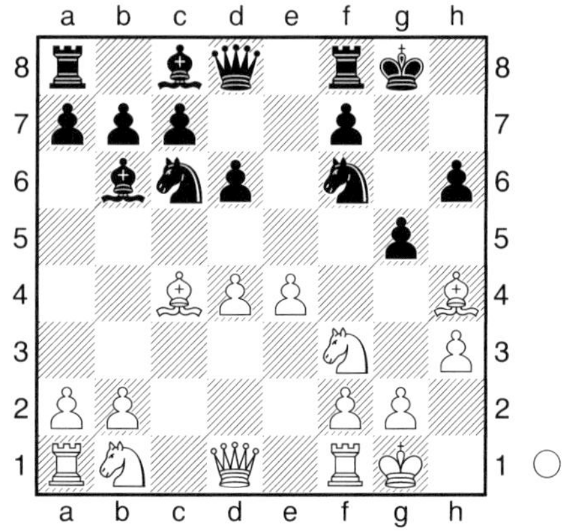

11.♘xg5!? hxg5

[11...♗xd4 12.♘f3 ♗xb2 ist unklar]

[11...♘xe4 12.♘f3 *(12.♕h5 hxg5□ 13.♕g6+ ♔h8 14.♕h6+=)* 12...♘g5 13.♗xg5 hxg5 14.♘c3 g4! 15.hxg4 ♗xg4 16.♕d3 ♕f6 17.♘d5 ♕f5=]

12.♗xg5 ♗xd4 13.♘c3 ♗xc3 14.bxc3 ♘e5?

[14...♗e6!∓ 15.♕f3? ♘e5!−+ 16.♕xf6 ♕xf6 17.♗xf6 ♗xc4−+]

15.♗b3 ♗e6 16.f4! Spätestens jetzt ist Weiß im Vorteil **♗xb3**

[16...♘g6]

17.axb3 ♘g6 18.e5!

[18.h4 gewinnt auch, z.B. ♖e8 19.h5 ♘f8 20.e5]

18...dxe5 19.♕xd8 ♖axd8 20.♗xf6 ♖d2 21.fxe5 a6 22.♖f2 ♖xf2 23.♔xf2 ♘f4 24.♖a4! Das stärkste, aber andere Züge gewinnen auch **♘e6?**

[24...♘g6 25.♖d4 ♖e8 26.♖d7 ♘xe5 27.♖xc7+−]

25.♖h4 ♘g7□ 26.♖g4!

1-0

C14

□ **MBR**

■ **Henze** **2039**

Stadtliga Hamburg 24.01.2010

[GJ; RG]

1.e4 e6 2.d4 d5 3.♘c3 ♘f6 4.♗g5 ♗e7 5.♗xf6 ♗xf6 6.e5

[6.♘f3 0-0 7.♗d3 c5 8.e5 ♗e7 9.h4!? f6 *(9...cxd4 10.♗xh7+)*]

6...♗e7 7.♘f3

[7.♕g4!?]

7...b6

[7...c5!]

8.g3!?

[8.♗b5+!? ♗d7 9.♗d3 c5]

8...♗a6 9.♘e2 c5 10.c3 0-0 11.♗h3!? ♘c6 12.0-0 ♖c8

[12...cxd4]

13.a3 ♗xe2

[13...cxd4 14.cxd4 ♘a5]

14.♕xe2 ♘a5 15.♖ad1 c4? 16.♘e1 ♘b3 17.f4 ♖c6 18.♘g2

[Präziser ist sofort 18.f5!]

18...b5

[⌓18...f5 19.exf6 ♖xf6 20.f5!±]

19.♘e3 a5 20.f5 exf5? Diagramm

(Diagramm)

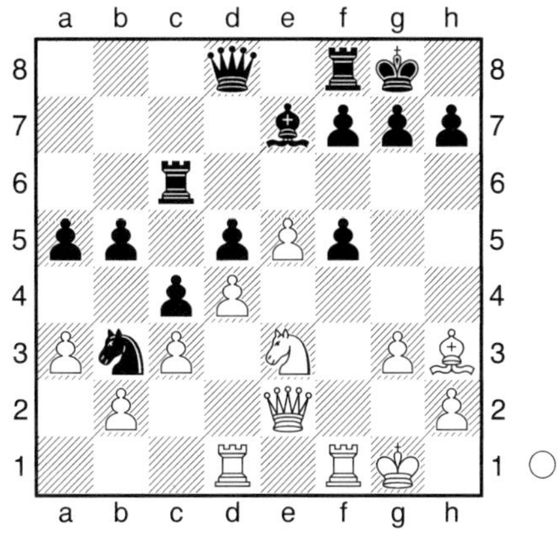

21.♗g2!+− Damit hatte Schwarz nicht gerechnet! **g6 22.♘xd5 ♖c8 23.g4! fxg4 24.♕xg4 b4?** Diagramm

[24...♖b8 25.♘xe7+ *(25.♘f6+? ♗xf6 26.exf6 ♖b6)* 25...♕xe7 26.♖f6±]

(Diagramm)

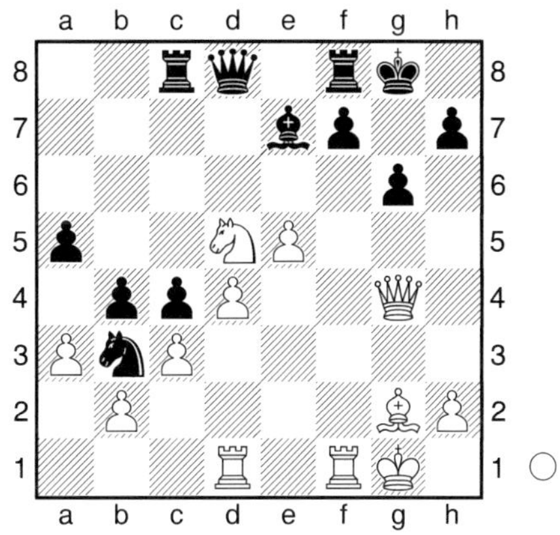

25.♕xc8!

[25.♕xc8 ♕xc8 26.♘xe7+ nebst Sxc8 usw.]

1-0

B01

□ **MBR**

■ **Krause,Martin**

HMM 10.02.2010

[RG]

1.e4 d5 2.exd5 ♕xd5 3.♘c3 ♕a5 4.d4 c6 5.♗c4 ♘f6 6.♗d2 ♕c7 7.♘f3 ♗g4

[7...♗f5]

8.h3 ♗h5 9.g4!? ♗g6 10.♘e5 c5?! Diagramm Überscharf, Schwarz sollte keinen Stein zum zweiten Mal ziehen und nicht die Linien öffnen, solange er noch unterentwickelt ist

[Die Theoriefortsetzung ist 10...e6 11.♕e2 ♘bd7 12.h4!?=
(oder weniger verpflichtend 12.0-0-0=)]

11.♗f4!+− Weiß steht schon auf Gewinn. Wenn Schwarz 10... e6 gespielt hätte, könnte er jetzt mit ... Ld6 parieren **♕b6** Diagramm

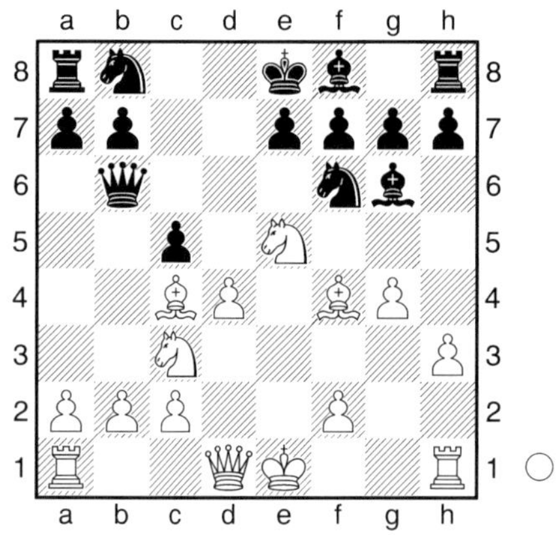

12.♗b5+!

[Nicht so klar wäre 12.♘xg6!? fxg6 *(12...hxg6 13.♗xb8 ♖xb8 14.♗b5+! ♘d7 15.♗xd7++−)* 13.♘b5 ♘a6 14.♕e2+−]

12...♘c6 13.♘c4

[Oder sofort 13.d5+−]

13...♕d8 14.d5+− ♗e4 15.♘xe4! ♘xd5 16.♘ed6+!

[Oder 16.♘xc5 ♘xf4 17.♘xb7!+−]

16...exd6 17.♕xd5 ♕e7+ 18.♔d2 ♕h4 19.♗xc6+

1-0

C84

□ **MBR**
■ **Ristic,Sreten**
Stadtliga Hamburg 24.01.2010
[RG]

1.e4 e5 2.♘f3 ♘c6 3.♗b5 a6 4.♗a4 ♗e7 5.0-0 b5 6.♗b3 ♘f6 7.c3 d6 8.d3 ♘a5 9.♗c2 c5 10.♘bd2 ♗g4 11.♖e1 ♕c7 12.♘f1 ♘b7 13.h3 ♗e6 14.♗g5 h6 15.♗xf6 ♗xf6 16.♘e3 g6 17.♘d5 ♕d8 18.♘xf6+ ♕xf6 19.d4 g5 20.d5 ♗d7 21.♘h2 h5 22.♕f3 ♕h6 23.♕e3 ♘d8?!

[23...g4 24.♕xh6 ♖xh6=]

24.♖f1

[24.a4!?]

24...f6 25.♗d1 ♘f7 26.b4 ♕f8 27.a4 ♖c8 28.axb5 axb5 29.♗e2

[29.bxc5 ♖xc5 30.♖a8+ ♖c8 31.♖xc8+ ♗xc8 32.♗e2 ♗d7 33.♖a1±]

29...♕e7 30.♖a7 ♕d8 31.♖fa1 ♔f8 32.♘f1 g4 33.h4 f5 34.exf5 ♗xf5 35.♘g3! ♗d7 36.♘e4 c4 37.♗d1 ♖g8 Diagramm

(Diagramm)

38.♖xd7?!

[38.♘xd6! ♘xd6 39.♕h6+ ♖g7 *(39...♔e7 40.♕e6+!+−)* 40.♕xd6++−]

38...♕xd7 39.♘f6 ♕e7?

[⌓39...♕f5 40.♘xg8 ♔xg8=]

40.♘xg8 ♔xg8 41.♕e4+− ♘h8 Diagramm

(Diagramm)

42.♕f5!

[42.♗xg4! hxg4 43.♕xg4++−]

42...♕e8 43.♖a7 ♘f7 44.♖xf7! ♕xf7 45.♕xc8+ Hier hätte Schwarz aufgeben sollen. Der Rest folgt ohne

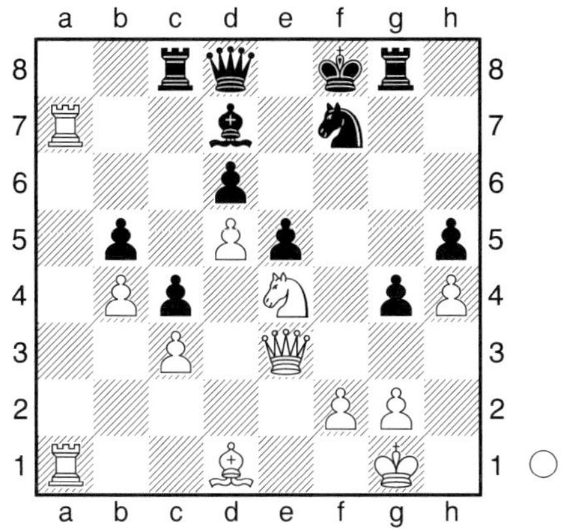

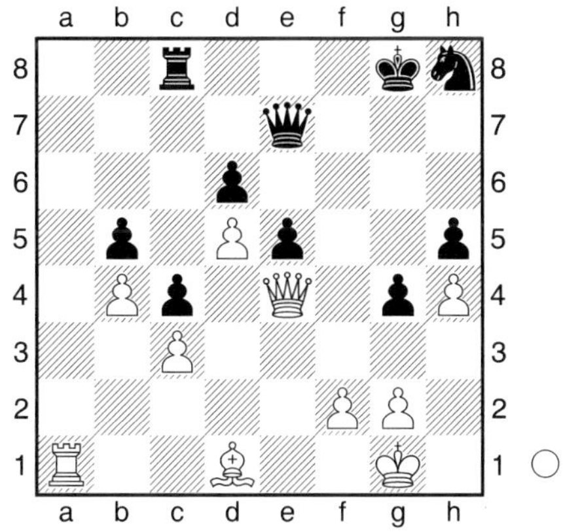

Kommentar: **♔g7 46.♗c2 ♕xd5 47.♕f5 ♕d2 48.♕g5+ ♕xg5 49.hxg5 d5 50.♗f5 d4 51.cxd4 exd4 52.♔f1 h4 53.♗xg4 ♔g6 54.♔e1 ♔xg5 55.♗d7 ♔f4 56.♗xb5**
1-0

A09
□ **Achenbach,Manfred 2158**
■ **MBR 1947**
SH Sen-ch Eckernförde (2) 25.09.2011
[MBR; RG]

1.♘f3 d5 2.c4 d4!? Matthias wählt eine zweischneidige Eröffnung **3.e4?!** Dieser Zug ist zuerst aus der Partie Vera Menchik-Milan Vidmar, Maribor 1934, überliefert. Weiß will aus der Eröffnungstheorie, um seinen Gegner auf unbekanntes Terrain zu ziehen. Die Theoriefortsetzungen sind
[3.e3 ♘c6! 4.exd4 ♘xd4 mit Ausgleich]
[oder 3.b4!? mit unklarer Stellung]
3...♘c6!
[3...e5!? 4.♘xe5 ♕e7 mit Ausgleich]
4.d3 e5∓ Diagramm

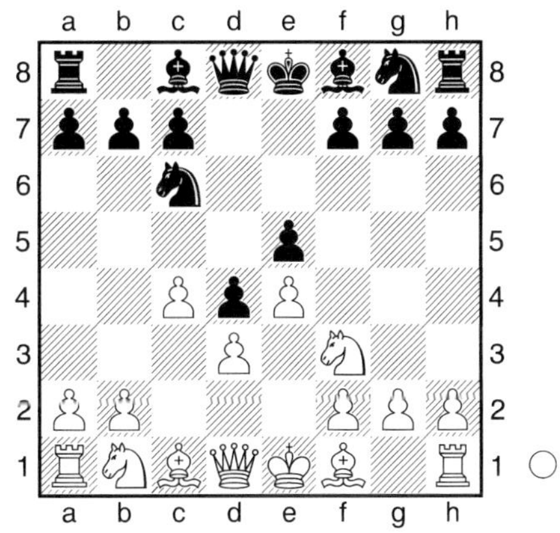

Schwarz hat leichten Raumvorteil
5.♗e2 g6 6.0-0 ♗g7 7.♗d2
[In der Partie Pushkin-Skomorokhin, Kazan 2007, geschah 7.♘e1 ♘ge7 8.g3 ♗h3 9.♘g2 ♕d7 10.a3 a5 11.b3 0-0∓ und Schwarz stand etwas besser]
7...a5 8.♘a3 ♘ge7 9.♕c1 f5!?
Ein etwas riskanter Zug, aber Matthias

spielt auf Sieg! **10.♗h6!?**

[10.c5!? 0-0? *(10...♗e6! 11.♘g5 ♗g8=)* 11.♕c4+ ♔h8 12.♘g5±]

10...0-0 11.♗xg7 ♔xg7 12.exf5 ♘xf5 13.c5!? ♘h4!∓ Diagramm

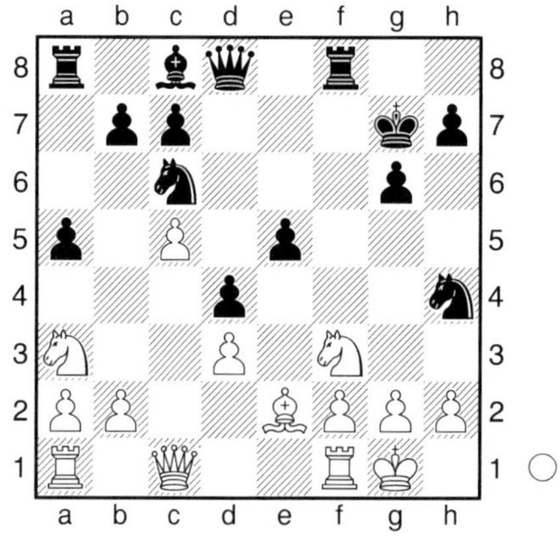

Jetzt macht sich der Springer f5 auf den Weg; er wird die Partie überleben! **14.♘g5**

[14.♘xh4 ♕xh4 15.♕d2 a4!∓ 16.♘b5 ♖a5∓]

14...h6 15.♘e4 g5!? Schwarz droht ... Sg6-f4

[15...♗f5 16.♘g3 ♘b4∓]

16.♗h5?! Weiß will den lästigen Springer tauschen, sieht dabei aber nicht die drohende Gefahr

[16.♘c4 ♘g6 17.g3]

16...♕d7!? Dieser seltsam aussehende Zug droht schon ...Sxg2! **17.h3?!**

[Besser 17.f3]

17...♖f4!

[Sofortiges 17...♘xg2?! wäre ein Fehler wegen 18.♗g4! und Schwarz muß um Remis kämpfen: ♕f7! 19.♔xg2 ♗xg4 20.hxg4 ♕f3+ 21.♔h2 ♕xg4 22.f3 ♖xf3 23.♖xf3 ♕xf3∞]

18.♕d1 Diagramm

[18.♗g4!? ♖xg4 19.hxg4 ♕xg4 20.♘g3 ♘b4 21.♕d1 ♗f5∓]

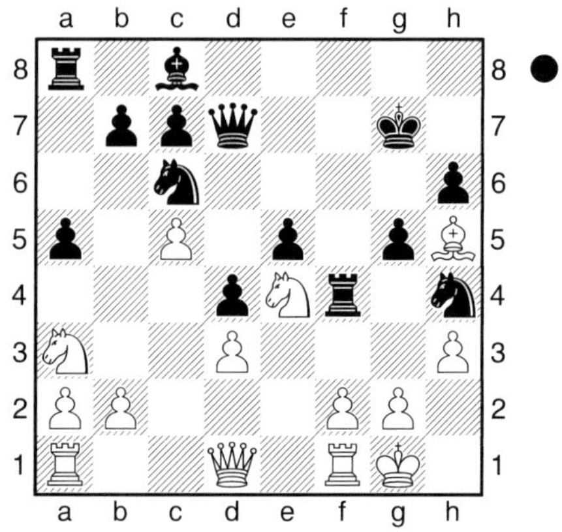

Nach sehr langem Nachdenken **18...♘xg2!** Das Springeropfer bestimmt den Verlauf der Partie **19.♗g4** Darauf hatte Weiß sich verlassen, aber Matthias zog à tempo **♖xg4!** wodurch sogar noch der Springer gedeckt wird **20.♕xg4?!**

[Am zähesten hätte Weiß sich noch mit 20.hxg4 ♘f4 21.f3∓ verteidigen können, aber nach h5! wird der schwarze Angriff sehr stark, z.B. 22.gxh5 ♘b4 23.♖f2 *(23.♘f2 ♕d5∓)* 23...♘bxd3 24.♖d2 ♘h3+ 25.♔h2 ♘df4∓ und Schwarz ist im Vorteil]

20...♘f4!−+

[20...♕xg4? 21.hxg4 ♘f4 22.f3∓ und Weiß kann sich noch zäh verteidigen]

21.♕xd7+ ♗xd7 22.♘b5 Diagramm

(Diagramm)

♘b4! Dieser überraschende Gegenangriff ist noch stärker als

[22...♖c8−+]

Der Kampf ist entschieden. Weiß muß sich zurückziehen: **23.♘a3**

[23.♘xc7? scheitert an ♖c8!−+

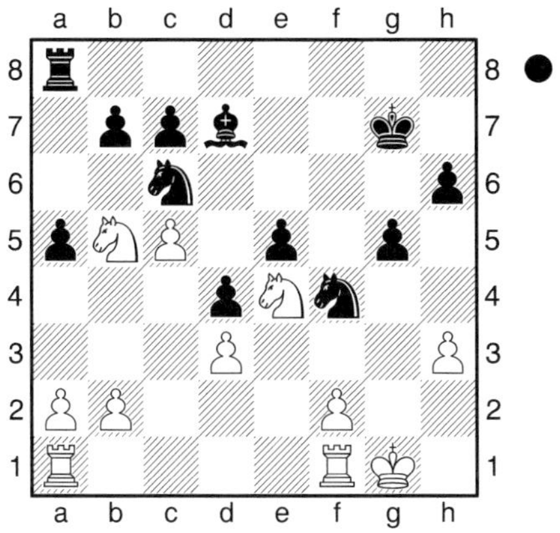

mit Gewinn des Springers]
23...♘xh3+ 24.♔h2 ♘f4 Diagramm

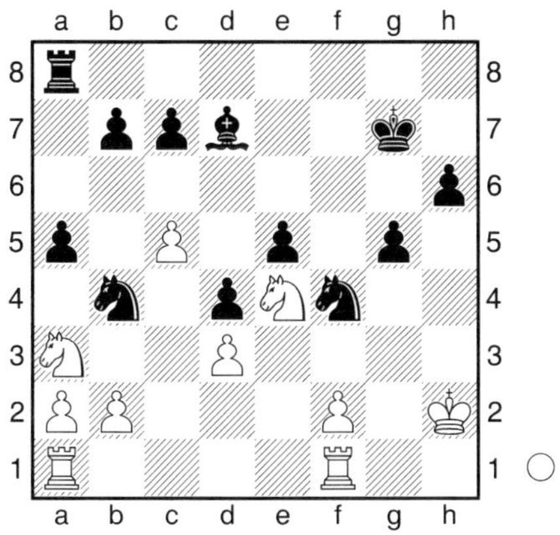

Die schwarzen Springer dominieren die weißen Türme, zusätzlich hat Schwarz noch 2 Bauern mehr und gewinnt auch noch den Bauern d3 **25.♘c4 ♘bxd3 26.♖g1 ♔g6 27.♖ad1 ♗e6! 28.b3 a4! 29.♖g3 ♗f5 30.♘cd2 axb3 31.axb3 ♖a2 32.♖gg1 ♗xe4 33.♘xe4 ♘xf2 34.♘xf2 ♖xf2+ 35.♔h1 ♖f3**
[Oder 35...d3−+ nebst ...e4 usw.]
36.♖ge1 ♔f5 37.c6! Ein verzweifelter letzter Versuch von Weiß, sich eine Gegenchance zu verschaffen
bxc6 38.♖c1 ♘d3 39.♖f1 g4 40.♖xf3+ gxf3 41.♖xc6 Zum Schluß versucht Weiß noch auf Patt zu spielen! **♔f4**
[Oder 41...e4−+ nebst ...e3-e2-e1]
42.♔g1 f2+ 43.♔f1 ♔f3 44.b4 e4 45.b5 e3 46.♖c2 ♘c1 47.b6 e2+
Eine feine Partie! (RH)
[Weiß gibt auf wegen 47...e2+ 48.♖xe2 ♘xe2 49.bxc7 ♘g3# Dafür hat der Sg8 elfmal ziehen müssen]
[Die letze Hoffnung von Weiß war 47...cxb6 48.♖xf2+ Diagramm

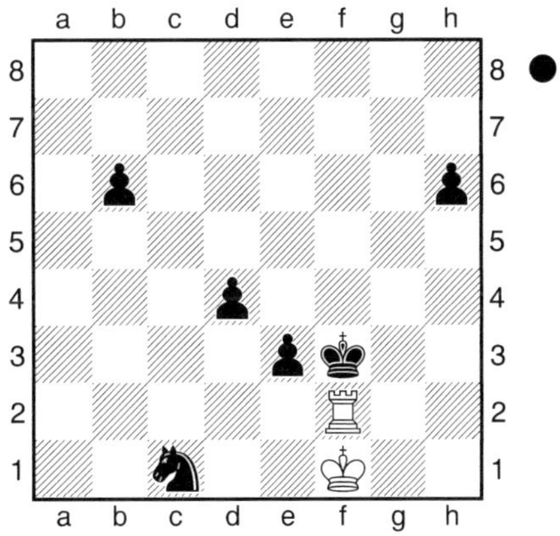

exf2? und patt (aber *48...♔e4!−+* hätte immer noch gewonnen)]
0-1

C55

Weißhorn,Lasse
MBR
Bezirksliga Hamburg 15.06.2012
[RG]

1.e4 e5 2.♘f3 ♘c6 3.♗c4 ♘f6 4.0-0 ♗e7 5.♘c3 d6 6.d3 ♗g4 7.♗g5 0-0
[Mit 7...♘d4!?∓ hätte Schwarz sich einen kleinen Vorteil sichern können, aber das war Matthias zu wenig!]
8.h3 ♗xf3 9.♕xf3 ♘d4 10.♕d1 c6

11.a3 b5 12.♗a2 h6 13.♗h4?!
[Besser 13.♗e3 ♘d7 *(13...♘e6 14.♕f3)* 14.f4]
13...♘e6 Der Springer will sich auf f4 festsetzen **14.♗g3 g5 15.♘e2 ♔h7 16.d4**
[16.♗h2 ♘f4 17.♘g3 d5]
16...♘f4 17.dxe5 dxe5 18.♘c3 ♕c7 19.♕f3 ♖ad8 20.♖ad1 ♗c5 21.♗h2 ♗d4 22.♖d2 ♔g7 23.♖fd1 a6
[23...♗xc3 24.♖xd8 ♖xd8 25.♖xd8 ♕xd8 26.♗xf4 ♗xb2∓]
24.♘e2 ♗xb2
[24...♘xe2+! 25.♖xe2 ♗xb2]
25.♘xf4?
[Erforderlich war 25.♘g3!= nebst ♘f5 mit Gegenchancen]
25...exf4 26.♖xd8 ♖xd8 27.♖xd8 ♕xd8 28.♔h1
[28.♕b3?? mit der Doppeldrohung ♕xf7+ und ♕xb2 geht nicht wegen ♕d1#]
28...♗e5 29.g3?
[Nach 29.♕b3! ♕d7 30.f3 c5!−+ nebst ...c4 ist die Stellung für Schwarz auch gewonnen]
29...♕d4 30.gxf4 gxf4 31.♕b3 ♕xe4+
[Oder 31...♕d1+ 32.♗g1 ♕h5 33.♔g2 ♘xe4−+]
32.f3 ♕e1+ 33.♗g1
[33.♔g2? ♘d5 34.♗g1 ♕e2+ 35.♔h1 ♗c3−+ mit der Drohung ... ♕xf3+ nebst Matt]
33...♘d5 34.♕d3 ♗c7 35.♕d4+
[35.♗xd5? ♗b6−+]
35...♗e5!? 36.♕f2
[Hier hätte Weiß mit 36.♕d3 auf Zugwiederholung spielen können, aber Schwarz hat hier schon viele Gewinnpläne, z.B. ♕g3 37.♗h2 ♕xh3 38.♗xd5 cxd5 39.♕xd5 ♕f1+ 40.♗g1 ♗b2−+ mit Gewinnstellung, denn Weiß darf nicht 41.♕b3?? spielen wegen ♗d4−+]

36...♕xf2 37.♗xf2 ♘c3! Diagramm

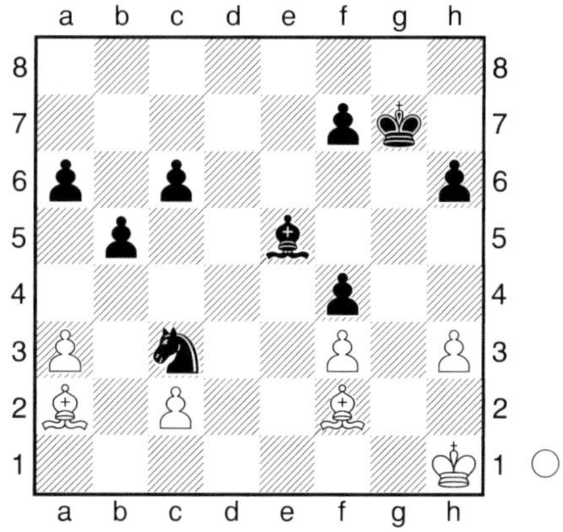

38.♗b3 a5 39.♗e1 a4 40.♗xc3 ♗xc3 41.♗a2 ♗b2 42.c4 ♗xa3 43.cxb5 cxb5 44.♔g1 b4 45.♗b1 b3 und der a-Bauer entscheidet. Der Sieg in diesem letzten Mannschaftskampf der Saison sicherte den Wiederaufstieg in die Stadtliga
0-1

Anhänge

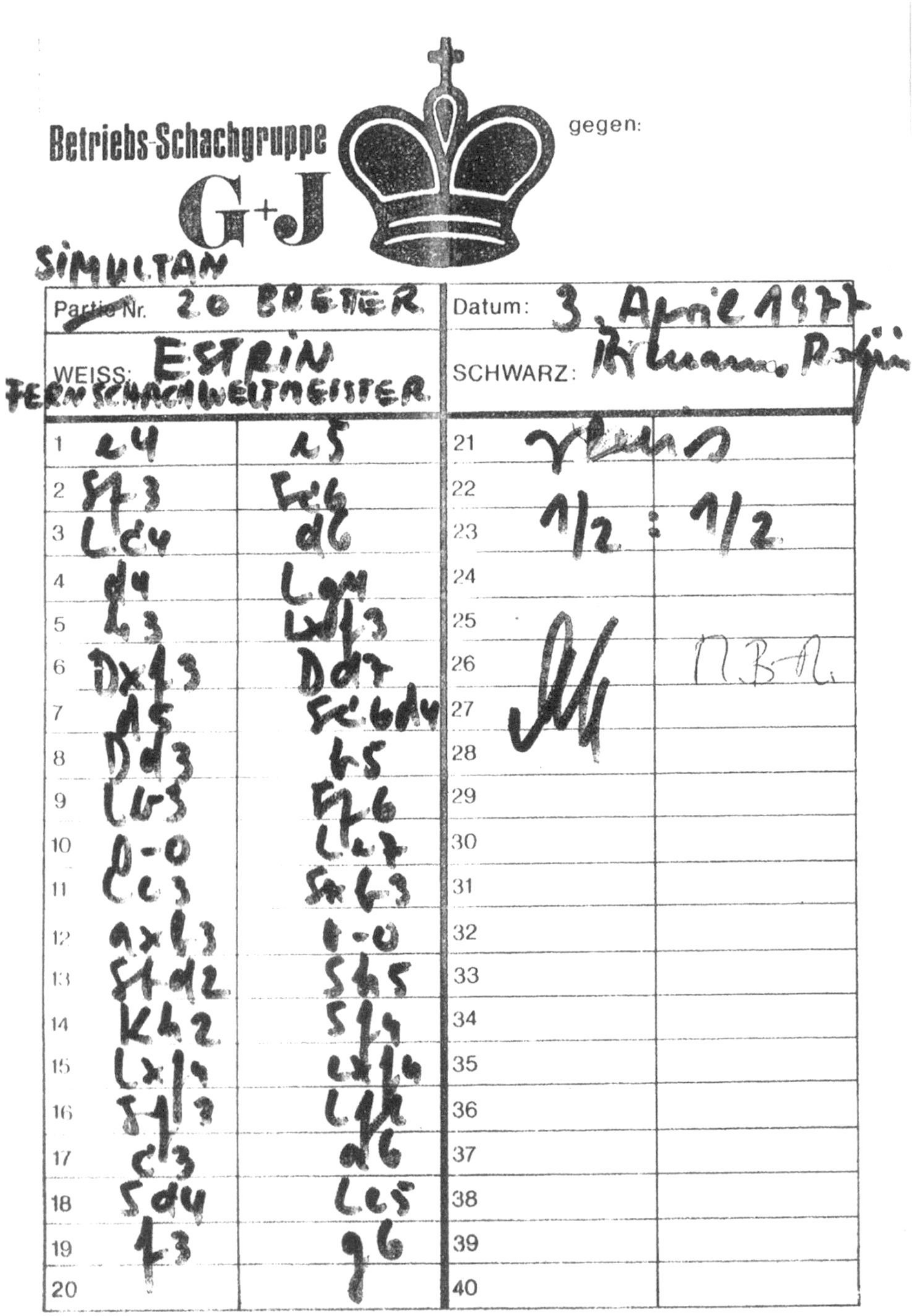

Betriebs-Schachgruppe G+J

gegen:

SIMULTAN

Partie Nr. 20 BRETTER

Datum: 3. April 1977

WEISS: ESTRIN FERNSCHACHWELTMEISTER

SCHWARZ: [illegible]

1	e4	e5
2	Sf3	Sc6
3	Lc4	d6
4	d4	Lg4
5	h3	Lxf3
6	Dxf3	Dd7
7	d5	Sc6d4
8	Dd3	b5
9	Lb3	Sf6
10	0-0	Le7
11	Le3	Sxb3
12	axb3	0-0
13	Sbd2	Sh5
14	Kh2	Sf4
15	Lxf4	exf4
16	Sf3	Lf6
17	c3	a6
18	Sd4	Le5
19	f3	g6
20		
21	remis	
22		
23	1/2	1/2

Veranstaltung: Simultan [illegible]

Runde ____ Brett Nr. ____ Partie Nr. ____ Datum 4.11.1982

Weiß: Shirov A. Schwarz: [illegible], D.

Eröffnung ____

	Weiß	Schwarz
1	e4	e5
2	Sf3	Sc6
3	d4	exd4
4	Sxd4	Lc5
5	Le3	Df6
6	c3	Sge7
7	Lc4	d6
8	0-0	Se5
9	Le2	Dg6
10	f3	Lh3
11	Tf2	0-0
12	Kh1	Ld7
13	*g4?	Sxg4
14	fxg4	Dxe4+
15	Remis	

* [illegible] 13. f4 [illegible]

D. B.

Spielgemeinschaft Mittelweg
im Fördererkreis Schach e.V.

~~Blindsimultan an 8 Brettern~~ 14.05

Partie Nr. .... gespielt am 30.11. 1986

mit GM Dr. Robert Hübner

Weiß Dr. R. Hübner Schwarz M. Bärmann-Rodzi

1	d4	Sf6	21	c6	Sf6
2	c4	e6	22	Sd6	Sg6
3	g3	d5	23	Dc4	Tb8
4	Lg2	c6	24	Sxc8	Dxc8
5	Sf3	Lb4+	25	c7	
6	Ld2	Lxd2+	26	1 : 0	
7	Sbxd2	0-0	27		
8	Dc2	Sbd7	28		
9	0-0	Te8	29		
10	Tad1	Dc7	30		
11	Tfe1	Sf8	31		
12	e4	dxc4	32		
13	Sxc4	c5	33		
14	e5	Sfd7	34		
15	Sd6	Td8	35		
16	Sg5	f6	36		
17	Sgf7	fxe5	37		
18	dxc5	a6	38		
19	Sxd8	Dxd8	39		
20	Sxb7	Dc7	40		

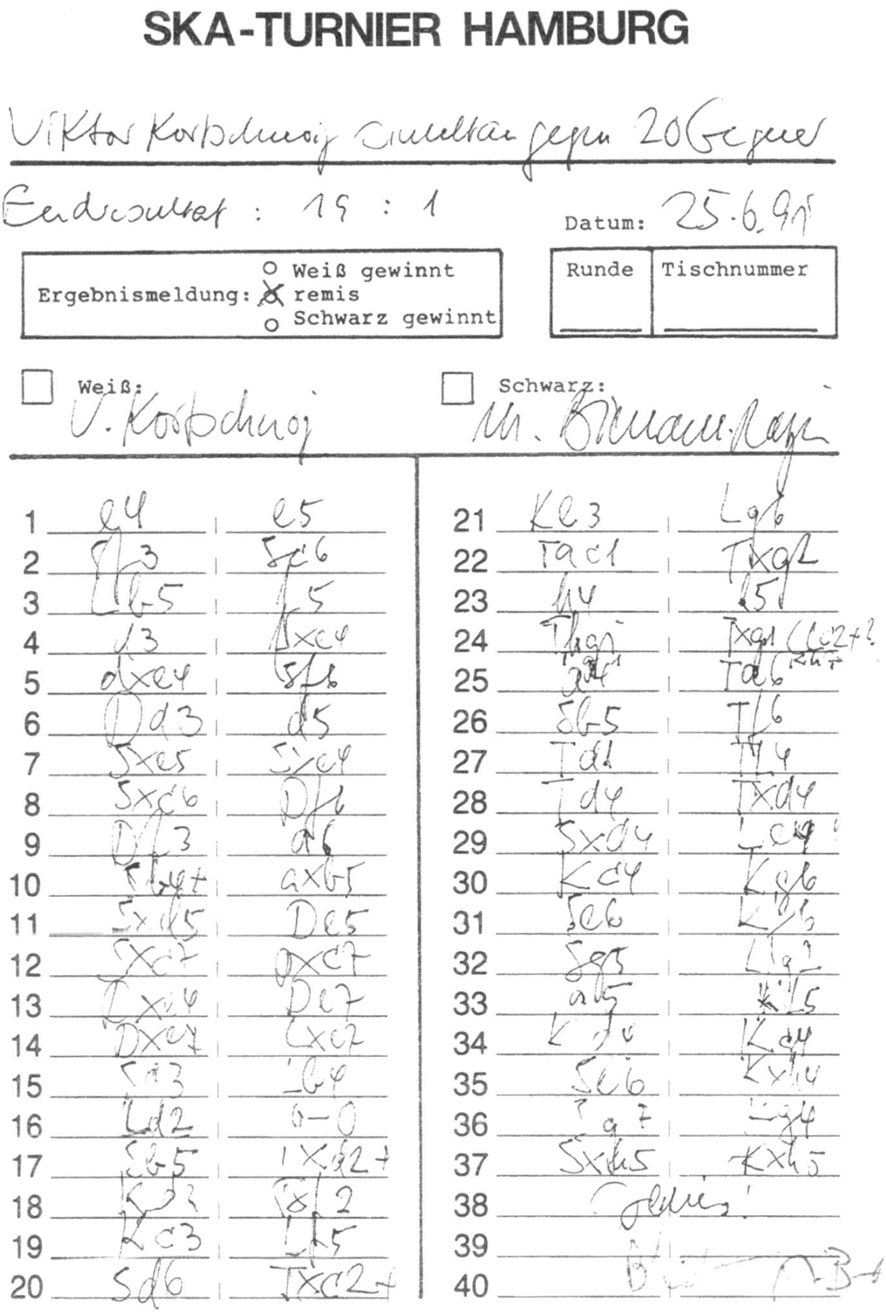

SKA-TURNIER HAMBURG

Viktor Kortschnoj simultan gegen 20 Gegner

Endresultat: 19 : 1 Datum: 25.6.91

Ergebnismeldung: ○ Weiß gewinnt ☒ remis ○ Schwarz gewinnt

Runde | Tischnummer

☐ Weiß: V. Kortschnoj ☐ Schwarz: Mr. [illegible]

	Weiß	Schwarz		Weiß	Schwarz
1	e4	e5	21	Ke3	Lg6
2	Sf3	Sc6	22	Tac1	Txg2
3	Lb5	f5	23	h4	f5
4	d3	fxe4	24	Thg1	Txg1 (Lc2+?)
5	dxe4	Sf6	25	[illegible]	Ta6
6	Dd3	d5	26	Sb5	Tf6
7	Sxe5	Sxe4	27	Td1	Tf4
8	Sxc6	Df6	28	Td4	Txd4
9	Df3	a6	29	Sxd4	Lc4
10	Lg4+	axb5	30	Kc4	Kg6
11	Sxd5	De5	31	Se6	Kh6
12	Sxc7	Dxc7	32	Sg5	Lg2
13	Dxe4	De7	33	a5	Kh5
14	Dxe7	Lxe7	34	K[illegible]	Kg4
15	Sd3	Lg4	35	Se6	Kxh4
16	Ld2	0–0	36	[illegible]	Lg4
17	Sb5	Txf2+	37	Sxh5	Kxh5
18	K[illegible]	Sf2	38	[illegible]	
19	Kc3	Lf5	39		
20	Sd6	Txc2+	40	[illegible]	

□ **MBR**
■ **Wesenberg,Hermann**
HMM Hamburg 1969
[RG]

Diagramm

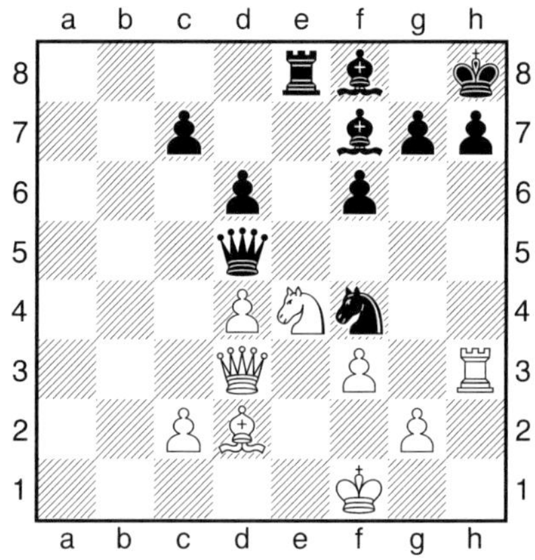

1.♘xf6! und Schwarz gab auf, er kann das drohende Matt auf h7 nicht mehr verhindern:

[1.♘xf6 ♘xd3 2.♖xh7#]

[1.♘xf6 h6 2.♕h7#]

[Anders herum funktioniert es nicht: 1.♖xh7+?! ♔g8! *(1...♔xh7? 2.♘xf6+ ♔h6 3.♗xf4+ g5 4.♕h7#)* 2.♗xf4 ♕a2! Drohung ...♗c4 3.♔g1 ♗g6–+ und Schwarz hat sich gerettet]

1-0

E45

□ **Portisch,Lajos**
■ **Hübner,Robert**
Bugojno (4) 01.03.1978
[MBR]

Nachdem der Leser nunmehr zahlreiche Amateurschachpartien zu sehen bekam, soll an dieser Stelle zum Abschluss des Buches mit freundlicher Genehmigung von Dr. Robert Hübner eine bekannte Partie zweier Schachgroßmeister aufgeführt werden, deren Kommentierung uns nicht ansteht. Ausführlich kommentiert Dr. Robert Hübner diese Partie in seinem Buch "Twenty-five Annotated Games", Edition Marco Verlag Arno Nickel, Berlin 1996, auf S. 213-233 (als Partie Nr. 17) **1.d4 ♘f6 2.c4 e6 3.♘c3 ♗b4 4.e3 b6 5.♘ge2 ♗a6 6.a3 ♗xc3+ 7.♘xc3 d5 8.b4 0-0 9.b5 ♗b7 10.cxd5 ♘xd5 11.♘xd5 ♕xd5** Diagramm

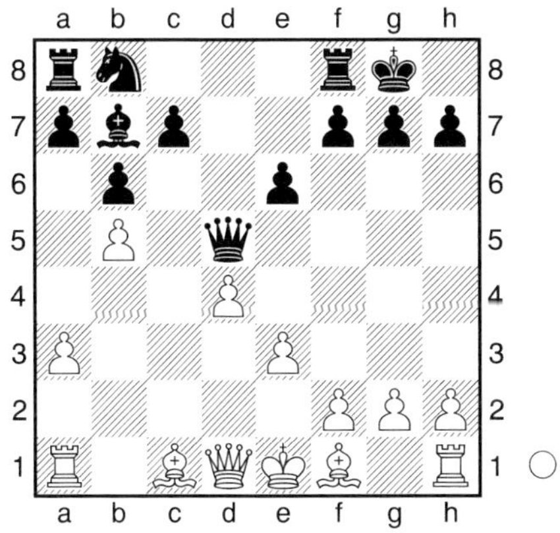

12.f3 a6 13.♗d3 f5 14.a4 axb5 15.♗a3 b4 16.♗xb4 ♖f7 17.♖c1 ♗a6 18.♗c2 ♘c6 19.♗b3 ♕d7 20.♗c3 ♘e7 21.♔f2 ♘d5 22.♗d2 ♕d6 23.♕c2 ♗b7 24.♕c4 ♖f6 25.g3 h5 26.♖hd1?! h4 27.♖g1 ♖af8 28.a5 ♖h6 Diagramm

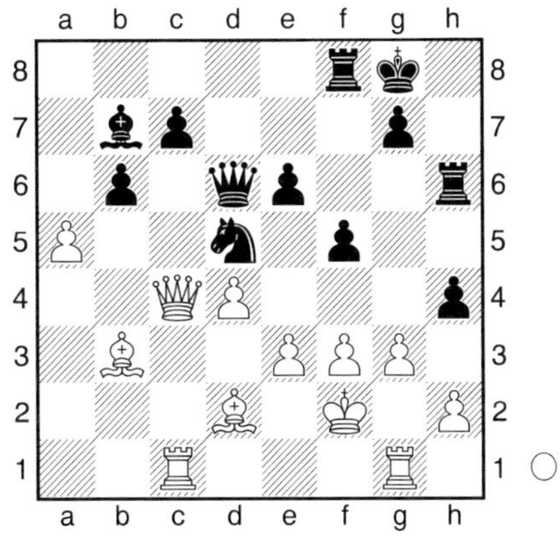

29.axb6 cxb6 30.♖a1? ♔h7 31.♖a7? ♕b8 32.♖aa1 ♘f6 33.♗d1 ♗d5 34.♕c2 hxg3+ 35.hxg3 ♖h3 36.♖c1 ♖f7 37.♗e2? ♘e4+ 38.fxe4 fxe4+ 39.♔e1 ♕xg3+ Diagramm

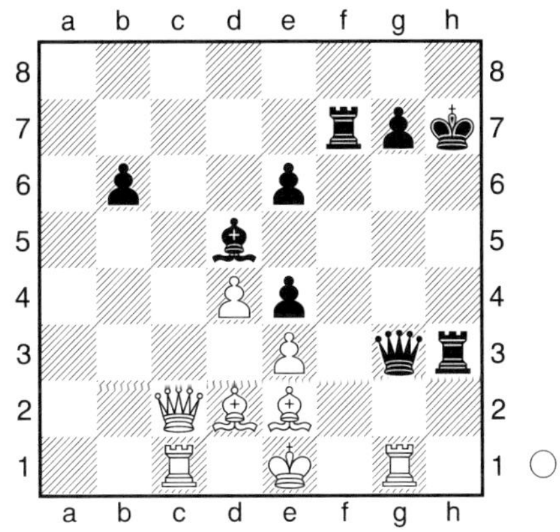

0-1